旅游嬗变

——全域旅游概念 设计 政策

张崧源 著

北京·旅游教育出版社

写在前面的话

德国学者格尔诺特·伯梅(Gernot Bhme)在《审美经济批判》中提出了"审美经济"的概念。伴随中国产业的发展，传统经济实现物质的富裕，对人内在精神需求产生一定的需要，在美学的研究范畴中，审美经济把美的因素作为转化消费的动力，同时，对人的内在需要形成不同层次的需求。经济发展水平决定了审美文化的产生、层次与发展趋势，审美文化也是经济发展的必然结果。中国古代哲学家墨子说过："食以常饱，然后求善。衣必常暖，然后求丽。居必常安，然后求乐。"早在两千多年前，墨子就已经认识到经济的相对富足是传统经济向审美需求转化的基础。《管子·牧民》中指出："仓廪实而知礼节，衣食足而知荣辱。"其含义是说物质经济已经很富裕，才会追求精神需求的不同层次感受。中华文明的历史演变，社会传统经济发展的富裕度，是审美经济文化发展的动因。这也再次证明传统经济发展到一定水平，审美经济成为人们感受和认知社会意识的唯物观是必然结果。

2001年北京申奥成功后，中国文化创意产业应情应景的萌芽发展起来。文化创意产业是通过文化素养和思维创造力，综合运用技能手段，以文化内容为基础，以创意成果形成的知识产权为核心价值的无形资产，通过经济学现象实现最终价值交易为特征的具有原创性强、科技含量高、文化附加值高的产业形成的行业。自2004年起，我开始全面涉足文化创意产业的思考和探索，潜心观察研究中国文化创意产业的发展路径与瓶颈。2009年《文化产业振兴规划》中首次将文化产业作为国家战略发展，随后，国家不断出台各项推进政策，加大扶持力度，并将文化产业列为国民经济的支柱产业，设立国家文化基金等，文化创意产业在这一系列利好政策的鼓励刺激下得以飞速发展。

我一直思考如何顺应国家文化大发展的趋势，既做好顶层设计，又确保项目落地。研究发现，文化创意产业尽管得到国家的高度重视和大力扶持，但作为新兴而年轻的文化产业，在推进和发展中仍存在很多问题，如许多智慧和创意无法得到我国现行法律的保护，很难得到国家资本的扶持，民间资本又保持着审慎的态度，导致文创企业融资困难，很多地方务虚不务实，项目举步维艰，难以落地实施。坐着谈，不如起来行。于是，我邀请高等院校、科研院所相关领域专家学者，共同创办了一个民间智库，集众人之智，化优质资源，为文化产业做好顶层设计，并实施项目落地，准确找到文化产业如何接地气。同时发现，文化旅游产业是后工业经济时代向文化经济时代转型的最务实的手段之一。我们通过组织一系列研讨会、论坛峰会、项目论证会、新闻发布会、招商引资项目对接会等活动，将美学的"形而上"的思想转化为"形而下"的产业项目运作，受到各地政府部门和企业的肯定。

2016年中国进入全域旅游时代，这是一个机遇与挑战并存、各行各业共襄旅游盛举的时代，也是一个从观光旅游向体验旅游嬗变的时代。"全域旅游"作为文化产业发展的新课题，深入研究和求索，认为文化是旅游的灵魂，旅游是文化的载体。无论是特色小镇的建设，还是田园综合体的打造，抑或是乡村旅游的脱贫，尤其乡村旅游脱贫是国家实现"十三五"规划全面脱贫、全面实现小康的路径，因而都是全域旅游重要的组成部分。全域旅游是文化产业发展的路径之一，在文化创意的带动下，文化旅游的产业链才能进一步扩大，深度融合创意才能打造全域旅游大格局。

具备全域旅游要素的区域城市又如何正确地、科学地制定和实施全域旅游发展规划建设，如何将全域旅游发展规划成为一个"接地气"的有效规划，这也是本书出版的初衷所在。

"读万卷书，不如行万里路"。无论是作为中国美学研究领域的一名研究工作者，还是文化产业领域全域旅游与田园综合体的一名研究工作者，都无疑是一名思考者和探路者。本书是我近年来赴各地考察调研、指导项目、论坛峰会之余思考所得，也是脚下所踏之地考察调研游学所得。因才疏学浅，完全是个人一得之见。本人不揣冒昧，愿将自己从文化创意产业到全域旅游的实践经历和点滴感悟与读者共享，并求教于方家。

2017年10月09日夜于北京云轩草堂

目录 CONTENTS

第一章　文化旅游是文化产业的载体

第一节　国家政策推动文化产业与全域旅游的发展 …………………………002

第二节　全域旅游产业需要理性发展 …………………………………………012

第三节　全域旅游产业发展中的创意由何而来 ………………………………014

第四节　文化创意园区推动全域旅游产业发展 ………………………………017

第二章　全域旅游概念

第一节　全域旅游概念和内涵 …………………………………………………024

第二节　全域旅游的本质 ………………………………………………………025

第三节　全域旅游的核心 ………………………………………………………027

第四节　全域旅游的发展理念 …………………………………………………032

第五节　全域旅游的特征 ………………………………………………………039

第六节　全域旅游的模式 ………………………………………………………045

第七节　全域旅游的评价标准 …………………………………………………053

第三章　全域旅游设计与规划

第一节　景区式的观光型旅游 …………………………………………………062

第二节　城市型功能性旅游规划 ………………………………………………088

第三节 旅游向旅居嬗变 ·· 099
第三节 全域旅游的"理" ·· 115
第四节 "1+N"型的主客共享旅居创意旅游开发模式的构成要素 ·········· 118
第五节 全域旅游发展规划案例 ·· 154

第四章 全域旅游政策助推发展

第一节 全域旅游从陌生到熟悉 ·· 200
第二节 全域旅游相关政策解读 ·· 204
第三节 问题提出 ··· 237

第一章

文化旅游是文化产业的载体

第一节　国家政策推动文化产业与全域旅游的发展

2009年7月22日，我国第一部文化产业专项规划——《文化产业振兴规划》由国务院常务会议审议通过。这是继钢铁、汽车、纺织等十大产业振兴规划后出台的又一个重要的产业振兴规划，标志着文化产业已经上升为国家的战略性产业。2010年4月12日，中宣部、文化部、财政部、中国人民银行等九大部委联合制定《关于金融支持文化产业振兴和发展繁荣的指导意见》。这也意味着，文化产业快速发展迫切需要金融业的大力支持。金融是现代经济的核心，在全面建设小康社会、加快现代化建设的进程中，金融引导资源配置、调节经济运行、服务经济社会，对国民经济的持续、健康、稳定发展具有重要作用。

文化产业是国民经济的重要组成部分，近年来，中央实施重要战略部署和政策措施，深化文化体制改革，加快发展文化产业，文化产业呈现出良好的发展态势，正成为经济发展新的增长点，在保增长、扩内需、调结构、促发展中发挥着重要作用。也是实现文化产业经济的重要支撑，为推进文化创意产业的发展提供金融平台。

2010年在"十二五"规划中，又一次提出"推动文化产业成为国民经济支柱性产业，增强文化产业整体实力和竞争力。实施重大文化产业项目带动战略，加强文化产业基地和区域性特色文化产业群建设。"2011年，中国共产党第十七届中央委员会第六次全体会议审议通过了《中共中央关于深化文化体制改革推动社会主义文化大发展大繁荣若干重大问题的决定》（以下简称《决定》），这是中央首次将"文化经济建设"作为中央全会的议题。《决定》提出坚持中国特色社会主义文化发展道路，努力建设社会主义文化强国的目标。把"有原则性要求的高度，也从社会主义核心价值体系建设、文化事业、文化产业、文化体制改革、文化队伍建设等方面提出了具体要求"作为指引性纲领，推动文化创意产业的发展。

在当今世界上，只有我们国家把文化产业作为政治性战略，倾全党之力来推动文化体制改革的发展，将其作为我国国民经济的重要经济支柱，这既是我国传统文化结合新时代创新精神的春天已经到来，也是中华文化"走出去"、让世界了解中华文化的时代契机。

十八大报告之文化建设中强调，建设社会主义文化强国，关键是增强全民族文化创造活力。要深化文化体制改革，解放和发展文化生产力，发扬学术民主、艺术民主，为人民提供广阔的文化舞台，让一切文化创造源泉充分涌流。开创全民族文化创造活力持续迸发、社会文化生活更加丰富多彩、人民基本文化权益得到更好保障、人民思想道德素质和科学文化素质全面提高、中华文化国际影响力不断增强的新局面。并以"三个坚持、两个服务、双百方针、三个贴近"为指导方向。

报告表明，未来文化产业的发展，是"中国制造"时代向"中国创造"时代的转变，建设文化强国，必须大力发展文化产业，发展文化产业的要点在于创意，也可以称之为"内容产业"。在产业发展上实施内容策略，注重创意，要具有原创性、高科技、不可复制性，才能实现可持续发展。也可以这么认为，文化创意产业就是文化产业的升级。比如我们中国有中国功夫、我们中国有国宝熊猫，可是我们没有拍出像"功夫熊猫"一样享誉全球的影片。所以，这是一个创意的时代，创意的重要性决定着文化产业的未来发展。

2013 年中共十八届三中全会关于《中共中央关于全面深化改革若干重大问题的决定》再一次提出：推进文化体制机制创新，建设社会主义文化强国，增强国家文化软实力，必须坚持社会主义先进文化前进方向，坚持中国特色社会主义文化发展道路，培育和践行社会主义核心价值观，巩固马克思主义在意识形态领域的指导地位，巩固全党全国各族人民团结奋斗的共同思想基础。坚持以人民为中心的工作导向，坚持把社会效益放在首位、实现社会效益和经济效益相统一，以激发全民族文化创造活力为中心环节，进一步深化文化体制改革。

（一）完善文化管理体制

按照政企分开、政事分开原则，推动政府部门由办文化向管文化转变，推动党政部门与其所属的文化企事业单位进一步理顺关系。建立党委和政府监管国有文化资产的管理机构，实行管人管事管资产管导向相统一。健全坚持正确舆论导向的体制机制。健全基础管理、内容管理、行业管理以及网络违法犯罪防范和打击等工作联动机制，健全网络突发事件处置机制，形成正面引导和依法管理相结合的网络舆论工作格局。整合新闻媒体资源，推动传统媒体和新兴媒体融合发展。推动新闻发布制度化。严格规范新闻工作者职业资格制度，重视新型媒介运用和管理，规范传播秩序。

（二）建立健全现代文化市场体系

完善文化市场准入和退出机制，鼓励各类市场主体公平竞争、优胜劣汰，促进文化资源在全国范围内流动。继续推进国有经营性文化单位转企改制，加快公司制、股份制改造。对按规定转制的重要国有传媒企业探索实行特殊管理股制度。推动文化企业跨地区、跨行业、跨所有制兼并重组，提高文化产业规模化、集约化、专业化水平。鼓励非公有制文化企业发展，降低社会资本进入门槛，允许参与对外出版、网络出版，允许以控股形式参与国有影视制作机构、文艺院团改制经营。支持各种形式小微文化企业发展。在坚持出版权、播出权特许经营前提下，允许制作和出版、制作和播出分开。建立多层次文化产品和要素市场，鼓励金融资本、社会资本、文化资源相结合。完善文化经济政策，扩大政府文化资助和文化采购，加强版权保护。健全文化产品评价体系，改革评奖制度，推出更多文化精品。

（三）构建现代公共文化服务体系

建立公共文化服务体系建设协调机制，统筹服务设施网络建设，促进基本公共文化服务标准化、均等化。建立群众评价和反馈机制，推动文化惠民项目与群众文化需求有效对接。整合基层宣传文化、党员教育、科学普及、体育健身等设施，建设综合性文化服务中心。明确不同文化事业单位功能定位，建立法人治理结构，完善绩效考核机制。推动公共图书馆、博物馆、文化馆、科技馆等组建理事会，吸纳有关方面代表、专业人士、各界群众参与管理。引入竞争机制，推动公共文化服务社会化发展。鼓励社会力量、社会资本参与公共文化服务体系建设，培育文化非营利组织。

▼ 羊卓雍措

目前，我国文化产业还处在初级阶段，与世界发达国家相比我们还有一定距离。在国际上，美国、日本、韩国、英国等都是发展文化创意产业的领先国家，它们占领了全球文化市场的大部分主动权。但在文化资源上，我国具有丰富的文化资源。结合国家在连续几年为推动文化产业的发展所出台的一系列决定和意见，发展文化创意产业是未来趋势，是未来经济发展方式转变的原动力。国际诸多经济学者普遍分析认为未来 20 年中国经济将超越美国；就像国际知名经济学家高盛董事长吉姆·奥尼尔曾分析，到 2027 年中国有望超越美国成为全球第一大经济体，中国将在世界东方崛起。在新的经济体发展初期，谁能抓住机遇，顺应时代要求，符合经济发展的推动规律，谁就是未来经济发展领域的引领者。

一、文化体制改革转变政府职能

2006 年，中共中央、国务院发出《关于深化文化体制改革的若干意见》（以下简称《意见》），《意见》提出：文化体制改革的原则要求是：坚持社会主义先进文化的前进方向；坚持马克思主义在意识形态领域的指导地位，确保国家文化安全；坚持勇于实践、大胆创新，树立新的文化发展观；坚持把社会效益放在首位，努力实现社会效益和经济效益的统一；坚持文化事业和文化产业协调发展；坚持区别对待、分类指导，循序渐进、逐步推开。

文化体制改革的目标任务是：以发展为主题，以改革为动力，以体制机制创新为重点，形成科学有效的宏观文化管理体制、富有效率的文化生产和服务的微观运行机制，以公有制为主体、多种所有制共同发展的文化产业格局和统一、开放、竞争、有序的现代文化市场体系；要形成完善的文化创新体系，形成以民族文化为主体、吸收外来有益文化，推动中华文化走向世界的文化开放格局。

党的十七届六中全会进一步提出：深化文化体制改革。将文化事业和文化产业分别开来，加大公益性文化事业的投入，促进经营性文化产业的发展。加快政府职能转变，强化政策调节、市场监管、社会管理、公共服务职能，推动政企分开、政事分开，理顺政府和文化企事业单位关系。完善管人管事管资产管导向相结合的国有文化资产管理体制。深化国有文化单位改革，以建立现代企业制度为重点，加快推进经营性文化单位改革，培育合格市场主体；创新投融资体制，支持国有文化企业面向资本市场融资，支持其吸引社会资本进行股份制改造。创新公共文化服务设施运行机制，吸纳有代表性的社会人士、专业人士、基层群众参与管理。推动党报党刊、电台电视台进一步完善管理和运行机制，创新文化管理体制。文化体制改革就是由原来的单一性行

旅游嬗变
——全域旅游概念 设计 政策

▲ 雅鲁藏布江大峡谷

政管理转变成运用法律、行政、经济、科技等手段来提高经济效能,完善文化市场管理,确保国家文化安全的市场秩序,逐步实现文化生产方式的转变。也就是政府文化职能的转变。

把文化建设纳入经济社会发展总体规划,与经济社会发展一同研究部署、一同组织实施、一同督促检查。把文化改革发展成效纳入科学发展考核评价体系,作为衡量领导班子和领导干部工作业绩的重要依据。明确文化行政管理部门职责,理顺文化行政管理部门与所属文化企事业单位的关系。形成以公有制为主体、多种所有制共同发展的文化产业格局。

推进文化事业单位改革,要根据现有文化事业单位的性质和功能,区别对待、分类指导,明确不同的改革要求。要加大公益性文化事业投入,调整资源配置,逐步构建公共文化服务体系。进一步完善鼓励捐赠和赞助等各项政策,拓宽渠道,引导社会资金以多种方式投入文化公益事业。深化文化企业改革,要规范国有文化事业单位的转制。转制企业要在清产核资的基础上,合理确定产权归属,做好资产评估和产权登记等工作。

党的十一届三中全会作出了实行改革开放的重大决策,继 30 年改革开放以后,文化体制改革又是作为未来产业经济的新的经济改革方式,更是作为国家经济战略的重要起航点,是实现社会主义文化大发展的必行之策,是文化产业转变经济方式的重要原动力。文化体制改革使文化产业的发展成为新的经济增长点,是文化产业结构调整和经济方式的重要转变。是加快社会主义文化建设,推进文化产业经济作为国民支柱产业经济的有力保证。政府职能的转变,意味着文化产业作为国民经济支柱产业的推动的实现,提供了更加有利而快速的市场运作空间。将政府的行政管理与市场区分,真正实现专业对接,管理不重叠,更好的产业结构跨界融合,对文化事业和文化企业有效地提供经济调节、做好产业转型的服务平台。

深入文化体制改革,转变政府职能,从两个角度出发。一是文化创意产业具有产业属性,也具有美学经济属性,产业属性与美学经济属性是相互依存、相互融合存在的,两个属性之间不能产生相互排斥的关系,产业要具有美学经济基础,美学经济需要产业实现产值并形成效益链。在实现产业效益的同时,又不失美学审美性,覆盖文化元素和内涵。这是实现有机统一的两个效益。

二是我们始终坚持以公有制为主体、多种所有制共同发展的产业布局,确保国有文化企业为主体地位,带动其他个体、民企进入的整体发展格局。而对发展公益性文化事业和经营性文化产业,在政府主导上是有所差别的,公益性文化事业是政府主导行为,但不是没有结构调整,需要新的发展活力注入,提高对公益性事业的服务,增加公益性文化事业的普遍率和覆盖率,实现文化内容升级。经营性文化产业也是政府主导行为,

▼ 俯瞰张谷英

推动文化产业的融资、平台建设、资源整合、效益考评等都是政府的主导对象。提高文化产业的人才和资源配置，整合各界资源机构的相互配合，政府起到主导作用。转换市场机制，大力推动文化产业的有效进行。文化实现产业、产业实现品牌、品牌实现资本化、资本化运作市场，这也是文化产业转变成经济的逐一实现的过程。现在，很多地方政府对文化产创意产业定位理解还不够，对文化资源整合，对文化实现品牌运作资本化，还不能够了解，急忙上马，出现了很多文化创意产业发展的弯路，方向上没有很好的定位，导致文化创意产业在不成熟中搁浅。为打造文化创意产业而打造文化创意产业，急功近利，导致了文化资源没有合理利用，产业平台无法实现产业效益。

二、文化资源是全域旅游产业的灵魂

中国是四大文明古国之一，有着悠久的文化历史，五千多年的中国文明给我们留下了丰富的文化资源。中国是一个多民族国家，每个民族都有自己的文化，在中国，无论文化遗迹、自然景观、科学探索，还是民俗文化、少数民族文化、地域文化、人文文化、艺术文化、教育文化、旅游文化、宗教文化、饮食文化、科技文化等，绽放在整个中国大地，都是作为发展文化创意产业和全域旅游产业元素的基础。中国以传统文化影响世界，下表是列举的一部分文化元素。

中国文化元素部分例表

序号	分类	具体
1	石器时代文化	河姆渡文化、红山文化、北辛文化、半坡文化、前大溪文化、仰韶文化、马家窑文化、大汶口文化、火烧沟文化等
2	农耕文化	黄河流域农业文化、长江流域农业文化、钱塘江流域农业文化；农耕、农具、田园文化等
3	经济文化	牧猎文化、渔盐文化、工业文化、宫廷文化等
4	国学文化	儒家（孔子《论语》、孟子《孟子》、荀子《荀子》；仁、义、礼、智、信；中庸） 南儒家　朱熹；阳明心学　王阳明 道家（老子、庄子） 墨家（墨子《墨子》） 法家（韩非《韩非子》、李斯） 纵横家（鬼谷子、苏秦、张仪、《战国策》） 名家（邓析、惠施、《公孙龙子》） 阴阳家（邹衍、五行——金木水火土） 吕不韦（《吕氏春秋》） 农家、小说家、兵家、医家等

续表

序号	分类	具体
5	乐器文化	民族乐器：笛子、二胡、古筝、萧、鼓、古琴、琵琶鼓、鼗、罄、贲鼓、应、田、县鼓、钟、镛、南、钲、磬、缶、编磬、铃、陶铃、雅、祝、敔、和、鸾、簧、哨（陶制、骨制等） 先秦时期的乐器：缶、坝、籥、龢龜、言、箫、管、篪、笙、琴、瑟、筑等；打击乐、键盘乐、铜管乐等
6	琴	古琴：伏羲式、蕉叶式等；名曲：《高山流水》《广陵散》《平沙落雁》《梅花三弄》《十面埋伏》《夕阳箫鼓》《胡笳十八拍》《汉宫秋月》《阳春白雪》《渔樵问答》等
	棋	中国象棋、中国围棋，对弈、棋子、棋盘等
	书（书法、篆刻）	中国书法、篆刻印章、文房四宝（毛笔、墨、砚台、宣纸）、木版水印、甲骨文、钟鼎文、汉代竹简、线装书、古籍善本等
	画（绘画）	国画（山水画、花鸟画、人物画、写意画等）、现代中国画（中国抽象油画、中国抽象国画等）、其他（内画）等；敦煌壁画；八骏图、太极图（太极）等
7	茶道	红茶、绿茶、黄茶、黑茶、白茶、青茶；龙井茶、碧螺春茶、黄山毛峰茶、庐山云雾、六安瓜片、蒙顶茶、太平猴魁茶、君山银针茶、顾渚紫笋茶、信阳毛尖茶、平水珠茶、西山茶、雁荡毛峰茶、华顶云雾茶、涌溪火青茶、敬亭绿雪茶、峨眉峨蕊茶、都匀毛尖茶、恩施玉露茶、婺源茗眉茶、雨花茶、莫干黄芽茶、五山盖米茶、普陀佛茶、武夷岩茶、铁观音、凤凰单丛、台湾乌龙茶等
8	花道	花艺、插花、干花艺术等
9	香道	原态香材、线香、盘香、塔香、香丸、香粉、香篆、香膏、涂香、香汤、香囊、香枕等
10	十二生肖	鼠、牛、虎、兔、龙、蛇、马、羊、猴、鸡、狗、猪
11	传统文学	远古神话、《诗经》、汉乐府、南北朝民歌、楚辞、孙子兵法、三十六计、先秦诗歌、汉赋、唐诗、宋词、元曲、明清小说、四大名著等
12	传统思想	老庄与道家思想、儒家与心学思想、佛学思想等
13	传统节日	元宵节、寒食节、清明节、端午节（粽子、赛龙舟、屈原）、中秋节、重阳节、腊八节（大年三十、红包、守岁、团圆饭）、除夕、春节（元日）为代表等
14	戏剧文化	昆曲、豫剧、湘剧、京剧、越剧、川剧、黄梅戏、京戏脸谱、皮影戏、地方戏等
15	传统建筑文化	长城、华表、牌坊、园林、寺院、钟、塔、庙宇、亭台楼阁、井、石狮、民宅、秦砖汉瓦等
16	汉字文化	汉字、汉语、对联、谜语（灯谜）、歇后语、熟语、成语、射覆、酒令等
17	传统中医文化	《黄帝内经》《难经》《伤寒杂病论》《神农本草经》《金匮要略》《针灸甲乙经》《脉经》《本草纲目》《千金方》等

续表

序号	分类	具体
18	宗教哲学文化	佛教、儒道经典：三玄（《周易》《老子》《庄子》）、四书（《论语》《孟子》《大学》《中庸》）、五经（《诗》《书》《礼》《易》《春秋》）、阴阳、五行、罗盘、八卦、司南、法宝、算命、禅宗等
19	民间工美文化	剪纸、风筝、中国织绣（刺绣等）、中国结、泥人面塑、龙凤纹样（饕餮纹、如意纹、雷纹、回纹、巴纹）、祥云图案、凤眼、千层底、檐、鹭等
20	中华武术与门派文化	武术：咏春拳、洪拳、八卦掌、蔡李佛拳等；门派：少林、武当、峨眉、崆峒、昆仑、点苍、华山、青城、嵩山等
21	地域文化	燕赵文化、三秦文化、三晋文化、齐鲁文化、吴越文化、荆楚文化、巴蜀文化、滇云文化、岭南文化、闽南文化、青藏文化、内蒙古草原文化等
22	民风民俗文化	礼节、婚嫁（红娘、月老）、丧葬（孝服、纸钱）、祭祀（祖）；门神、年画、鞭炮、饺子等
23	衣冠服饰	汉服（汉族）、唐装（汉族盘领袍）、苗服（苗族）、维服（维吾尔族）、绣花鞋、老虎头鞋、伪唐装（满族马褂）、旗袍（满族）、肚兜（满族）、斗笠、帝王的皇冠、皇后的凤冠、丝绸、传统服饰、汉服等
24	雅戏内涵文化	花鸟虫鱼、梅兰竹菊；牡丹、桂花、莲花、盆景、斗虫、鲤鱼跳龙门等
25	四大发明	火药、指南针、造纸术、活字印刷术
26	图腾与生态文化	图腾：龙、凤、麒麟等；动植物：狼、虎、豹、鹤、龟、大熊猫等；松、柏、金丝楠、黄花梨等
27	收藏文化	随身玉（玉佩、玉雕）瓷器、景泰蓝、中国漆器、彩陶、紫砂壶、蜡染、古代兵器（盔甲、大刀、宝剑等）、青铜器、古玩（铜钱等）、鼎、金元宝、如意、烛台、红灯笼（宫灯、纱灯）、黄包车、鼻烟壶、鸟笼、长命锁、糖葫芦、铜镜、大花轿、水烟袋、芭蕉扇、桃花扇等；文玩、手串等
28	饮食厨艺文化	柴、米、油、盐、酱、醋、茶；饮食文化：中国菜、八大菜系（鲁、川、粤、闽、苏、浙、湘、徽）、饺子、团圆饭、年夜饭、年糕、中秋月饼、筷子等
29	酒文化	贵州茅台酒，四川五粮液，四川剑南春，贵州董酒，山西汾酒，安徽古井贡，四川泸州老窖酒，江苏洋河大曲酒，烟台葡萄酒，北京中国红葡萄酒，河北沙城白葡萄酒，河南民权白葡萄酒，烟台味美思，烟台金奖白兰地，山西竹叶青，绍兴加饭酒，福建沉缸酒，青岛啤酒等
30	传统技艺文化	算盘珠算、纺织技术等
31	艺术文化	中国戏曲、木偶戏、皮影戏、杂技表演、中国民乐、中国曲艺以及少数民族的舞蹈和戏剧等
32	中国孝文化	孝感动天、戏彩娱亲、鹿乳奉亲、百里负米、啮指痛心、芦衣顺母、亲尝汤药、拾葚异器、埋儿奉母、卖身葬父、涌泉跃鲤、怀橘遗亲、扇枕温衾、行佣供母、闻雷泣墓、哭竹生笋、卧冰求鲤、扼虎救父、恣蚊饱血、尝粪忧心、乳姑不怠、涤亲溺器、弃官寻母等

续表

序号	分类	具体
33	中国文物遗产文化	司母戊方鼎、越王勾践剑、良渚美玉、长信宫灯、秦始皇陵兵马俑、曾侯乙编钟、金缕玉衣、铜奔马（马踏飞燕）、永乐大钟、古代钱币等 故宫（紫禁城）、颐和园、布达拉宫、苏州园林、杭州园林、十里长亭、长城、天坛、敦煌莫高窟等
34	少数民族文化	壮族、藏族、裕固族、彝族、瑶族、锡伯族、乌孜别克族、维吾尔族、佤族、土家族土族、塔塔尔族、塔吉克族、水族、畲族、撒拉族、羌族、普米族、怒族、纳西族、仫佬族、苗族、蒙古族、门巴族、毛南族、满族、珞巴族、傈僳族、黎族、拉祜族、柯尔克孜族、景颇族、京族、基诺族、回族、赫哲族、哈萨克族、哈尼族、仡佬族、高山族、鄂温克族、俄罗斯族、鄂伦春族、独龙族、东乡族、侗族、德昂族、傣族、达斡尔族、朝鲜族、布依族、布朗族、保安族、白族、阿昌族、汉族
35	中华美食文化	八大菜系、中华老字号、地方小吃
36	故事传说	民间故事、神话故事、传说、传奇、山海经

第二节　全域旅游产业需要理性发展

在全球经济背景下，文化产业在世界各国兴起。相对于美国、英国、日本、韩国等国家，我国发展文化产业还处于初级阶段，正在探索本土化发展的运作模式。自2009年我国第一部文化产业专项规划《文化产业振兴规划》由国务院常务会议审议通过以来，国家相继出台了对文化创意产业各项扶持政策，逐步实现理性发展，真正推动了文化创意产业经济的发展。

但是，有些地方为快速发展文化创意和文化旅游产业，迎合国家政策，对全域旅游产业还不是完全理解时，就开始非理性投入，盲目打造景区和产业园区，大量的跟

▼束河古街

风和复制导致很多地区文化旅游产业不能落地，无法顺利实现产业链和产业经济。比如，几年前，各地跟风打造动漫产业园、建造影视基地，导致资源浪费，投入无产出。而在2011年10月前，在文交所还没有找到自己的稳步发展方向和规律时，各地区城市又跟着速建文交所。再如，很多城市也开始复制香港"大黄鸭"，诸如此类不成熟和不理性现象，对产业升级改造势必造成恶劣影响。

其实，文化产业是内容产业，内容决定了文化创意和文化旅游产业的生命力。文化旅游产业有3个基本要素，一是唯一性，二是不可复制性，三是可持续发展性。在打造文化旅游产业时，不具备这三要素就会导致失败。文化旅游产业是将文化元素通过文、史、哲、艺、技5大要素同时运用和融合的新的结构体，是通过文化创意人才的天分、思维、素养、内涵与想法而转变成为"产业"的过程。

目前实现理性发展还需要完成两个目标：一是将文化旅游产业的概念、理论和发展战略进行全面普及，特别是在我国二三线地区城市，加大对分管文化产业方面的文化部门、从事文化旅游产业方面人群、准备向文化旅游产业转型的企业家等的培训和引导，使其能够区分和了解文化产业和文化旅游产业。二是普遍培养文化旅游产业的人才和核心领导力。文化旅游产业的发展核心是文化创意人才的发展，在文化经济大发展的快车下，人才培养是重中之重，创意人才是跨界融合的复合型人才，不仅是在自己专业知识技能上的体现，更重要的是文、史、哲综合素养的内涵的培养和提高，对文化旅游产业打造势在必行，需要鼓励各教育平台机构开展人才的培养。

文化旅游产业需要理性发展，是我国更好、更快经济转型，实现文化经济作为国民经济重要支柱的必要条件；更是我国发展全域旅游产业的必然趋势。文化产业和文化事业齐肩并进的良性循环发展，才能让我国的文化"走出去"，实现中国梦，打造文化强国，实现民族伟大复兴。

第三节　全域旅游产业发展中的创意由何而来

　　提及创意的要点，首先了解什么是创意？根据文化创意产业的概念，意味着后工业时代社会的传统产业向创意型产业转变。创意一词，字面分解来看，可以解读为"创造生意"，在分解理解为"创造人生意义"；"创造生意"是通过自己的天分、思维、素养、内涵与想法，而转变成"生意"的过程。"创造人生意义"是通过自己的天分、思维、素养、内涵与想法，实现人生价值观，而创造自己的生命意义的过程。提到"创意"一词，想到了多年前，在一次春节晚会上，著名表演艺术家冯巩和牛群合说的一段相声，叫"点子公司"，其表现就是用创意来实现产业的非常鲜明的特点，就是"用点子怎样赚钱"。点子是针对某一件事的计谋与对策，还不能说是创意，但点子一定是创意的基础。

　　创意的动作首先是思考，思考成了职业名词，运用大脑思考而得出的想法。要具备丰富的知识积淀，文化内涵的培养，文化素养的提高，美学思想的创造，是包含了文、史、哲、艺、技五大要素同时运用和融合的新的结构体，形成了一个创意。中国实现中国梦，目前，只有两个国家以"国家梦"的未来发展战略为目标，一个是美国；一个是中国。敢于做梦的国家，首先在生产力和经济体是自有创造能力，不依靠别的国家能够实现自给自足，才可以做梦。"中国梦"不同于"美国梦"，中国梦是全中国人民共同实现的梦，是民族的梦，是中华文明伟大复兴的梦，而"美国梦"是实现个人的梦。两个是完全不同的目标。

　　中华文明是以文化与农业为主的农耕文明，在2004年，中国提出由"中国制造"向"中国创造"改变的口号，将生产形式和生产结构进行调整。从传统工业与能源型产业向文化和生态型产业调整。在这里，以中国的一个汉字，也是经济体创造的最重要的一个字"产"，"产"这个字，在现代汉字中属于简化字；将此字分解开来，是上"立"下"厂"组合而成的，产字就是建立工厂；而中华文明使用的繁体字"產"，在今天已经不常使用，不常使用的文字，他是一种文化符号，也可以认为是一种文化

第一章
文化旅游是文化产业的载体

▲云南丽江

元素,代表了文化是人们精神愉悦的传承和长时间的积累而形成的一种符号,这种符号就是我们的文化。通过这个繁体字,我们可以看到,是上面一个"文"、中间一个"厂"、下面一个"生"而组成。可以这样认为,是以文化作为基础而建立的厂地,实现生意或者是人生意义;也可以说,文化创意产业是内在生产模式。通过内在生产模式利用文化为基础而形成的工厂;一个产字,就足以代表文化创意产业的含义和要点。(参考霍金斯的创意生态和厉无畏的创意改变中国为资料)

创意是一种思维,是逻辑思维、形象思维、逆向思维、发散思维、系统思维、模糊思维和直觉、灵感等多种认知方式综合运用的结果。直觉和灵感很重要,很多的创意都是通过直觉和灵感来实现的;创意是一种突破,是在产品设计、研发、产业管理、市场营销、结构建立、体制运行等诸多运行操作方面,突破传统、突破常规、突破理性概念的一种新形式。创意是一种多元化、多元素的集合体;创意不是创新,但创新是创意的开始;创意是一种审美艺术,艺术生活和生活艺术是创意的根本改变。

创意不等同于艺术,但艺术是创意的基本元素,艺术与创意是有着永远相互结合的内在联系;创意是一种新的生产力;创意适用于任何产业类型,不受产业形态的限制。创意犹如原子裂变,每一盎司的创意都能带来无以数计的商业奇迹和商业效益。(比尔·盖茨)具有高智力的人未必就具有创造力。根据逻辑与数学规律来进行推论的那种很强的能力对于有修养的思想家来说是有益的,但并不必然对创造者有帮助。许多智力很高的人并没有在创造力方面使自己扬名天下,而许多有创造性的人似乎也不具备特别高的智商,所以创意是所有人都具备成为创造财富的缔造者,是大公无私的,具有公平性的,凭借个人天分创造财富的经济手段。

第四节　文化创意园区推动全域旅游产业发展

文化产业园区的打造类型从不同角度分析，有着不同的划分方法，Hans Mommaas 通过对文化产业园区的分析，综合了 7 个核心类型尺度考评：园区内活动的横向组合及其协作和一体化水平；园区内文化功能的垂直组合——设计、生产、交换和消费活动具体的混合；与此相关的园区内融合水平；涉及与园区内管理的不同参与者的园区组织框架；金融制度和相关的公私部门的参与种类；空间和文化节目开放或封闭的程度；园区具体的发展途径，园区的位置。

根据文化创意产业园区的不同功能和打造方式，以文化创意产业园区的特征、文化创意产业园区的元素定位和自然资源与文化资源、文化创意产业园区的区位和地理优势、文化创意产业园区的服务平台机构、文化创意产业园区的产业立项、文化创意产业园区的原生态为基本定位特点，综合以上，文化创意产业园区可以划分为：

1. 产业型

这一类型的文化创意产业园区主要体现在以地方文化元素、艺术工艺和传统技艺为基础形成，通过对原有的传统产业经过产、学、研结合，形成以产业为主导，将产业和产业链联动分解，融合其他文化元素的新结构，转变成为一个产业产品销售、产业链体验、消费功能多元化的综合体产业集聚，是具有原创力的独立型的产业衍生孵化区。

2. 资源型

这一类型的文化创意产业园区主要以旧工厂和仓库等原有建筑优势，在不改变厂房或库房的建筑结构和空间时，利用宽敞而高大自然空间，合理地搭配和运用，滋生为新的文化创意产业园区模式；还有就是根据地域自然优势，不改变主体功能和自然面貌，保留原来建筑价值、历史价值、艺术价值、文化价值等，比如历史文化遗迹、古建筑群、古作坊、古村落，虽然在历史政治的变迁中不具备政治考据影响，但在文化价值和历史传承价值影响深远，这一类也是根据保留资源，不转变主体功能而成为的文化创意产业园区。

3. 艺术原创型

这一类型的文化创意产业园区主要由各门类艺术家或者艺术作品，或者艺术经济的集聚，形成了具有艺术家本人、工作室、作品、艺术展示、艺术交易、艺术交流的综合性集聚平台，在很多集聚区出现的画家村、艺术工作坊、民俗文化集聚区、北京798、上海800、北京音乐硅谷、音乐艺术村等各门类文化创意产业园区。

4. 智慧型

这一类型文化创意产业园区主要依托高科技园区，根据高科技园区的科技推动新生代发展文化产业，是智慧型产业园区，通过科技手段、新媒体实现数字化文化产业的发展，形成革命的产业科技链条。像现有的中关村科技园区、北京动漫产业园区、北京新媒体产业基地、北京未来中央城、深圳高科技产业园等高科技产业集聚的园区。

5. 文化旅游型

这一类型的文化创意产业园区主要以历史名胜、自然风貌、名人故居、世界遗产、文化名胜、民俗文化、人类文明等为依托的旅游资源，对其文化元素整合，提升文化内涵，孵化文化价值，形成以文化旅游为主线的经济产业链条，这一类的产业园区属于接收比较快、产业功效见效快的园区类型。满足人们的精神渴求和精神换位。像近两年出现的文化旅游大繁荣，只是刚刚开始而已，产业衍生可挖掘性非常强，比如，江南古镇、天门山、百色茶园、九寨沟、京城八景名胜、杭州名胜、运河古镇、宋城、印象系列等全国诸多产业园区。

6. 主题主导型

这一类型文化创意产业园区主要区别于两个依托，一是政府，二是校企联合。依托政府为主导的产业园区，由政府着力来推动打造，通过市场化的运作，进行项目的开发和挖掘，像北京和上海在争创的"国际设计之都"，完全由政府主导，主动将其打造入市，集中在中国设计行业的人才推动和人才养成，由"中国制造"向"中国创造"转变的开始。依托高校为主导的产业园区，由高校来推动打造，以特殊的创意人才和大学的人文环境为依托，实行校企联合的方式，推动文化创意产业的发展，在文化创意产业人才方面，大学也是最合适的培养通道。像中国人民大学、北京大学、清华大学、日照职业学院等都在校内成功打造了主题主导型文化创意产业园区。

7. 体验活动型

这一类型的文化创意产业园区主要体现在以各种娱乐方式、商业论坛、各种展会议、展览、演出、节庆庆典等，充分感受，不仅具有艺术性，更具有体验感受性，从而刺激文化精神需要。比如像北京欢乐谷、北京文博会、全国动漫会、汽车展会、全国礼品展、烟花庆典、深圳欢乐谷、迪士尼游乐园、环球嘉年华、深圳文博会、珠宝玉石大展、海上娱乐、综合体育攀岩漂流、嘉年华、中国好声音、艺术作品体验园、我是歌手等以体验感受为主要依托的文化创意产业园区和内容型文化活动项目。

▲ 德州董子文化园

8. 宗教文化型

这一类的文化创意产业园区主要以宗教文化为背景依托，中国五大宗教，佛、道、天主、基督、伊斯兰。对宗教文化和宗教信仰，根据历史传承，宗教文化传播，参与信仰的相关宗教用品，信仰寄托等，将其综合性地围绕礼、拜等方式，推动宗教文化产业化的发展。比如像广东禅文化创意产业园、高旻寺佛教文化产业园，无锡灵山大佛、雪窦山弥勒佛、河南嵩山文化创意产业园、龙虎山道教文化产业园、宁夏中华回乡园等宗教文化产业园。

通过对文化创意园区的分类梳理，打造不同类型的文化创意园区，都是作为全域旅游产业中城市主题旅游产业板块的基础，其根据旅游要素，打开城市主题旅游的丰富性，既而从不同类型的园区特点中，刺激旅游消费者，提高对文化体验的认知，带动城市功能的激活。成为旅游目的地中参与性更强的消费体验区与分享平台。助推旅游城市的全域旅游产业互动发展。

第二章

全域旅游概念

旅游嬗变
——全域旅游概念 设计 政策

　　从上一章节我们分析出，我国文化创意产业的发展由学习模仿到产业模式复制，由复制到创新，已经逐步找到我国文化创意产业发展的经济属性和概念定位。十八大以来连续出台的一系列政策，促使文化创意产业的发展走入快车道，在十年的发展进程中，部分地区文化产业政策导向基本向落地扶持政策倾注，逐渐根据本土化、品牌化的方向定位，按照可持续性、不可复制性的产业特征推进。根据"创新、协调、绿色、开放、共享"五大发展理念，文化产业本身也被作为对经济结构调整和经济速度增长方式最有效的产业之一，得到重点政策支持。在"十三五"国民经济发展规划中

▼纳米比亚红沙漠

已经将其明确为支柱性产业。同年，文化创意产业的辐射作用对于整个经济社会的发展也得到了充分肯定。"文化+"模式通过延长产业链条，通过文化创意产业与相关产业的深度融合，也被大多数地区纳入其发展规划。随着政策导向以及产业推进，我国文化创意产业贯穿于经济社会各个方面，呈现出多向发展态势。同时也涌现出了一大批有亮点、有潜力、有特色的文化创意企业，正在成为大众创业、万众创新的重要阵地。而在文化创意产业转型落地的状态下，文化旅游产业的发展是其中的一个快速有效的转型手段。

针对我国的旅游产业，20世纪80年代出现了小旅游的概念，90年代提出中旅游概念，21世纪提到大旅游概念，可以看出，随着时代的发展，对旅游的认识逐渐深入。最近几年出现了全域旅游的概念。2011年《大连市旅游沿海经济圈产业发展规划》（2011—2020）中，探讨把旅游业作为战略性支柱产业，借助"全域旅游"促进"全域城市化"的落实，引起了学者们的广泛关注。2016年，全国旅游工作会议上，国家旅游局局长李金早提出，中国的旅游发展要从"景点旅游"转变到"全域旅游"[1]。同年，又在我国树立"全域旅游示范区"。

2016年的《政府工作报告》中也提出"迎接正在兴起的大众旅游时代"，并且强调要大力发展全域旅游、大力发展乡村旅游；《"十三五"旅游业发展规划》作为我国旅游业发展史上，第一次被列入国家重点专项规划的文件，主要明确了旅游空间的分布格局，旅游管理体制的模式创新，旅游资源的整合规划，乡村旅游作为脱贫致富的重要抓手，以及随着全域旅游的开展，旅游业向其余产业的渗透延伸。

2017年国家旅游局局长李金早做的题为《积极实施"三步走"战略 奋力迈向我国旅游发展新目标》的工作报告中，除了对"515战略"实施两年来的回顾以外，提出要按照党中央、国务院的部署，积极践行五大发展理念，适应大众旅游时代新需求，主动作为，在旅游工作上取得"十二大突破"；并对全域旅游、旅游供给侧结构性改革等相关问题做了必要阐述。在实施"三步走"战略，奋力迈向我国旅游发展新目标的阐述中，也多次提及全域旅游。

伴随文化创意产业的成熟发展，文化旅游对文化创意产业的转型落地，同样也在我国供给侧改革的基础之上，"全域旅游"应时应势，应景应情地成为我国旅游发展主旋律。着重针对"全域旅游"的概念定位、设计规划、政策解析将分别进行阐述。

---

[1] 于洁，胡静，等. 国内全域旅游研究进展与展望. 旅游研究，2016, 8(6).

第一节　全域旅游概念和内涵

全域旅游，重点在"域"。从字面解释，"域"是指在一定疆界的地方。简单地说，就是在一个"域"去打造"全域"。实现该地区的全地域、全领域、全要素、全方位、全过程、全行业、全时间、全社会、全产业、全空间的旅游发展。

从其内涵和发展诉求来看，全域旅游依托"域"去打造"域"的目的不仅仅是发展旅游产业，而是以旅游业作为优势产业去带动和促进当地经济社会协调发展的新的发展理念和模式。该模式以产业融合为基础、以资源整合为手段、以充分发挥旅游业的优势地位为构建桥梁、以实现空间统筹和产业联动发展为主要目标，突破空间限制、时间限制、行业限制，最终实现该地区的整体发展。

从其本身的价值属性来看，引用两句话来诠释"世界不只有眼前的苟且，还有诗歌与远方"。"要么读书、要么旅行，身体和灵魂，总有一个在路上"。对于远方的渴求，远行的愿望，在物质生活日渐丰富的今日，早已从少数人的奢侈品变成了多数人的一部分生活。所以全域旅游所追求的，不仅仅是旅游人数的增长，而是旅游对于人们生活品质的提升，强调旅游与生活的真正融合，即"景区"是"家园"，"游子"是"主人"的全方位休闲体验。

从实践探索来看，目前全域旅游已有实践大体可以分为三类，第一类是以北京、大连、重庆渝中区为代表的国际旅游目的地建设类型，主要是丰富其旅游目的地建设内涵、提升其服务质量等；第二类是以沈阳市南部临空旅游区、杭州桐庐县委代表的城乡统筹建设类型，主要是发挥旅游业在促进城乡统筹、美丽乡村建设中的积极作用；第三类是以都江堰市、汶川县等为代表的灾后重建类型，主要是突出旅游业在灾后重建中的主导和先导作用[①]。

可以看出，全域旅游在对接以往成熟旅游转型中，成为良好的载体；也是旅游后发展地区的旅游发展方向；在国家推动文化创意产业的发展进程中，全域旅游除了实现旅游跨越发展和区域整体进步之外，对于文化创意产业的发展实现，也起到积极的作用。

---

① 银元，等．丘陵地区全域旅游发展对策研究．农村经济与科技，2016(11)．

第二节　全域旅游的本质

本质，是事物本身所固有的根本属性，或者说是指事物存在的依据。搞清楚本质，才能使人们脱离具体的形象进行创新活动。准确把握全域旅游的本质是科学推行全域旅游发展理念，有效落实全域旅游战略目标的基本前提。

发展经济学认为，经济发展具有一定的阶段性，不同的发展阶段对应不同的经济发展模式。同样在旅游业的发展中也随着整体的经济社会发展，也在遵循同样的规律。那么，全域旅游这一新的发展模式，它的本质特征主要是指资源的整合以及产业的带动。

一、资源的整合

以往的地区旅游发展，一般都是指该地区的旅游景点发展。通过景点门票的利润实现，进而增加该地区的经济收入。然而，随着景点旅游方式的顺延，使得没有景点的地区望尘莫及抑或东施效颦；有景点的地区忽略旅游业发展质量、降低旅游发展新动能，并与此产生了很多不和谐的因素。比如：居民是居民、旅人是旅人；城市是城市、景区是景区。当旅客看惯景区的核心吸引物之后，却缺少了完美的旅游体验感。所以，全域旅游的本质特征之一，就是"域"的整合实现。而要真正实现"域"的整合，核心还是资源的重新整合。把不同特色的旅游产品或业态集群分布在各个空间板块，在不同的时间、空间打造不同特色的旅游产品。除此之外，还要对现有资源进行重新开发和"洗牌"。

随着旅游的深入发展和不断变化，满足现代旅游需要的资源已经不仅仅限制于自然资源和人文资源，还包括相应的特色资源、城市资源、创意资源等。那么，真正实现全域旅游，就是要把每一个有价值要素都去挖掘成为旅客的兴趣点或者旅游产业的创新差异点。把这些点作为突破口，通过资源的挖掘去满足市场需要的同时，重新找到该资源的其余价值属性，把能够挖掘的优势资源进行整合，把能够培育到的产业要素进行整合。所以，全域旅游的本质特征之一就是资源的全域。而资源的全域就是指资源的整合、挖掘、突破与优化。

▲ 龙虎山泸溪河漂流

二、产业的带动

旅游经济系统包括旅游者的消费活动和旅游产业的经营活动。以往景点旅游经济主要是门票经济，而真正的旅游活动是一种移动空间的消费，从出发地到目的地再返回出发地的整个消费全过程都应纳入旅游活动，因此，除了门票经济之外，受到旅游消费的影响，虽然旅游业难以像制造业可以在该空间产生规模的经济效应，但是却可以通过旅游消费纽带的衔接、要素的配置、点线的突破，分级别、分系统地逐步带动该地区的整体经济效益。而在整个带动过程中，旅游业的催化作用非常重要，通过以旅游为中心的核心服务业的发展，旅游周边产业的集聚开发和差异落地，才能促进地方包括农业和工业在内的相关产业的迅速发展和特色化建设。

第三节　全域旅游的核心

全域旅游发展的核心在于"创新"二字，文化创意产业的核心在于"创造力"。因此文化创意产业其本质就是一种"创意经济"。"创意"或者"创造力"包括两个方面：一是"原创"，这个产品是前人和其他人没有的，完全是自己首创的。二是"创新"，它的意义在于虽然是别人首先创造的，但将它进一步地提升转化，形成一个新的产品。主要包括：①资源的创新；②产品的创新；③产业的创新；④市场的创新。

2016年夏，国务院总理李克强在出席达沃斯论坛开幕式上发表致辞时提到"旅游、文化、体育、健康、养老"五大幸福产业快速发展，既拉动了消费增长，也促进了消费升级。确定了以旅游业为首的五大幸福产业。

旅游作为从出发地到目的地的一种通道，在空间上的一个行为过程。在我国已经到了"工业化"和"城镇化"的中后期，旅游在带动多种行业发展、产业创新、作为"十三五"规划中被上升的战略性支柱产业的同时，如何能让人民变得更幸福？作为全域旅游的核心到底是什么？

从旅游者的角色感知来看，旅游的根本就是去寻找文化差异性的心灵感受。所以全域旅游的核心还是在"文化"二字。文化是旅游的灵魂，也是旅游产业的支柱。旅游文化不是旅游与文化的简单相加，而是一种全新的文化形态，它是指人类通过旅游活动改造自然和环境自身的过程中所形成的价值观念、行为模式、物质成果和社会关系的总和。以一般文化的内在价值为依据，以食、住、行、游、购、娱六大要素为依托。[1]

从主观上来看，旅游文化是旅游者在进行旅游目的的主观需要。美国旅游学美学家罗伯特·W.麦金托曾将旅游动机分为几种基本类型：身体方面的动机、文化方面的动机、人际方面的动机和地位以及声望方面的动机。著名心理学家马斯洛需求层次理

---

[1] 谢红梅.浅析旅游文化与旅游产业发展的关系.科技信息，2011（35）.

论是行为科学的理论之一，在《人类激励理论》论文中所提出。书中将人类需求像阶梯一样从低到高按层次分为五种，分别是：生理需求、安全需求、社交需求、尊重需求和自我实现需求。

北方居民通常在寒冷的冬季喜欢去海南度假、"驴友"俱乐部作为一个陌生却熟悉的和谐交往群体越来越被推崇，这都体现了旅游者在旅游过程中的生理需求以及社交需求。然而当面对大自然的鬼斧神工，进行登山、滑翔、跳伞、潜水、徒步等旅游活动；或者在特色小镇以居民即镇长的身份实现一个人的居住梦想，谈笑有鸿儒，往来无白丁；抑或在灵山精舍禅修，等一下灵魂时，无一不是自我实现需求的充分体现。而自我实现需求的过程，其实就是一种文化认同的过程。从旅游资源所蕴含的文化中汲取智慧，从情境交融的异地体验中自我提升。利用旅游文化的内在价值激发旅游者的内心。

从客观上来看，旅游文化是旅游资源最重要的内涵。旅游资源大体可以分为两种，一种是自然资源，一种是人文资源。海南省作为 2016 年全域旅游示范地区，具有丰富的自然资源。据统计，海南省各类景区、景点近 70 个，主要旅游资源仍然以自然景观为主。比如蜈支洲岛、天眼海角、大东海、槟榔谷、呀诺达等。在大旅游的背景下，海南省将其独特的生态文化、民族文化与旅游资源相结合，尤其在其是 20 多个民族聚集的前提下，由于这些民族文化承载着丰厚漫长的文化底蕴，在保持这种文化的原生态的基础上，深入开发，增加了文化旅游的娱乐性和游客的参与性。因地制宜、差异发展，最终在海南形成了品牌效应。

云南作为旅游大省，拥有丰富的自然资源与少数民族文化资源。在以文化与旅游融合发展的目标下，也收获了极其丰富的经验。比如《太阳女》《印象丽江》大型舞台文化作品对于少数民族文化的成功表达；除了丽江、大理古镇之外的特色旅游文化小镇的大力开发以及对于村寨文化的大力挖掘、民族文化载体的加强保护，都在给云南旅游加分。所以，一幅被文化穿梭的自然景象、几首历经沧桑却仍旧隽永的诗词歌赋、巍巍古迹、多面情怀，文化的多元、传承、特殊、差异。这些，才是旅游的魂。

以全域旅游的发展为出发点，旅游文化是全域旅游的支柱。2016 年 1 月，国家旅游局局长李金早指出，传统以抓点方式为特征的景点旅游模式已不能满足现代大旅游的发展需要，必须从景点开发模式转变为全域旅游模式。这意味着要用全域旅游对接大众旅游时代。中国社科院旅游研究中心副主任戴学峰说，全域旅游首先是一种理念，是一种发展模式，是融合发展，是全产品的开发，是全面机制体制的创新，也是公共服务的发展，这才是全域旅游的概念。

在全域旅游概念提出的一年多时间里,作为国家供给侧改革的重要调整部分,各省都做了相应的实验与突破。应从以下三个方面做好全域旅游:

一是从点向面的突破,提升区域整体吸引力,拓展旅游产业的关联度。过去,我国旅游抓"点"抓"线",把旅游的过程仅仅当作是景区景点观光、饭店酒店消费。然而,由于这种封闭式的定位模式,使得景区内外的分化严重,矛盾突出。整个区域受益不明显,加之景区本身的开发力度薄弱、辐射能力差,使得游客的旅行美好体验感降低。所以,只有跳出景点、饭店、宾馆等要素,无论从经营管理还是产品开发,不依靠这些旅游必备要素的单独实现,而去从优化旅游产业的全过程、打造旅游产业的全方面、配套旅游的全要素、关注旅客的全体验。以点开面,系统全面地提升区域的整体吸引力,才能真正实现全域化发展。

二是要从单纯的门票经济走向服务经济。发展全域旅游是突破门票经济的有力平台。李金早局长说过,景区门票价格上涨过快,很大程度上与景区经营模式单一、过度依赖门票收入有直接关系。所以,只有转变旅游发展模式,从"围景建区、设门收票"向"区景一体、产业一体"转变,才能真正实现从门票经济向服务经济的转变,最终完成综合产业经济的转变。据世界银行估算,旅游业每消费 1 美元,就可为全球带来 3.2 美元的经济增长。从消费规律看,人均 GDP 达到 5000 美元后,人民健康性、娱乐性、时尚性消费支出比例将大幅度增加,旅游将成为百姓常态化的生活方式。作为对健康性、娱乐性、时尚性融合度最高的现代旅游业,正在成为融合第一、第二、第三产业的综合性产业,其关联产业达 110 多个,不仅促进和带动了适应消费结构升级的农产品、工业品开发、生产、消费和升值,也带动了服务业相关行业的大发展,尤其是对餐饮、住宿、民航、铁路客运业的贡献率都超过百分之八十。[①] 所以,只有发挥旅游业的充分引领作用和拉动作用,才能真正成为"十三五"规划中的战略性支柱产业。而这也就要求从旅游的前端、中端到后端,通过"旅游+"的发展模式,形成完整的信息链、产业链、人口流动链和资金链。在产业布局上,形成以旅游、信息、交通为要素的网状结构,实现全域旅游的经济增长不仅仅是门票经济,而是服务经济、产业经济。

三是从一次性观光消费走向重复性休闲消费。景点依然是区域旅游发展的中心,不能跳出景点空谈全域。目前,中国旅游业的发展已经从"观光游"走向"体验游","团队游"走向"深度游"。旅游地的选择、旅游方式的确定、旅游体验的形成以及对

---

① 王刚. 新常态下旅游业融合发展研究. 学习探索,2016(11).

旅游嬗变
—— 全域旅游概念 设计 政策

▲ 巴松措

于整个旅游客体的评价标准，都与以往有极大的区别。他们更在乎旅游过程的整体感受，而不是单纯的景点给予的吸引度。与此同时，在主观需求发生变化的情况下，旅客本身又与旅游目的地的各个环节与内容产生着千丝万缕的联系。所以，是在与中国旅游发展模式基本吻合的基础上，才有了全域旅游的发展观念。也正是在这样的发展观念中，才使得区域旅游更加重视服务体验与文化体验，在旅客与旅游地彼此契合的过程中，自然就会把一次性的观光消费走向重复性的休闲消费。然而，并不是说全域旅游抛开景点全靠体验，旅行毕竟是有目的的活动，大多数旅客仍是基于某个城市的景点坐标才开始做更多的选择考量，所以景点的吸引力才是全域发展的中心；另外，在"旅游+"的基本发展模式中，不是依靠其他产业来发展旅游，而是用旅游业去做引领与带动。在本书第二章中，我们会列举出几种全域旅游的发展模式，所提出旅居1+N模式发展就是全域旅游的具体发展模式。

在以上所提到的全域旅游三个转变中，旅游文化仍然是全域旅游的支柱。作为我国供给侧改革的重要载体、"十三五"规划的战略性支柱产业——旅游业，无论从境内还是境外，此地还是彼时，独具特色并且招徕游客最重要的因素就是文化因素。对于国外游客来说，人文古迹、民族遗产应该是令他们流连忘返的重要原因；对于国内游客来说，踏古访今、读史明鉴也该是他们最重要的旅行哲学。甚至可以说，旅游资源是在文化基础之上形成的经济载体。尤其在新形势下，进行旅游供给改革的目的也是不断地满足旅客需求，培育新的旅游产品，深入游客的旅游体验。乡村旅游的某种情怀被打动、主题公园的整个神经被调动，特色小镇的某种价值被认同。我们可以看到，新的旅游产品开发中，全部都汇集着文化的要素。目前，文化旅游方兴未艾，也是今后旅游的发展方向。因此，旅游以及相关行业，必须在不断丰富其文化内涵的基础上，增加特色元素，对旅游产品进行多元开发，才能实现经济与社会效益的全面增值。

第四节　全域旅游的发展理念

从我国社会经济发展来看，已经进入了后工业发展时期。长期的工业化与城镇化道路的实现，既给我们带来了广泛的收益，也随着资源与人口大面积转移向工业与城镇，产生了相应了弊端。所以，为了减少二元结构所产生的矛盾、增强农业经济的发展，在我国社会经济发展进入新常态下，旅游的改革是弱化这些矛盾的重要出口。通过旅游资源的放大、旅游产品的改变，乡村旅游的推动，全域旅游将用其丰富的关联性和带动性强的产业特征，在经济社会的转型与发展中发挥重要的作用。所以，全域旅游是在国民经济和社会发展的大背景下产生的，全域旅游又反作用于经济社会，推动其转型升级。

从旅游发展的方式转变来看，我国旅游业已经从"小旅游"走向"大旅游"。单纯的景点旅游已经不能适应游客全面休闲度假的体验需求。伴随着深度体验旅游方式的逐渐转变，目的地旅游才是目前旅游态势所指向的目标。所以，在空间转移、时间推进的旅行过程中，一个旅游区域的整体环境、整体感受才是评价旅游得分的重要标准。也正因如此，才迫使很多地区跳出景区，挖掘资源，进行旅游要素的全方位开发与融合。而这些，正是全域旅游的表现形式。

2016年，国家旅游局开展了全域旅游示范区创建工作，两百多市县成为首批国家全域旅游示范区创建单位。2017年国家旅游局局长李金早做的工作报告中，也多次对全域旅游做了必要阐述。这些都标志着我国旅游正在向"全域旅游"深入过渡。那么，作为全域旅游的发展理念到底是什么，本书在其产生的背景下，结合实践探索，总结如下。

一、全地域

在旅游以"观光"为主的背景下，一个区域的旅游是由不同景点串联在一起，并把这些区域合并连接，最终构成一个游客的旅行线路图。而在以"体验"为主的当代旅游背景下，一个区域经常会被当作一个独立的综合目的地。所以，全域旅游的第一个发展理念就是"全地域"。这是一个整体概念，它要求在把区域景点作为独立吸引标记物的基础上，进行该地域的整体打造，而不是只在景点上做文章。更重要的是，全域旅游是在我国宏观的社会经济发展框架的大背景下产生的，以旅游为支点去推动相关的产业调整、统筹各方面的整体发展，就必须用大视角进行整体的全域规划。

二、全领域

在全域旅游的发展理念中，如果说"全地域"是一个整体概念，"全领域"就是一个被拆分后重新形成的名词。从横向上看，全领域是指除了要在旅游景观上有所优化并且改良之外，对于整个城镇农村的其余角落，都试图从是否能被开发成风景为出发点，进行挖掘与打造。当然，这不是说对每一个地区都要进行全域全景观开发，处处建项目，处处搞旅游，而是指在旅游要素和产业布局的重新布置之后，去充分发挥它们的休闲功能、度假功能，形成休闲社区、特色小镇、旅游综合体等多种旅游产品，形成良好的公共旅游自助服务体系。满足游客的某种情怀，实现他们旅游的终极目标。或者说，能让游客在疲惫后感受温情的瞬间。树影碎金，星辰天落，长路有灯火。从纵向上来看，全域旅游的全领域还包括政策法规的出台、体制机制的运作、治理以及服务的配套覆盖。若要实现旅游业与经济社会相互促进、共荣共生的格局，这些领域缺一不可。

三、全要素

从宏观角度来看，全要素是指对于该地域的供给侧改革实现上，是以旅游与资本、旅游与政策、旅游与生活、旅游与功能作用等的配套发展。所以，在宏观下的全要素，是指不以旅游为单体开发的旅游模式，而是包括其余众多的资源开发与配套。

从微观角度来看，它是指在把旅游目的地进行整体打造的基础上，对于旅游资源的挖掘升级与全面整合，在均衡发展的前提下，构建起一个全域化发展新局面。所以，在全要素的开发实现中，既要注意对自然资源、人文资源本身的挖掘与升华，又要在建设发展路径中，抓住特色、突出优势、精品带动、资源整合。随着人们旅行目标的深入，传统旅游业"食、住、行、游、购、娱"六大要素已经逐步发展为"商、养、学、闲、情、奇"。应运而生的文化创意旅游、商业养老旅游、健康养生旅游、教育旅游等旅游产品也越来越被人们关注。诸如浙江省，在开展美丽乡村建设中，在符合相关旅游条件的前提下，某些村落在农业旅游中注重乡村建设与生态养生旅游产品的开发整合，把原汁原味的田园风光、古朴敦厚的民村民俗与温泉养生、理疗健体整合打包，既养眼，又养心。所以，在全要素的微观发展理念中，重视要素价值的挖掘开发、优势整合。

四、全方位

全方位的发展理念，主要是指体验全方位。20世纪90年代至今，国内旅游蓬勃发展。可在以"观光旅游"为主渠道的旅游过程中，景区高门票、节假日高拥挤、参团定点购物的旅游体验非但不会满足游客旅行的初衷，反而会在实际运作中给游客带来二次伤害。所以，在大旅游的发展背景下，如何提高游客的满意度才是我们要现实思考的重要命题。或许田间一缕薄薄的春风就能让你想起儿时乡下的田野，旅行城市的某一个书店就解答了你诚惶诚恐的种种疑问，某一次的旅行地的文化节，重新梳理了你的价值认同。这些不是一个景点能给予的精神财富，也不是某次走马观花得到的温情瞬间。

▼ 东北雪乡

旅游经济是基于空间的转移才产生的效益，除了从出发地到目的地的整个过程包括吃、住、行等基本要素都要被充分重视以外，在对于游客的体验需求上，还要从多角度进行满足。比如旅游产品的主题化、形象化，旅游表达形式的多样化、系列化、差异化，旅游休闲消费的自然化、舒适化。从各

▲研学游

个维度打造"磁力场"，以此来满足游客不同的、更高的体验要求。

五、全过程

一个区域要做好全域旅游，除了树立全域旅游的理念，还要注重优质景区的打造。在对景区打造的培育完成之后，再用景区标记的吸引度带动旅游服务设施，继而，在该区域旅游市场逐渐扩大之后，再产生新的旅游产品和旅游服务设施，最终才能真正地实现"旅游+"的基本功能，利用已经被挖掘打造的资源与其余社会资源进行新的融合，带动泛旅游产业的发展，实现全域旅游的发展目标。

以上所讲的过程，从该地域的角度出发，是全域旅游目的地的打造过程，相应的，从游客角度出发，就是他们在该地域进行的由点到线、由线到面、由面到网的旅行过程。所以，在全域旅游的发展过程中，构建与管控良好的建设过程，才会给游客完满的过程体验。

六、全行业

产业主要是指经济社会的物质生产部门，是介于宏观经济与微观经济之间的中观经济。行业一般是指其按生产同类产品或具有相同工艺过程或提供同类劳动服务划分的经济活动类别。二者是包含与被包含的关系。一个产业可以包括多个行业，但是一个行业只能从属于一个产业，产业是行业的总和。所以，产业的带动推动作用，取决于旅游业与各行业之间的相互配合。

全行业的发展理念，主要是指在全域旅游的发展过程中，在突出旅游的核心地位

的前提下，旅游业对于其他行业的带动作用以及其他行业对于旅游业的反作用。众所周知，旅游业的发展一定程度上带动了交通业、通信业、住宿业、餐饮业、娱乐业等行业。在全域旅游的发展实现中，更加应该注重旅游的核心作用。以旅游业作为中心，顺畅地打通与各行各业的关系。我们所提到的"旅游+"，其实就是充分发挥旅游业的催化剂的催化作用，让各行各业在旅游这个平台之上，增加这些行业的附加值，或者经过融合跨界，重新形成赢利点。那么，这种理念就要求在各行业与旅游业深度融合的过程中，旅游业发挥其主动作用，主动对接，换位思考，主动叠加其服务功能。优先选择成熟的行业加以推进发展；而作为各行各业在实现其利润增加与转换的过程中，应更加注重向旅游业的渗透。

七、全时间

以往的景区观光旅游，最大的壁垒在于淡季旺季的划分，最大的利润盲点在于过分看重"门票经济"。经常忽略其余的利润支点，也使得游客的整体体验感降低。

在全域旅游中，全时间的发展理念认为，旅游业持续有序的发展，应该突破时间的束缚，无论淡季还是旺季，无论白天还是夜晚，都可以向游客提供满足其需求的旅游产品和休闲体验。

针对淡季旺季的区别划分，在实施过程中可以通过增加其全域体验感，以丰富旅游产品，打造区域整体形象为出发，针对旅游产品本身做到旺季抓管理，淡季抓营销进行突破；做到"万紫千红花不谢，冬暖夏凉四时春"。针对"8小时经济"的利润盲区，可以通过全天候旅游体验和项目设计，逐渐把旅游利润线条延长至"24小时经济"，增加同一旅游产品的不同时段体验感，拉长休旅游线条，增加其夜间休闲度。据心理学研究，夜间人的感情更为丰富，打造夜间的旅游吸引力更容易引发游客的情感共鸣。所以，在实现资源的有效整合与多样化开发的过程中，可以通过夜间演艺、夜间夜市、夜间景区等方案成为该区域打造的旅游重点。

八、全社会

全社会发展理念主要是指全社会参与。全域旅游是社会共建共享的发展理念，理念本身就要求在实施过程中具有全局观念。政策配套、管理到位、全民参与，协抓共管。主要强调了旅游相关要素的配备完善。另外，全域旅游在实现的各种具体模式中，从时间或者空间来看都会出现居民生活与旅行消费的重叠，由此也会产生城市的全方位管理与旅游管理的重叠。面对这些新的问题特征，更需要以全社会共同参与相互协作的发展理念去引导解决。

所以，在全社会共同参与的发展理念中，首先，要调整发展战略，构建从全局出发，有效整合区域资源，统筹推进全域旅游发展格局的工作思路，各部门之间彼此联动的发展思路；其次，就要构建综合协调管理体制，围绕产业综合发展的基本需求，进行综合管理，正确处理政府与市场的关系；再次，要注重公共服务配套系统的完善，尤其在服务链的创新完善上，要同步发展全域旅游的专业服务与综合服务，创建良好的公共服务网络平台；最后，落实全民共建共享的实处就是既要让建设方、管理方参与其中，也要让广大游客、居民共同参与，最大限度地汇聚投资能力，也最得当地消化市场需求并转变成旅游收入和泛旅游收入。

九、全产业

我国在逐渐走入后工业社会的过程中，旅游格局与旅游需求产生的矛盾，使得旅游需要自己的发展空间；城镇化发展的二元结构矛盾也对城镇化的建设从空间层面上

▼婺源晒秋

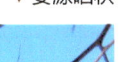

提出了升级要求。2016年的全国旅游工作会议上，局长李金早就提出要推动我国旅游从"景点旅游"向"全域旅游"转变。并且他明确指出"全域旅游是指在一定区域内，以旅游业为优势产业，通过对区域内经济社会资源尤其是旅游资源、相关产业、生态环境、公共服务、体制机制、政策法规、文明素质等进行全方位、系统化的优化提升，实现区域资源有机整合、产业融合发展、社会共建共享，以旅游业带动和促进经济社会协调发展的一种新的区域协调发展理念和模式"。所以，全域旅游主要强调了旅游业对于其他产业的带动作用和区域经济的协调发展作用。那么，在全域旅游的发展理念中的全产业是指重视旅游业与其他产业的融合带动，向多产业跨界整合的大力发展，最终实现大旅游产业格局的构建，以此来实现新的区域协调发展理念。

全产业的发展理念是全域旅游发展理念的核心，也是出发点和落脚点。在通过旅游业的转型发展去带动社会经济转型发展的过程中，产业带动与融合是重中之重。这就要求我们首先要求对旅游自身的业态进行培育和发展，进行新业态的开发与引进。这是推动旅游产业转型升级的重要动力；其次，以泛旅游产品引领大产业发展，延长产业链条，打造集多要素为一体的全产业链条；最后，走向全产业向旅游的趋向融合，提高区域的整体市场竞争价值与市场体验价值。

十、全空间

在全域旅游发展理念中的全地域与全领域，已经阐述清楚地域的整体打造理念与各领域的旅游渗透思路。全产业与全社会的发展理念已经明确表达了产业的带动作用和各领域的参与作用。从物质客观存在形式的角度来看全空间的发展理念，可以详尽地包括以上十全理念。而如果仅仅从地理空间的角度去考量，该理念是指旅游产品布局的全面性和覆盖性。

"一步一盛景，回头变万千"，全空间的发展理念在十全理念中，除了强调旅游产品的全方位开发外，更加注重对于这些旅游产品的良好布局，保证旅游产品的吸引力与有序供给。另外，在真正实现布局良好的愿望时，更应关注旅游交通、旅游信息网络平台以及自驾车营地灯设施的建设规划，使其真正做到设计合理化、便捷化；以吸引游客眼球，提高游客舒适度，减少游客与各方主体矛盾冲突为目的，实现旅游产品布局全面并且人性化的合理设计。

第五节　全域旅游的特征

随着旅游时代的整体转型和旅游阶段的成长发展，全域旅游成为目前各地方旅游的发展理念和发展模式，如火如荼地进行各项工作。然而，作为后工业经济社会发展背景下经济增长与结构调整的有效手段，全域旅游作为一个全新载体并无统一模式，各地的着手点与侧重点也不尽相同。在整个探索过程中，或多或少就会出现方向的错误与路径的偏离。

2017年全国旅游工作报告中，李金早局长就提到，发展全域旅游一定要避免"八大误区"。"一是竭泽而渔、破坏环境。二是简单模仿，千城一面、千村一面、千景一面。三是粗暴克隆，低劣伪造。四是短期行为、盲目涨价。五是不择手段，不顾尊严，低俗媚客。六是运动式、跟风式的一哄而起和大拆大建。七是重推介、重形式，轻基础、轻内容。八是在全域旅游改革中换汤不换药，换牌子不换体制，换机构不换机制，换人不换理念（李金早.积极实施"三步走"战略　奋力迈向我国旅游发展新目标）"。

那么，从有效的理论指导和各地的探索实践成功经验中抽离全域旅游的一般性，我们认为，其特征主要有以下两点。

一、不可复制性

这是指由于各个地区地域不同、发展不一、资源各异，不是所有地区在现有条件下都适合全面实行全域旅游，在各地分步进行的过程中，一定要遵循事实，从实际出发。客观分析各地旅游产业的发展阶段与成熟程度，准确把握当地的优势资源与短板，制定适应各地自身的旅游发展目标、过程与方法。既要按照旅游业的整体发展规律来进行旅游产业的发展，又要把理念落地，从基层准确认识与把握。

除却由于环境保护等各方面原因不适合发展全域旅游甚至不适合发展旅游产业的地域之外，在适合打造全域旅游的区域中，应该注意以下问题：

1. 尊重发展，因地制宜

总体看来，我国的旅游业虽然发展较快，但是仍然存在发展不均的现象。有些地区自然资源广泛、文化底蕴丰厚、景点独特、景区设置良好，可谓有着得天独厚的优势，加之长期对于旅游的探索实践，已经形成了较为成熟的发展轨道。由此以来，只需将发展理念进行方向转换，更加有效地整合区域资源，积极地促进产业联动，在机制体制的配套转变进行中，真正做到用旅游业去带动整个区域的经济社会协调发展。然而，还是会存在很多地区，旅游产业处于萌芽状态，游客到访量很低，甚至没有 A 级景区和星级酒店，泛旅游行业发展几乎没有。

针对这种情况，在实现高瞻远瞩的旅游业带动的梦想之前，还是要从基本的旅游发展初端做起。把首要目标锁定在景区景点、宾馆酒店的建成，准确打造旅游吸引物，同时，逐步完成配套设施的基本开发，总之，一切从基础入手。当然，以上是各从两种极端进行分别讨论，在目前，我国更多的地区旅游发展状态是有景区，但没有深度打造；有配套，但没有良性循环；有政策，但没有形成完整机制；有旅游，但没有进行格局发展的局面。所以就要因地制宜地根据不同的资源特色探索增加景区建设，对内涵资源进行深度挖掘，积极促进旅游产业升级，逐步地打造格局立体的全域化发展。

2. 突出特色，量身打造

在全域旅游的本质中曾经提到过，旅游的根本就是去寻找文化差异性的心灵感受。那么如何有良好的差异感受，使走在路上的行者总会有耳目一新的美感，对于他们而言，是由该地域的旅游空间布局、特殊的山水人文等因素所共同决定的。

2017 年全国旅游工作会议工作报告中，对 2017 年全域旅游工作进行了部署，提出要实施综合体制改革、全域旅游示范区创建、全域旅游全息信息系统建设三项重点工作。在部署全域旅游示范区创建工作方面，提出要"分类"制定全域旅游示范区创建标准。这其实就意味着，在全域旅游的发展道路上，由于各区域的核心资源、发展程度有所不一，各地域应重点突出特色，虽不能面面俱到，但却要独树一帜。

旅游业的发展前景决定于发展模式，在"门票经济"的观光旅游状态下，由于旅游收入来源单一、旅游产品缺乏创新，与市场潮流对接匮乏，使得在形成大旅游产业的道路上阻力重重。而在我国从景观旅游走向大旅游的产业转型升级的过程中，针对不同的地域旅游发展土壤，应合理选择适合于自身的全域旅游开发发展模式，并在该模式下进行价值挖掘与相应旅游要素的整合，最终形成自己的特色。在对全域旅游开发模式的选择上，应当注意以下两点：第一，注意旅游目的地发展阶段与发展水平，不同发展阶段的旅游目的地，旅游开发的角度是不一样的。第二，注重旅游吸引物的品级和旅游市场的整体概况。

举例来说，在景区式的观光型旅游的发展过程中，经过多年的发展，传统观光景区在我国的整体旅游发展中具有举足轻重的地位，也可以被称之为先遣队。然而伴随经济社会的整体转型与旅游产业的规模发展，也由于其自身自我成长较慢，更新能力薄弱，市场对接不灵活，使其吸引力在逐年递减。所以在对仍然以景区为核心的旅游打造地区中，首先还是应当加深对景区的重视程度，应深刻地认识到这些景观仍

▼ 嘉峪关戈壁大峡谷

然是我国的优质观光资源，加深对于该资源的价值挖掘，明确提升方向，创新产品开发。

除此之外，在打造旅游观光的基础之上，进行休闲度假市场的主动开拓。也就是源于山水，根植文化，创新旅游开发。使得休闲元素融于旅游观光，旅游观光促进休闲度假，双方互动发展，共同促进传统景区的转型升级。最终达到用景区带动旅游业与相关产业的融合，推动当地经济社会发展的目标。在城市型的功能型旅游的开发发展过程中，应把重点放在游客角度，根据游客的多元化旅游消费需求，进行旅游产品结构调整。以市场为引导，重在开发融合观光、休闲、娱乐、购物等多种功能的城市型多元化旅游产品。而在全域旅游最终走向的旅居化的创意式旅游发展模式中，就要从点到线，从线到面，充分地满足游客既要认识世界也要认识自我的心理需要，从各个维度满足游客的异质生活体验。

在这种复合型的发展模式中，应在积极打造地域特色旅游资源，深度挖掘地域文化要素的核心基础上，积极推进"旅游+"，规划开发文化休闲、生态观光、乡村旅游等跨界产品，充分进行旅游要素的深度整合产业融合。如此一来，由于各地土壤有异，发展不均，特色资源不同，文化要素各有千秋的原因，所以应因地制宜、量身打造旅游发展，才能实现不可复制。

二、可持续性

任何产业的发展，都应与经济社会发展新常态紧密结合，旅游业也不例外。改革开放以来，我国一直以工业化为主线来推动我国的经济社会发展，在工业化和城镇化的发展道路中，我国经济的增长速度主要得益于此，然而产生的二元结构矛盾突出、生态环境恶化、农业的规模发展和附加值受限等矛盾也同时出现。与此同时，后工业社会进程中，破解二元结构发展方式难题就成为当下的经济社会发展实践中的重要任务。

目前，我国经济增长驱动力由工业向服务业驱动、由传统产业向创新驱动、由投资驱动转向消费驱动等一系列调整，也都是应对之前二元化结构矛盾的主要办法。作为结构升级和区域转变的重要带动产业——旅游业，为了充分发挥其引领作用，成为我国经济社会发展方式的有效途径。在准确把握我国目前经济社会的新态势与新趋向，从旅游新业态看到背后被跨越的其余产业界限的过程中，就一定坚持可持续发展的基本理念。因为只有以可持续性作为全域旅游的发展构成，通过旅游化来进行发展方式的转变，才能对于缓解二元矛盾、积极推动农业现代化，对于自然文明和农耕文化的

▲ 太极八卦巷

保护，以及对于旅游转型实践过程中对于相关产业的收益有效带动，起到积极的作用。

党的十八届五中全会提出了"创新、协调、绿色、开放、共享"五大理念，也是在这五大理念的引领下，适时地提出全域旅游的发展概念。这也从另一个侧面告诉我们在全域旅游的发展过程中，应当积极践行这五大理念，真正做到和谐发展、绿色共享。

以上，都是从宏观的角度来对全域旅游的可持续性剖析原因，从旅游业的发展来看，能否真正地成为一个地域的产业支撑并且起到良好的引擎作用，能否交叉渗透到各个行业与产业当中，并在积极走向中泛旅游产业群集聚落地过程中仍然具备凝聚力与向心力，以一个优质的产业生态，用开发共享的姿态去推动产业融合都与可持续发展息息相关。换一句话说，全域旅游战略的成功与否，全域旅游在缓解二元矛盾与积极推进旅游城镇化的道路能走多远，都取决于可持续发展的重要特性。

在全域旅游的发展过程中做到可持续，这既是践行理念、评价标准，也是一个具体的操作流程。

首先,统筹多方要素,促进健康发展。习近平总书记强调,"生态环境就是生产力"。要正确处理开发与保护的关系,坚持保护优先原则,把生态与旅游结合起来,把保护与发展统一起来,切实做到合理开发、永续,实现旅游业可持续发展。在整体统筹的过程中,一定要注意强化政府的引领作用,依法保护和合理开发旅游资源,形成良性的开发机制。严格执法,强化监管,加强管理和协作,健全依法治旅工作机制。

其次,加速多业互动,推进产业融合。全域旅游强调全产业,可持续性不仅在全域旅游发展中表现为自身的良性走向,也体现在与旅游业相关产业的整体发展轨道中。旅游产业的链条很长,要想可持续,就需要在全产业链条上贯彻可持续发展的理念。通过全域旅游来实现农业与旅游、工业与旅游、养生与旅游等业态的整合,打造出休闲娱乐、中医药养生、温泉疗养、户外健身等多种绿色业态。除了大力发展现代农业,推进农旅融合。还可以以企业为载体,将旅游要素植入工艺流程的各个环节,变生产为景观、变厂区为景区,推动工旅融合发展。再者,以市场为导向,大力发展文化娱乐等产业,满足游客多样化消费需求。培育龙头旅游商品企业,推进商旅相融。这些产业融合都是全域旅游可持续发展的集聚走向。

再次,坚持绿色发展,发挥旅游生态效益。在旅游资源的开发过程中,严格进行生态保护。旅游发展规划与生态环境保护规划的衔接上,要畅通有力;在重点旅游区域的生态培育上,要选取有利于生长方式的开发模型;在旅游项目的建设上,要为生态修复和环境改善创造先决条件。倡导绿色出行,实现和谐共生。

总之,为了实现旅游业在新的经济发展常态下起到稳增长、调结构、益民生的引擎作用,就要把其放在地域发展整体脉络格局中的绝对地位进行把握,用可持续发展的眼光将全域旅游与社会结构优化、经济效益增长、治理能力增强、幸福指数提升进行紧密的结合。

第六节　全域旅游的模式

　　从全域旅游的本质属性来分析，这是在经济社会发展新形势下和旅游发展新时代下的新概念，目的在于全域资源整合和助推产业升级与集约。以海南为首的一些地区也以示范点的形式显示出在实践操作中全域旅游的各个表现。后来，我们在全域旅游的特征中综合各个地区旅游发展不一致、资源不协调、管理体制不均衡等各个原因，得到了可持续性和差异性的两个具体特点。这就意味着，虽然全域旅游的终极打造目标是在以资源为核心、文化为灵魂的基础之上，充分进行资源整合与产业的集约落地，

▼金塔胡杨林

"大力推进旅游与文化、体育、农业、工业、林业、商业、水利、地址、海洋、环保、气象等相关产业和行业的融合发展,并通过产业融合,将培育许多代表生产性服务业的增长点。"(《国务院关于加快发展旅游业的意见》)但是根据差异现状,我们在目前形势下,把全域旅游的发展模式主要概括为以下四种:景区观光型旅游;城市功能型旅游;旅居式旅游;智慧型旅游。

一、景区观光型旅游

这种旅游方式一般建立在以优质核心景区为旅游重要吸引源的旅游目的地,但是由于在传统旅游领域,传统景区自我更新能力较差、经营模式缺乏创新;与此配套的传统旅行社、饭店、景区、汽车公司运作模式守旧等各方面原因,无法形成大旅游产业。虽然集中度高,但是在各自的发展中或多或少遭遇瓶颈。按照发展全域旅游的要求,以优质核心景区为基础,围绕景区对接市场;以盘活旅游产业为目标,带动景城一体化前行;以统一各部门职责为保障,形成"综合产业综合抓"的体制机制;以综合提升产业开发为导向,助推区域经济社会整体发展的旅游模式。在传统景区观光型旅游转型发展的过程中,需要注意以下问题:

(一)坚持以优质景区为核心,深度进行价值挖掘

传统景区的转型机理,还是要以资源为根基。在中国旅游业的长期发展中,一直在发现与开拓优质的自然资源以及人文景观;可是对于该优质资源的准确定位、内在价值的凝练与深度挖掘以及品牌效应的打造和与发展变化的市场的对接上,缺乏科学与规范的统一规划与操作。这就需要我们坚持传统景区的发展转型过程中,不仅不能脱离优质资源,更应该对该资源的文化内涵进行深度发掘,从该景观的区位价值、资源禀赋以及市场条件中确定其准确定位,进而从中提炼出该景区的特色文化标志,进而以此为灵魂进行景区的深度打造。

(二)坚持以产业发展为先导,创新旅游产品

随着旅游业的发展,旅游人群的层次需求逐渐有所转变,慢慢从传统的单一观光、门票经济走入以体验为主、综合消费的旅行模式。这就要求旅游发展要从只打造景区及周边配套跳出来,对接市场潮流,形成一个较为综合的旅游目的地。也只有这样,才能担负助推地域发展的重要责任。所以,在传统景区发展转型的过程中,一定要在巩固观光市场的基础上,对接市场需求,主动开拓体验市场,即以休闲度假旅游产品为主要载体的旅游市场,形成旅游产品类型丰富、创新程度增加、空间发展扩大的优质旅游体验感。观光市场与休闲市场两者综合包装、整体开发,相互促进,形成互动

▲ 大观园

的旅游发展模式，构建终极旅游目的地。这既是景区观光旅游转型的有效途径，也是以旅游化带动产业化的重要举措。

（三）坚持以旅游布局为框架，优化旅游功能结构

以往的景区观光，通常片面重视景区本身的外化效应，却忽略了其功能作用。所谓功能作用，就是指通过对该旅游产品的价值挖掘，是否能涵盖除了山水观光以外的生态休闲、疗养度假、甚至科普探险等其余的旅游客源。这样既能完善旅游结构也能增加该地域的综合收益。所以在对于传统观光景区的转型发展打造过程中，应在充分挖掘资源价值的基础上，形成良好的旅游功能体系。不孤立地进行景区自身的提升，而是在旅游综合目的地的构架之下，充分重视其功能作用。形成景区综合化、要素整合化、旅游功能化的提升思路。增加游客的消费次数、带动区域的综合收益。

（四）坚持以体系综合为支撑，加强营销推广

形成旅游产品丰富、综合体验良好的有力保障应该是对优质景区的良好资源配置以及公共服务设施的完整部署。这就需要在大旅游格局形成的过程中，进行有力的机制调整与体制改革，强化政府主导，准确调整各部门的旅游服务职责并相互协调，形

成"综合产业综合抓"的局面。除此之外，有力的营销手段也是地域旅游发展让市场接纳的重要课题。及时把握市场、创新营销手段、调整开发方向都是使得景区观光旅游转型成功外化的有效载体。

二、城市功能型旅游

"从全球的统计数据来看，有超过 50% 的人口生活和居住在城市。城市以其高度集聚的人口规模及其走在时尚前沿的高消费水平，持续为全球旅游市场注入客源，成为引领旅游消费的风向标。2015 年，中国 40.0 亿人次的国内旅游客源市场，城镇居民占到 70.3%。国内旅游收入 3.42 万亿元人民币，来自城市的客源贡献了 80.7%，数据表明，无论是从客源还是从旅游消费的视角来看，城市都是旅游经济运行最为重要的市场基础。"[1]

除了城市作为旅游目的地的重要空间支撑以外，在对于城市周边以及乡村的关联带动，也发挥着重要的作用。所以，在大旅游时代到来的今天，城市功能型旅游是以城市为载体，以优质的城市功能旅游产品为依托，整体的城市接待环境为重点，游客的综合消费为手段，带动区域的整体经济效益增长，并在推动城乡互补、优势互动的旅游大市场上有着举足轻重的作用。那么，在城市功能型旅游的发展过程中，需要注意以下问题：

（一）充分发挥城市旅游产品的功能作用，注重游客的旅游体验感

三十年前，华侨城从距离当时深圳中心区 1 小时车程的一片滩涂起步，规划先行，着手造城。三十年间，这个占地 6 平方公里的片区屹立起了中国最早的一批主题公园——锦绣中华、世界之窗和欢乐谷，中国最具代表性的文化主题酒店——威尼斯酒店及华侨城洲际酒店，深圳第一个文化创意产业园——华侨城创意文化园，中国第一个企业建造并代为管理的国家级美术馆——何香凝美术馆，为快速发展的深圳提供了另一个中心区，在产值的增长、就业的增加、文化空间的释放上都起到积极的作用。

为了迎合大众的旅游需求，除了华侨城之外，各地也陆续出现了其余类型的主题公园，包括娱乐性的也包括观光和度假性的，形态各异，内容丰富。除此之外，城市的剧院、剧场、商业步行街道、生活社区以及其余的娱乐范畴都构成了城市旅游的重要吸引物，那么在用城市自身来带动旅游发展，辐射周边的发展过程中，关键在于城市旅游吸引物。然而由于这些吸引物与被禀赋独有特征的自然资源有所不同，想要把

---

[1] 戴斌.城市是旅游的核心角色，也是关键力量.

游客从原来单纯的观光游览带到多元化体验再到旅游逐渐融入生活，必须要给这些元素足够的功能特征，无论是给游客越来越多的历史文化内涵还是现代生活体验，都应进行产品、服务和市场三个维度的有效整合。在城市功能型的旅游发展中，必须着力于建设城市旅游产品，升级创新，以功能型、服务型、经营型、整体型作为城市功能旅游的具体运作方式，满足游客的文化差异体验和具体的休闲需求。

（二）充分显示城市的比较优势，注重整体接待环境的打造

全域旅游的发展理念之一就是全地域，意味着将一个地域作为一个完整的旅游目的地来打造。尤其对于城市功能型旅游的发展空间，当目标旅游人群的目的是指向该城市而不是具体景观资源时，当游客想要待在一个城市慢慢体味与体验时，城市以一个独立的身份作为目的地的色彩越来越浓重。这时，封闭的接待体系显然已经过时，要用旅行目的地的格局体验感去实现旅客的旅行需求；也只有提升整体旅游环境，才能充分发挥城市旅游吸引物的功能作用。另外，在城市功能型旅游中，旅游产业利润更加重视综合收益，偏重于游客的角度去分析其体验消费体系，从吃、住、行到娱乐购物、休闲享受。虽然在旅游的整个过程是经济效益从出发地到目的地的持续带动，而仅仅针对目的地的旅游效益，在城市功能型旅游中，就直接与该城市是否具备良好的基础设施、独特的旅游吸引要素、创新的旅游产品的整体构建有直接关系。旅游，让城市生活更美好；城市，也让旅游发展更具张力。

三、旅居式旅游

这里指的旅居式旅游，主要是指在本课题第二章的全域旅游规划中旅居式旅游中的"1+N"旅游模式。也是本课题认定的全域旅游的最终打造目标，也是国民经济社会发展的客观要求，是在新常态下被转换的创新驱动引擎。这种旅游发展开发模式是指以旅游资源为基础、文化挖掘为核心，用旅游产业去带动其他产业，并且进行资源整合，通过"旅游+"的方式带动产业链利润的形成，规划开发出一批文化休闲、生态观光、商务会展、休闲度假、乡村旅游等跨界产品、开发旅游新业态，实现一种新的经济形态和生活状态的旅游打造模式。其核心在于用新的生产力去推动整个经济社会的发展，充分发挥旅游的集约和融合能力，提升其综合价值。

其实现方式在于"旅游+"，这个"+"从纵向解读，既是与文化的有机结合、又是对于旅游产业链条的积极延展、还是以人文本理念的贯彻实施；从横向上解读，主要是指与第一、第二、第三产业的融合发展，在融合过程中所形成的新的业态表现。比如乡村旅游、生态旅游、工业旅游、商务旅游、养生旅游、研学旅游、科技旅游等，都是"旅游+"的重点领域。那么，在旅居式旅游的开发发展模式中，我们主要注意以下几个问题：

（一）从旅游业入手、点、线、面共同打造，形成全域发展大格局

全域旅游的打造关键，是以旅游为优势产业，进而去带动其余产业，最终形成经济的增长和民生的改善。所以，在旅居式旅游的开发发展模式中，首先要有这种格局意识，从用旅游业去带动促进经济社会协调发展为目标的这种模式或者理念去理解和把握。进而在实际操作中，以点带面的进行全域规划、方位提升。这里的点，是指从景观到居住点、从城市到村落、从旅游吸引要素到公共设施每一处的精心打造。在点与点之间用线进行连接，使得景与景之间形成良好的景观带，城市与农村之间能够顺畅通达，形成风景变景点；吃、住、行更方便的良好局面。

在景观资源逐渐成熟的前提下，创新旅游产品、丰富游客的体验度，以此再去推动旅游业向深度和广度拓展，推进"旅游＋文化""旅游＋商务""旅游＋农业"等产业的融合，深度挖掘特色文化、做强优势旅游产品，从而用旅游来带动该地域的整体发展。所以，无论把这种旅游开发发展模式当作是经济发展的新模式还是旅游业自身发展的新业态，都是以良好的旅游业作为综合产业发展为基础，去形成良好的带动局面。这也就是我们目前所强调的是"旅游＋"，而不是"＋旅游"。

（二）积极推动旅游管理体制改革，形成现代旅游治理体系

把旅居式旅游模式的开发发展放到全域旅游的理念中去把握，旅游业就是一种综合性产业。而基于其综合性的特征属性，在实践中健康持续发展的基本保障就是进行综合管理、完整机制，才能为产业的发展保驾护航。除此之外，在全域旅游的发展理念中，其目标是有益整个社会，惠及全体民众，对于当地的经济和就业的综合贡献达到一定水平。

那么，基于产业的综合性和贡献的综合性，就更加要求管理到位、机制到位。这里所提到的

▼ 体验游

管理到位主要是指政府主导到位，只有在以政府为主导的状态下，才能有效地整合各部门的管理职能，甚至可以以"发展委员会"的形式综合各界力量，包括社会民众的积极参与。而这里提到的机制到位，

▲ 浙江何斯路美丽乡村

主要是指社会监督机制。现代旅游治理体系的构建，虽然以政府为主体，然而手段还是以事后监管为主。实现行业自律、市场的自我调节，全社会力量的共同参与。另外，要真正地做到全域，在旅居式的旅游开发发展模式中，就要把全域旅游的发展观念与各类城乡规划、土地利用、环境保护相契合，并且主动衔接并融入。这样，从能用全域旅游的视野来指导旅居式旅游的开发模式。

（三）优化产业资源配置、形成良好的产业布局

在旅居式旅游的开发发展模式中，经济利润主要是指产业化经济，那么，除了对于旅游业主体的优质打造、政策体制的有力支持外，对一个区域的有效旅游资源整合升级和在产业化运营中的整体推进和共同布局，在打造大旅游产业的过程中，对于形成复合式的联动经济就显得尤为重要。这就要求在该旅游模式的发展过程中，以产业化运作为主导思想、通过旅游的人流、物流、信息流和现金流的互动，给区域化的经济增长提供基础的空间支持，进而通过旅游产业资源的合理配置，为游客合理地走向旅游资源整合地及满足游客的各方需求提供具体保障，真正实现产业化联动运营的开发模式。

除此之外，在旅居式的旅游开发发展模式的打造中，除了注意以上事项之外，地方发展经济的政策与财政资源的支持、产业对接的体系构建、包括土地规划的控规以及各种社会资源的保障等各种因素对于其旅游产业的运营和可持续发展都起着非常重要的作用。

四、智慧型旅游

所谓智慧旅游，是指一种以网络、云计算、高性能信息处理系统、智能数据挖掘等技术在旅游体验、产业发展、行政管理等方面的应用，使旅游资源和信息资源得到

高度整合和系统开发，并服务于公众、企业、政府的全新的旅游形态。它以信息技术为基础，以游客互动体验为中心，以促进产业结构升级为特色。简单来说，就是利用云计算、互联网等新技术以及终端上网设备，主动感知旅游相关信息，并及时安排和调整旅游计划。就是因地制宜在景区引入技术设施，在促进游客与环境深度互动的同时，保证旅游目的地的可持续发展。所以，在智慧旅游的开发发展过程中，关键在于树立体系统一、适用科学、并且与现代产业经济可以相容的大数据体系。运用大数据，旅游部门的管理者也可以精确掌握客流的变化趋势，也可以及时获悉游客对景区服务的真实评价。

第七节　全域旅游的评价标准

随着旅游工作推进,"国家全域旅游示范区"创建工作日趋火热化。国家旅游局提出了对于创建全域旅游示范区的考核标准和工作重点。根据国家旅游局在《关于开展"国家全域旅游示范区"创建工作的通知》(旅发〔2015〕182号)中,提出6项主要考核标准,分别是:①旅游业增加值占本地GDP比重15%以上;②旅游从业人数占本地就业总数的比重20%以上;③年游客接待人次达到本地常住人口数量10倍以上;④当地农民年纯收入20%以上来源于旅游收入;⑤旅游税收占地方财政税收10%左右;⑥区域内有明确的主打产品,丰度高、覆盖度广。

随后在2016全国旅游工作会议上,李金早局长做的《全域旅游大有可为》的主题报告中,就考核指标又做了"综合贡献"的定性说明。包括直接贡献、间接贡献和引致贡献,不是简单的旅游增加值占GDP的比重(直接贡献)。在这个基础上,李金早局长又强化了4项基本标准,包括:①旅游对当地经济和就业的综合贡献达到一定水平;②建立旅游综合管理和执法体系;③厕所革命及其他公共服务建设成效明显;④建成旅游数据中心。

本课题以国家旅游局对全国全域旅游示范区的考核标准为基础,结合具体实践中地区全域旅游理念和模式的应用程度结果,把全域旅游打造模式的成功与否具体依赖的评价标准,归结为以下三点,分别为经济发展指标、社会共享指标以及体系构建指标。

考核标准不同于创建标准,它是在把全域旅游的发展理念具体应用在模式打造之后的结果体现,不仅仅是初段的创建要求,而是某个创建要求在实现过程中的具体执行以及对于创建理念与要求的实现结果。就是以结果为判定依据,在某一个时间段内综合考量,该地区在全域旅游的模式打造上,是否得以真正地实现。该考核标准在表现形式上既有硬性的数据体现,也兼有通过有效途径将软实力的展现状态。各地区可以在此标准之上进一步细化,以便具体考量。具体来说,主要包括以下内容。

一、经济发展指标

（一）旅游业对地区经济社会发展的直接贡献

我们一再强调，全域旅游是我国经济社会发展转型的必然产物，也是目前我国供给侧改革的主要抓手，更是我国旅游业升级转型的具体要求。旨在通过整合资源，提高生产效率、促进产业融合发展，进而达到区域经济增长有效提高的目标。除此以外，对于缓解城乡矛盾、推行新型城镇化以及落地扶贫的政策推动是否实现，全域旅游也是有力之道。所以在对全域旅游模式打造的考核标准中，最重要的一项指标就是看旅游业对地区经济社会发展所做出的贡献，具体来说，包括以下要点：

（1）旅游业对当地 GDP 的综合贡献比重（旅游业增加值对 GDP 综合贡献比例）；

（2）旅游业对当地就业和新增就业的贡献（旅游从业人数占对就业总数的综合贡献比例）；

（3）旅游对农民居民增收的综合贡献（当地农民年纯收入的部分比例来源于旅游收入的比例）；

（4）旅游业对财政税收的综合贡献（旅游税收占地方财政税收的比例）；

（5）旅游业对脱贫的综合贡献。

▼敦煌鸣沙山

（二）旅游业本身的质量提升标准

从我国经济社会转型的发展来看，全域旅游要对经济增长和社会进步做出应有的贡献。而从旅游业的发展规律和游客的需求转变作为考虑依据，全域旅游是旅游业从小旅游走向大旅游的必然阶段，是从门票经济走向产业经济路径，也是观光旅游走向体验旅游的结果。

所以，为了符合旅游业的自身发展规律，满足游客的发展体验，相对于传统旅游，全域旅游必须在旅游产品的创新、服务质量的提高、市场行情的对接、配套体制的落实、消费能力的把握等多个要素上做文章。而把这些要素的实现看作是旅游业自身质量提升的主要结果，就成了衡量其自身发展的重要指标，具体包括：

（1）有特色鲜明的旅游核心吸引物；
（2）旅游产品业丰富、空间覆盖度高，形成空间时间的差异组合；
（3）全域旅游品牌的品牌知名营销度；
（4）旅游基础设施与公共服务体系完善程度；
（5）旅游厕所卫生和便捷程度；
（6）旅游咨询服务体系的完善程度；
（7）旅游住宿配套完善程度；
（8）旅游餐饮配套完善程度；
（9）旅游购物配套完善程度；
（10）旅游文化娱乐休闲配套完善程度；
（11）旅游交通服务配套完善程度。

二、社会共享指标

全域旅游的发展理念告诉我们，全域旅游是要发挥产业优势，通过对旅游资源、相关产业、生态环境、公共服务、体制机制、政策法规、文明素质等进行全方位、系统化的优化提升，实现区域资源有机整合、产业融合发展、社会共建共享。经济的共享是全域旅游的本质要求，而价值的共享是公民社会的价值诉求。所以，从旅游事业发展的角度来看，需要旅游产品体系创新、旅游产业结构优化、旅游市场水平提高、旅游资源开发活化、旅游业态创新之外，从旅游政策制度、旅游者的文明素质以及旅游社区居民包容性和参与性等方面都有所提升。

换一角度来看，旅游事业的终极发展目标，除了经济的带动增长以外，还是要通过各种渠道让广大人民群众在发展中受益。而受益的展现状态就是以地区居民与游客的整体幸福指数是否有所提升，在旅游业以综合产业的身份出现在地区产业发展过程中时，尤其在居民与游客重叠空间部分，民众的舒适度与参与治理程度为标准进行衡量。

具体来说，主要包括以下指标：

（1）良好的旅游市场秩序的建设程度；

（2）旅游综合治理工作格局的建设程度；

（3）旅游市场监督长效机制的建设程度；

（4）旅游诚信体系的建设程度；

（5）地区公共资源的共享程度和便利程度；

（6）地区公共服务体系的完善程度；

（7）生态环境的保护程度和创新绿色旅游产品的建设程度；

（8）良好的环卫体系建设和节能减排措施的建设程度；

（9）良好的文化传承体系构建程度；

（10）通过有效措施，考察相关的调查评估指标，提供游客和当地居民的舒适满意程度。

总之，在全域旅游的实现过程中，安全、文明和市场规范有序以及游客和当地居民的满意程度是实现全域旅游的出发点和落脚点。要以提高游客满意度、增强当地居民幸福感为目标，实现其社会共享的价值属性。

三、体系构建指标

（一）治理体系指标

发展全域旅游，一定要重视其综合性的产业特征。在新的旅游发展视角状态下，旅游业不是一个单独产业独自发展，而是作为优势产业，通过与其余产业的融合集约，成为"调结构、惠民生、稳增长"的优势综合性产业。既然是优势综合性产业，就要求对地域资源的合理配置、市场机构、组织运作、机制体制等各个方面全盘考虑。

那么，如果想要在资源整合和产业融合上发挥其应有的带动作用，就要突破单一管理的一般模式，发挥政府在社会管理中的引导作用，整合地域的社会管理资源，充分发挥党政统筹的引领作用、市场主动的调节作用、社会主体参与的民主作用。做到有全域综合统筹发展的领导体制，形成全域旅游的体制和工作格局，各部门联动的发展机制。进一步完善旅游公共服务体系，也有旅游管理的综合协调机制，适应旅游业的综合性的产业特征，除此之外，还需要有旅游综合执法机制，为全域旅游发展提供保障。

▲ 行知探索户外

如果说经济发展和社会共享是全域旅游实现的根本方向,那么在体系构建中的治理体系构建是否得当,就是全域旅游方向实现的根本保障。另外,在发展全域旅游过程中,还要把具体的评价体系变成地域内各级政府和相关部门的重要发展目标和考核内容,分工明确、治理得当,才能形成推动旅游综合产业和社会整体发展的合力。至于治理评价体系细化在各部门的分类标准,各个地区根据区域差异可以具体分化。统一其完整的治理评价体系,主要体现在以下几个方面:

(1)建立旅游领导协调机制,设立旅游委或类似综合协调管理机构;

(2)党委或政府在全域旅游的创建和推动中发挥引领作用;

(3)在旅游综合执法方面有针对全域旅游的执法综合创新,比如旅游警察、旅游巡回法庭等各种方式;

(4)推进或已经编制完成多规合一的全域旅游规划和实施方案;

(5)将全域旅游发展纳入具体相关部门考核,明确责任分工,加强考核督办;

(6)专款专用,设立专项经费推动全域旅游发展。

(二)产业融合体系指标

从全域旅游的本质来说,全域旅游具有作为优势产业进行产业带动的本质属性。而产业的带动性首先就体现在旅游产业对经济社会发展的促进作用。在全域旅游的考核标准上,我们已经通过旅游业对当地经济发展的综合贡献的考核体系中有所显示。这些指标既能证明旅游产业是我国经济发展新常态的必然产物,也是旅游业的产业优势和综合实力的集中体现。然而，除了这些具体的经济指标的上升体现之外，在以旅游业作为引领和带动地域经济发展、转型升级的过程中，还需要有一些具体的产业融合体现。能明确表达这种带动性不仅体现在产业经济的带动上，还体现在文化的带动和社会功能的带动；不仅体现在经济指标的带动，还体现在绿色增长的带动；不仅体现在结构调整的带动，还体现在改革创新的带动。

另外，全域旅游的本质属性还体现在资源的整合方面。需要整合地域的生产要素资源，更需要整合地域的产业资源，才能发挥产业自身在发展过程中的融合性作用。所以，就还需要具体的产业融合表现形式来作为考核指标，落实到该地域中，作为其全域旅游的发展考核指标。考察该地区是否充分发挥"旅游+"的功能，使旅游与其他相关产业深度融合形成新业态、形成新的生产力和竞争力。

以下指标，就是作为考核该地域产业整合发展的表现依据，可以通过这些业态的呈现，综合考虑。具体包括以下方面：

（1）通过旅游+新型城镇化，促进发展特色旅游城镇；

（2）通过旅游+新型工业化，促进发展工业旅游，创新企业文化建设；

（3）通过旅游+农业现代化，促进发展乡村旅游、休闲农业；

（4）通过旅游+信息化，推进旅游互联网的实现，形成智慧旅游；

（5）通过推进旅游+生态化，推进旅游生态化，形成生态旅游；

（6）通过推进旅游+商务化，推进旅游的商务功能作用，形成商务旅游。

（7）通过推进旅游+休闲化，推进旅游的休闲功能，形成休闲旅游；

（8）其余通过"旅游+"形成的新业态，比如养生旅游、教育旅游、医疗旅游等。

（三）数据体系指标

在全国旅游业的发展道路上，一直非常重视全国旅游数据的建设完成，并在2015年1月全国旅游工作会议上，更加强调提出要加速建立中国旅游数据中心。许多省区市对于旅游数据中心的建设都做了积极努力的相关工作。并在2015年12月3日，依托中国旅游研究院组建的国家旅游局数据中心成立。在切实反映我国整个旅游行业和各地方发展的现状和趋势以及对旅游产业的全局把握上，旅游大数据体系的构建具有重要意义。

另外，刚才提到旅游业与其余产业的融合，也必然要求旅游统计数据和其他产业数据要接轨，才能建立良好的合作关系，也才能对旅游业在地区经济的发展中做出客观的评价。所以更加需要建立与相关产业统计体系的联动工作机制。

以上，都是从宏观角度来分析旅游大数据体系构建的重要意义。除此之外，对于各个地区而言，地区全域旅游数据体系的构建、信息处理系统的完善，对于主动感知旅游信息，调整地域旅游布局、建立适应全域旅游特点的旅游服务质量评价体系、保证旅游目的地的可持续发展方面，也是重要的手段之一。

综合以上数据体系的建立意义，在全域旅游的考核标准中，数据体系的构建指标，也是关键，具体内容主要有以下几点：

（1）设立专门的旅游数据中心，建立全域旅游统计指标体系，构建数据统计体系；

（2）旅游数据体系与其余数据体系接轨；

（3）旅游数据的适用上，方法科学、与时俱进、及时创新；

（4）地域全域旅游数据体系的构建与国家旅游大数据体系的构建在指标设置的内涵和外延上统一。

第三章

全域旅游设计与规划

第一节 景区式的观光型旅游

一、景区式观光型旅游的重要地位

在我国旅游业的发展中,景区式的观光旅游具有十分重要的地位。

随着我国经济社会的快速发展,旅游业也逐渐从观光旅游进入到了体验式旅游;从少数在旅途的人们进入到大众旅游时代。然而,景区式观光型旅游仍然以较高的旅游价值受到旅游者的青睐。2015 年,我国旅游景区游客接待量达 37.77 亿人次,游客

▼ 西双版纳孔雀园

接待总量为 41 亿人次。2016 年，旅游景区的"主战场"作用仍然以绝对优势体现在全国旅游业的发展过程中。无论作为我国旅游行业的对外窗口，还是接待游客的主要阵地，以及在我国旅游业改革创新中所肩负的模范标兵作用，景区式观光旅游都将具有十分重要的地位。这种重要性主要体现在以下三个方面：

（一）景区式观光型旅游是供给侧结构性改革的突破口

汪洋曾经在国务院旅游工作部际联席会议第三次全体会议上说过，当前，我国居民消费步入快速转型升级的重要阶段，旅游业正迎来黄金发展期；同时，旅游业也处于矛盾凸显期，旅游产品供给跟不上消费升级的需求，政府管理和服务水平跟不上旅游业快速发展的形势。

正如汪洋副总理所说，对于旅游业而言，市场的不断扩大，仅仅依靠单一的低端旅游产品供给已经无法满足人们的高质量的出游需求，并且通过持续升温的旅游市场观察，对于旅游业发展的主要制约因素不是需求量的不足，而是供给侧结构的不合理与不平衡，这种不平衡看上去似乎是市场问题，但归根到底是供给侧结构的问题。这种问题落实在景区式旅游结构中，"观光类景区多、休闲度假类景区少的格局没有得到根本改变，目前自然景观、乡村旅游等观光型旅游景区占比超过 70%，休闲度假、主题游乐等旅游景区占比不足 20%。以 5A 级为代表的高等级旅游景区占比不足 2.4%，特别是中西部地区部分旅游景区的建设和管理水平，与全国平均水平还存在不小差距。"（引自：2016 年 11 月 4 日，国家旅游局局长李金早在新晋 5A 级旅游景区负责人座谈会上的讲话：5A 景区要发挥先锋、模范、标兵作用）以上数据都表明：从旅游供给的数量、质量，以及旅游供给的结构轮廓中，旅游景区都将是重要领域。而对于景区式观光型旅游，只有在旅游产品品种多样化和旅游公共服务体系上下功夫，才能从景区旅游寻找突破口，发展新业态，促进旅游的消费升级。

（二）景区式观光型旅游在我国旅游业改革创新中肩负重要作用

近年来，服务业在我国经济增长和社会发展中的地位不断提升，作为现代服务业的重要组成部分，旅游业具有产业带动力度大、业态融合迅速、不可复制和可持续特征显著等重要表现，受到社会的广泛关注。"十三五"全国旅游业发展规划首次纳入国家"十三五"重点专项规划；《国务院办公厅关于进一步促进旅游投资和消费的若干意见》围绕促进旅游投资和消费提出二十六项任务要求；国土资源部等三部门出台的旅游用地政策。

自然资源管理体制改革背景下的国家公园试点工作、国有企业改革背景下旅游企业混合所有制的推行、城乡规划体系改革背景下包括旅游规划在内的"多规合一"等，均为旅游发展提供了良好的政策环境。然而，在看到旅游业发展的一脉繁荣之时，我们也该看到，刚才所提到的旅游供给体系与快速发展的市场需求之间的不平衡与不对称。为此，只有通过改革和创新解决上述所说的供需不对称等相关问题，才能更好地发挥旅游业作为经济增长新动力的积极作用。如果说旅游业的供给侧结构性改革是实现旅游业自身发展和发挥其带动作用的重要调整内容，那么旅游业自身的改革与创新就是实现该部分内容的有效途径。

对于景区式旅游而言，只有坚持创新驱动，转型发展，加快由门票经济向产业经济的转变。不断完善商品、餐饮、住宿、演艺等旅游新业态新产品，提升这些门类的收入比重。做好景区旅游产品、住宿接待、线上线下旅行服务、娱乐购物、旅游交通体系在时间、空间、布局分布等各个方面与旅游需求匹配，加速由单一的旅游景点向多样的旅游产品的增长极转变，依托景区和旅游产业要素的集聚整合落地，才能做好全域旅游的根本支撑点。

对于改革的重点内容而言，一是对于旅游景区体制机制的有效改革。目前来看，资源权属定性不明确，职能部门管理交叉等相关体制机制，制约着旅游景区的发展。只有加快建立现代、高效的旅游景区管理制度，才能从根本上破解这些矛盾。

二是要积极推进旅游景区门票价格改革。在充分发挥政府的推动作用和市场的自动配置作用的前提下，从旅游景区门票价格的形成机制入手，规范价格秩序，丰富旅游产品，不断推动旅游景区由"门票经济"向"产业经济"的转型。

三是强化现代信息化手段和移动互联网技术在旅游景区管理、服务和营销领域的应用，通过智慧旅游进行线上与线下的积极互动，了解动态信息，从细节入手，满足游客的全方位需求。

四是要顺应市场，立足不可复制的根本特性，做强自身，形成品牌效应。推动全国旅游景区转型升级。具体的措施将在后续对景区式旅游的具体规划打造中详细说明。

（三）景区式观光型旅游是全域旅游战略中的重要增长极

2016年初，国家旅游局局长李金早在2016年全国旅游工作会议上表示，进入新的发展时期，贯彻落实五大发展理念，必须转变旅游发展思路，变革旅游发展模式，创新旅游发展战略，加快旅游发展阶段演进，推动我国旅游从"景点旅游"向"全域旅游"转变。那么，从景区式观光型旅游与全域旅游的相互关系来看，景区式观光旅游是作为核心吸引力的重要元素去助力全域旅游发展，而全域旅游的理念与模式反作用于景区观光型旅游，促进景区的转型升级。

在全域旅游的发展理念下，不是说景区式观光型旅游的完全消亡和绝对落后势必淘汰。而是更要充分发挥其在全域旅游中的带动作用和引领作用。因为从旅游者的需求去分析，目前的中国旅游市场的旅游者主要还是分为三种类型，第一种类型是多看，少花钱，似乎从来没有在旅游中有过体验；第二种旅游者追求体验；第三种旅游者追求个性。

但是在这三种类型的旅游者中，第一种旅游者，他们是永恒的，每一个人似乎都有一个作为第一种旅游者的过程，所以就需要永恒的观光产品，也需要永恒的景区。只因为有在景区的基础之上，才能有旅游的复合型产品。另外，从景区的资源角度来说，顶级景区资源20世纪80年代就进入市场了，自然资源代表是黄山，九寨沟，人文资源是故宫，兵马俑，一直到今天仍然是景区资源中顶级的产品。二流的资源90年代进入市场，在进入新世纪以后，严格地说优良的观光资源因为各种原因，尤其是地势偏远，被开发的可能性逐渐下降。所以说在景区式旅游中，只有类别之分，没有先进与落后的差别。

那么，在全域旅游的理念和模式下，景区类观光旅游的外延必须开始拓展，要从单一观光型到复合型转变。然而，这种延伸也是必须在观光产品为主体，同时去关注

▼ 湖南平江

其余要素，把他们集中起来，除了有观光属性之外，同时还兼有休闲度假，有商务会谈，有田园养生等各方面内容。只有景区观光作为核心吸引力去助力全域旅游发展，用全域旅游的理念与模式推动其转型升级，才能让景区式观光型旅游在集聚要素、产业带动、经济增长等领域主动作为。

树立新型景区发展观，培育集约型发展方式，积极地对应市场，全面发挥旅游综合性强、关联度高、拉动面大的特点，积极地进行价值发现，市场发现，生活发现。让旅游者知道这是一个身边的好景区，一个休闲的好地方，成为全域旅游战略中的重要增长极。

二、景区式观光型旅游的升级转型思路

全域旅游对于旅游业的发展，最重要的意义在于作为一种全新的旅游模式打造理念来指导实践。这种理念的创新与突破，在景区式观光型旅游中，就是指培育集约型发展方式，创造景区品牌化道路，充分发挥旅游关联度高、带动度强、拉动面大的特点，形成全面功能的新型景区发展观。这种理念主要体系在以下几个方面。

（一）产业化的思路

全域旅游的指导理念告诉我们，目的地经济社会的迅速发展，是该地域全域旅游所实现的根本目的。而要实现该目标，在旅游业的发展过程中，最重要的观念就是以产业化的发展理念来发展旅游业。从发展趋势看，主要就是指从门票经济向产业经济的转变。这也是景区式观光型旅游产业转型发展的重要过程。

在旅游产业经济时代，我们要清醒地认识到，旅游资源不仅仅是景区的资源、景区企业的资源，还是整个旅游目的地的核心资源。门票经济也不是旅游业给旅游目的地经济所带来的唯一收入，而是要通过转变门票经济，升级旅游产品的内涵文化，才能逐步升级为体验式、娱乐式、休闲式的复合型旅游产品，从门票经济转向产品经济、特色经济、体验经济、服务经济。

通过研究和配置景区旅游产品的开发布局，构建景区新型盈利模式，促进景区由门票经济向产业经济转变。逐步形成以核心旅游景区为主的旅游产业集群，推动整个区域旅游经济的发展。另外，从宏观调控的角度出发，只有从整个区域的角度来形成整的旅游体系，形成合理的旅游产业结构，通过旅游业促进与关联行业的相互发展，彼此之间保持合理的比例结构，才能满足多样化的旅游市场需求，实现整个旅游地经济收入的增加，实现向旅游产业经济的跨越。

（二）市场化的思路

就是指遵循市场规律，以市场化的理念去创造旅游产品，因地制宜经营景区。创造市场接受、游客向往的各类景区旅游产品。一方面，可以通过不断完善旅游地各项基础设施，努力提高整个旅游地的接待能力和服务水平。或者在该基础服务打牢的基础上，形成跨区域、跨界限的旅游产品，以此来形成更强的竞争力吸引客源。另外一方面，整合旅游景区以及食、住、行、游、购、娱等各类旅游要素资源为区域旅游经济服务，全方位地发展旅游产业，以形成一个完整的旅游产品体系。除此之外，市场化的思路还要求我们既要立足当地经济发展特点，充分挖掘多样化的旅游产品，还要有开放意识、用国际眼光开发景区。

（三）品牌化的思路

就是要结合景区当地的文化特征与民风民俗、在景区建设过程中，突出旅游产业链条功能，打造出精品，实现景区的品牌效应。在实现景区的品牌化道路的过程中，还要注意景区所谓的"热点"效应，一般规律认为，一个景区知名度显现的"热点"如果较低的话，热起来很快，冷下去也很快。这就需要一个景区基于某"热点"而变为景区之后，还需要相应的配套产品。因此，在景区开发的过程中，就应及时配置出符合实际、体现文化遗产特征，或自然遗产特征，或休闲度假特色的旅游产品体系。深入发掘景区文化旅游资源，打造特色文化旅游品牌。紧紧围绕文化旅游的品牌形象，开展全方位的宣传营销活动。

从另外一个角度来说，品牌化思路也是全域旅游目标实现的重要抓手。我们之前说过，全域旅游是一种"跳出景区看旅游，跳出旅游看区域发展"的新理念，是一种以"共享经济"思维进行区域内资源配置的新模式。从它的目的入手，就是要促进区域目的地旅游的均衡发展和目的地的经济增长。为了实现该目标，也需要在景区与景区之间、景区与所在地之间、景区与相关产业之间实现平衡发展。这就需要通过实施区域品牌战略，来提升整体形象，增强吸引力，形成积极的市场动力。换一句话说，区域品牌的建立本质上是建立一种良性的集群效应，除了对于消费能力的积极释放起到良好的带动作用之外，同时还能带动区域内其他产业的发展。

三、景观旅游分类特点

为了大家更好地把握本章的中心思想和更为准确地理解具体内涵，在针对各景区式观光型旅游分类做具体规划之前，先对旅游相关概念进行解析。

旅游目的地：在全域旅游的发展理念和模式中，被用到多次的"旅游目的地"到

▲ 布达拉宫

底是指什么，在本书的书写过程中，一直认可这个概念定义，"是指能够使旅游者产生旅游动机，并追求旅游动机实现的各类空间要素的总和。其包括了食、住、行、游、购、娱等多种要素，一般都包括一到多个旅游中心城市（镇）"①

旅游景区：国家旅游局规划发展与财务司，在其编写的中国旅游景区发展报告中指出：旅游景区是指以景观为主要吸引物的旅游活动场所，是旅游者参观游览的目的，是旅游吸引力的根本来源，是旅游目的地形象的根本体现。国家质量技术监督检验总局2003年发布的《旅游区（点）质量等级的划分与评定标准》将旅游景区定义为："具有参观游览、休闲度假、康乐健身等功能，具有相应旅游服务设施并提供相应旅游服务的独立管理区旅游区。"除此之外，各个学者对于该概念的定义也有所差异，但主要都是从地域、设施等方面确定其内涵。有些学者倾向于把旅游景区与旅游目的地的内涵定义相似。但是本书认为，旅游景区是指在一定区域内，由不同旅游景点及其配套设施所构成，满足旅游者旅行体验的地方。

旅游资源：对于旅游资源的概念研究，在学术上目前比较公认的是保继刚（1993）所定义的旅游资源概念："是指对旅游者有吸引力的自然和历史文化遗产，以及直接用于旅游目的的人工创作物。"② 然后，随着旅游业的快速发展以及在全域旅游视野中去看到其所肩负的重任，我们会发现旅游资源的外延越来越多，而某种物质的外延定性往

---

① 郭亚军.旅游景区管理.北京：高等教育出版社，2006.
② 保继刚.旅游地理学.北京：高等教育出版社，1993.

往是最难的。在本课题中,我们认为只要对旅游者产生吸引力,无论是否已经被利用的资源,统一定义为旅游资源。所以在观光型的旅游资源中,种类繁多,既包括自然资源,也包括由于其地势特征及所根植的文化渊源而产生的人文资源等。

旅游景点:分析旅游景点的概念,主要是与旅游景区概念做甄别。旅游景区包含诸多旅游景点,有不同的旅游景点构成了旅游景区。所以,旅游景点是指比较单一的旅游目标吸引物。

四、以观光为主要目的载体的旅游景区

(一)风景名胜类

"风景名胜资源集中、自然环境优美、具有一定规模和游览条件,经省级以上人民政府审定命名、划定范围,供人们游览、观赏、休息和进行科学文化活动的地域。风景名胜区划分为国家级风景名胜区和省级风景名胜区。"[①] 从具体分类来看,可以分为:"山岳型(泰山、黄山);湖泊型(江苏太湖、杭州西湖);河川型(长江三峡、辽宁鸭绿江);瀑布型(黄果树瀑布、黄河壶口瀑布);海岛海滨型(青岛海滨、厦门鼓浪屿);森林型(西双版纳、蜀南竹海);岩溶型(桂林漓江、云南石林);火山型(黑龙江五大连池、云南腾冲火山);人文风景型(八达岭-十三陵、麦积山、承德避暑山庄)。"[②] 同时,也可以分为国家级风景名胜区和省级风景名胜区。

经过多年的发展,传统的一级风景名胜区在我国的旅游发展中起到过非常重要的作用。也可以说,最优良的观光资源也是被这些一级的风景名胜区所占据,风景名胜类景区以其优势的自然属性和资源的垄断性肩负了多年的传统观光功能,并且以后也将长期在旅游发展中占据重要地位。然而,由于其自身的自然属性和公共属性,以及由于长期的计划管理体制所产生的弊端导致其规划不当、营销不足。并且随着旅游业的持续发展,旅游资源的被开发利用,被定义的风景名胜区越来越多,可是其先天优势却越发的不明显,吸引力也不如早期的被开发对象。针对这些问题,在全域旅游理念所引领的旅游当下,风景名胜旅游景区的规划打造和转型升级就显得极为重要。以下,主要从风景名胜景区的规划理念、规划机理两部分分别进行阐述。

1. 规划理念

(1)可持续发展的原则

"20世纪是人类物质文明充分发展的时代,但也是生态环境和自然资源遭到破坏

---

① 风景名胜区条例.中央政府门户网站,2006-09-29.
② 吕龙根.导游文化基础知识.北京:中国旅游出版社,2011.

日益严重的时期。"① 随着工业化时期的资源大量耗用，使得在后工业化时期中不得不选择一种人与环境的良性发展理念，这种理念就是可持续发展的理念。该可持续发展理念被多次定义，并应用于各个领域，然而最被大家所认可的，应该是 1987 年由挪威前首相布伦特兰夫人所提出的："可持续发展是指在社会、经济、人口、资源、环境相互协调又共同发展的基础上，既满足当代人需求，又不对后代人满足其需要的能力构成危害的发展。"②

那么，在旅游业的发展过程中，旅游与环境就很有可能是一种相互依赖与损害的关系。而旅游作为一种经济发展的模式，尤其要体现其资源整合与产业带动的明显特征时，就更需要在发展过程中既兼顾游客的体验、又考虑当地的生活环境；既考虑经济利润，又重视生态平衡。在"人与自然"以及"人与人"的系统发展中，强调发展的均衡以及利益的协调。尤其在风景名胜区的旅游资源，绝大多数是以自然类的旅游资源为基础，这种自然类的旅游资源决定了该景区的品质高低，而人与自然只有和谐发展，才能保证景区的长期发展和永续经营。

（2）从单一观光型到复合型转变的原则

众所周知，在中国的旅游发展中，"中国一流的观光资源在 20 世纪 80 年代已经进入旅游市场了，二流的观光资源 90 年代也已经进入市场。"③ 所以，对于风景名胜的观光型旅游，如果从资源上再做文章，去占有市场的主动权，是不切实际的。另外，从新的市场需求来看，游客的旅游体验的要求是全方位的，不仅仅是视觉的单独享受，而是身心的全面体验。

从以上两方面来考虑，如果仅仅强调资源的深度开发，而不注重景区的规划思路转换时，在当下的后工业化时代中，要面对服务业为主体产业的社会转型、旅游业自身的综合性强、关联度高的根本属性、休闲度假成为生活要素的消费升级以及文旅融合的市场环境。在风景名胜景区的规划过程中，必须转换思路，以旅游产业发展带动的理念进行整体规划，跳出景区看景区。淡化资源的开发、重视资源的整合与利用。从休闲度假形态的转变去调整景区观光的供给要素，提升景区的整体价值，进而带动其余体验式业态产品的融合发展。

（3）差异规划、差异营销的原则

所谓规划，是指筹划、计划，尤其是比较长远的发展计划，是对未来整体性、长

---

① 袁国宏. 现代饭店可持续发展的战略与对策. 广州：广东旅游出版社，2000. 有改动
② 万幼青. 旅游业可持续发展的理论与实践. 华中科技大学博士学位论文，2004.
③ 魏小安. 你真的懂旅游吗？关于景区的哪些事.

期性、基本性问题的思考和考量。而营销，是指发现或挖掘消费者的需求，从整体氛围的营造以及自身产品形态的营造去推广和销售产品，切合准消费者的需求，从而让消费者深刻了解该产品进而购买的过程。

无论是景区的规划还是具体的营销，都要从外部的宏观环境到自身的微观具象进行准备的把握。虽然绝大多数的风景名胜景区是基于其天然、独特、唯一的自然条件而形成，也是由于这些特征受到大多数旅游者的青睐，同时也带来了极高的经济效益。从这方面考虑，与其余类型的旅游景区，比如主题公园的兴建与发展，风景名胜区所受到的外部影响不会太明显。然而景区的具体开发与发展阶段、该景区所落的具体地理区位、景区自身的规模大小以及景区资源的品种类别等相关，都将对景区的规划以及具体的营销产生重要的影响。举例来说，那些旅游目标物吸引力强却地处偏远、交通不利的景区就要把规划重点放在交通便利的建设上；那些仍在探索期与已经处于巩固期的风景名胜，在营销目标的选择上，一个就要偏重于增加旅游者的数量、而另一个就要偏重于调整旅游者的结构，再比如，那些旅游资源单一的景区，除了对于旅游资源的深度开发以外，目标顾客的锁定就不能放在那些距离景区较远并有深度旅游体验的游客身，要从市场的距离定位来确定旅游产品的核心与品种。

所以，从本书的书写来看，在具体规划中，只能配合案例找到具有一般特征的指导方案，而在具体的实践过程中，仍然要坚持具体问题具体分析的理念。

2. 规划机理

发展模式决定发展前景，目前，我国大多数的风景名胜类景区仍然被定性为传统的观光景区，经营模式多为"门票式经济"，在与市场的对接上显得反应机制不灵活、自我成长能力较弱、旅游产品缺乏创新、经营管理相对落后。

然后，传统的风景名胜景区却拥有相对质量较高的天然旅游资源，优质的资源就更加要对应优质的开发规划。所以在风景名胜景类景区的具体规划上，应该以综合开发、发展旅游目的地综合实力的眼光着手，进行市场对接、产品升级；资源整合、综合开发；在以观光旅游为基础的前提下，用休闲度假去提升其综合品质。做"大景区"，筑"大旅游"。具体来说，规划机理主要体现在以下几个方面：

（1）源于山水、做出主题、形成差异

对于传统的风景名胜类景区而言，资源是基础，更是发展旅游业的根本。所以，对于该类别的景区发展，要在优质的自然资源的基础之上深度挖掘其内在的价值并进行有效的提炼。在提炼的过程中，就要注重主题的开发，主题是景区的灵魂，如果一个景区没有主题或者没有统一的主题，则该景区诸如行尸走肉缺少灵魂；而如果一个景区有多个主题，也可能面临"魂飞魄散"的险境，最终没有一个主题可以被人们熟记于心。

举例来说，"云上金顶，天下峨眉"，是峨眉山向外传达的品牌形象。峨眉山是一个不以佛教文化为起点，但是却以佛教文化体验为终点的景区。峨眉山以"云上金顶，天下峨眉"这一个主题，打造了"久仰（九养）峨眉"产品体系，为游客带来了更多互动、体验性的旅游项目，丰富了游客的体验。

（2）重视要素的整合与开拓

一个旅游景区作为一个整体，是由许多旅游要素所构成，很多时候也需要要素的共同开发与组合。刚才提到主题的引领，这一项规划要点主要是指在主题引领的前提下，在优势旅游资源的指导下，去丰富景点的内部项目，强化其特性，丰富其内涵，扩大其游览空间。这就要求对于旅游要素的整合与开拓。除了要形成观光游线的核心区域之外，还要进行产品的创新，这是旅游开发的重点内容。

在观光旅游的发展过程中，还要求针对不同类别的风景名胜旅游中，重视不同的旅游要素的组合比重，组合空间。比如在资源优质、开发良好的传统观光型风景名胜区中（比如九寨沟风景名胜区、四川稻城亚丁景区），仍然是景区为王，在景区中去围绕核心区域的构建，丰富旅游产品，合理安排旅游购物节点、旅游娱乐表演空间和内容。

而在综合度假功能和综合休闲功能的风景名胜景区中（比如四川青城山景区），就要重视度假的功能和娱乐的作用，这其实就是指当面对景区要素单一时，就需要将这单一的旅游要素进行深度激活，而面对有些综合型风景名胜区，当又有观光，又有休闲度假还有文化内容时，就需要资源要素的整合。

（3）以核心吸引物为主导，进行旅游产品设计

旅游吸引物是旅游产品的载体，只有对资源、市场、文化等要素有深刻认知的前提下才能进行吸引物的准确定位与打造。吸引物的吸引力主要在于主导整个旅行过程。其次是在此基础之上形成的各类旅游产品的组织设计。主要包括旅游游线设计、建筑设计以及商业模式的设计。

首先，只有通过良好的游线组织设计，才能让游客的整个游览达到预期效果。旅游就像剧本，旅游的设计实际上是就是剧本的编辑演绎，只有整个剧本的设计跌宕起伏才能得到观众的认可。放在旅行中，就是让游客更有效地观赏游览并参与体验。只有通过从主题景区到游线、休憩节点的设计的结合，才能构成了景区设计的完整架构。除此之外，在规划实践当中，还要注意景区细节的处理，比如游客中心作为综合服务

枢纽的功能的完备、旅游步道特色的统一与舒适性和艺术性的实现、旅游标识系统的建立健全、旅游厕所品质的提升以及垃圾箱（桶）的布局设置和文化品位的体现，都会对风景名胜类景区的整体品质给予加分。

其次，是良好的文化体验景观设计和建筑设计。独特的外观建筑本身就是非常具有吸引的景观，而在建筑设计中通过对文化的挖掘，可以在转化成为建筑语言。另外，在景区式观光型旅游中，除了标志性的建筑之外，还可以通过丰富的元素构造景观特色，除了自然景观设计还包括文化景观设计。尤其是文化景观设计完全可以形成一种体验式的设计方案。通过运用多种手段及媒介，运用情景化、艺术化及游乐化方法打造营造氛围与情景，让人沉浸其中。

再次，商业模式的设计。对于投资人而言，利润回报是景区打造的目标之一。所以，一个景区项目最主要的是落实到商业模式设计，没有商业模式就很难进行投资回报。那么，在整个商业模式设计中主要就要对收入模式、收益项目；消费模式、消费项目进行规范化的有效设计。真正打破"门票经济"，通过各种类型的业态进行商业模式设计，包括购物、娱乐、休闲项目消费等，通过收入模式设计形成收入结构，得出盈利结构。

（4）深度挖掘与提升景区的文化内涵

旅游资源是指在现有技术和物质条件下，能够被用作组织旅游经济的、自然的、技术的和社会经济的因素。自然资源全部为天然赋存，自然形成；人文资源则都是人为作用下形成的。目前来看，有很多自然与人文融合景区，在自然景观的修建上大费力气。而在文化资源的挖掘上却不深入。我们知道，文化是景区的灵魂，只有充分发掘景区的旅游文化资源，加强产品的组合，慢慢聚集其精魂，才能增加对游客的吸引力。那么，深入提升景区的内涵价值，科学地提取文化要素，才能达到景区价值的最大化。

首先是文化挖掘。景观特色是吸引游客的关键性因素，是旅游资源的灵魂，那么，形成该特色的基础就是文化萃取。在具体打造过程中，可以依据对自然景观和人文景观的分类，从各个维度对各项因子进行内涵分析，汲取精华，来凝练核心的文化元素，演绎文化意象。那么，其构成的核心因子主要有：历史遗址、宗教祭祀、生态聚落、经济文化场所景观等。在对这些引自进行根源的追溯下，寻找文化共性，再将景区的亮点充分发掘。

其次是文化整合，所谓文化整合，是指以文化资源要素的内涵为基础，通过整理，组合形成规模，丰富其整合性的价值，显示出文化资源要素的现实意义，也就是指在景观旅游中的文化要素的科学价值、历史价值、文化价值、经济价值等。这种无形的精神价值隐藏在有形的旅游资源中，给人们留下了无限的想象空间，这也是旅游景观价值多元化的提升和实现方式。

除此之外，对旅游景区来说，从文化景观的价值要体现为旅游区域地的经济价值来考量，也需要拓展景观价值文化，以文化带动相关区域旅游发展。举例来说，杭州市区内的西湖、西溪湿地、灵隐寺、宋城等众多的自然和人文景观形成了良好的互动关系；杭州周边的千岛湖、富春江等与之则形成了集群效应，由于这些景观文化迥异，特色突出、内涵深厚，因而这种组合也形成了良好效应，景观价值得到极大提升。

最后，是文化创意，这是指对于景区式观光型旅游价值的深度挖掘与重新认知。是指从各个维度凝练旅游资源所蕴含的文化意义、象征属性与意象特征。能在挖掘的基础之上进行提升与升华。变静态为动态、变刻板为鲜活、变观光为体验，变游览为休闲。进而提高景区式观光型旅游的档次与品位，重点在于提升了旅游的产品价值与游客的体验价值。换一句话说，这里所指的文化创意就是指把文化内涵进行丰富与活化，加强游客对于文化旅游景观的体验以及对于文化氛围的整体感受，真正实现旅游是一种文化的差异体验。

（5）注重营销，培育景区产品的品牌吸引力

放在全域旅游的视野下去看待景区式观光型旅游，应该说景区旅游与旅游目的地的品牌营销是彼此促进，相互带动的。举例来说，成都是一个"来了就不想走的地方"，山东是"好客山东"，天津是"天天乐道、津津有味"，福建是"清新福建"等。这些都说明，在景区产品的品牌吸引力的培育上。要"自上而下"，而不是"以偏概全"。

在对一个旅游景区的认知上，首先要有全局性的概念，才能在此基础上进一步去理解它。在景区或其他旅游产品宣传、营销中，先整体再细节，通过旅行目的地的品牌效应，找到游客最高兴趣的地方，才能使产品形成对游客的吸引力。并且，在整个营销的过程中，心理暗示也会起到很大的作用。"有心愿，上千山""登泰山，保平安""丽江＝艳遇""乌镇，来过就不曾离开"。目前，我国的旅游方式已经逐步地从风景演绎变成某处的心灵体验。所以，当旅游目的地通过某种营销给游客的一个承诺，一个暗示时，也就是给游客一个充足的到来的理由。

除此之外，在营销过程中，既要与周边的资源差异发展，同时也要借助于他们来宣传自己，这也是所谓的"借势营销"。

▲ 丽江束河古镇

（6）以人为本，提升服务水平

尽管在景区式观光型旅游中，核心要素还是在于观光产品，然后最终众多旅游产品的综合打分还是体现为游客的旅游体验、服务质量、景区游历和美好记忆，所以，在景区式观光型旅游的打造过程中，必须以此体验为核心，以顾客为导向，提供相应的人性化的优质服务，才能形成景区产品和服务的有效供给。

（7）智慧旅游智慧景区

机制创新，强化保障体系。通过机制创新，以旅游规划编制为前提强化政府主导，以建立健全的旅游信息系统为抓手推进信息工程，以高薪引进、联合办学和系统技能培训为手段促进人才培养，以环保优先原则坚持、合力兴旅氛围营造、旅游安全体系建设为措施提升旅游环境，以争取国家旅游配套金融支持与引进社会资本为途径突破资金瓶颈，从而实现旅游保障体系的强化。

智慧景区是中国旅游建设的最新概念，目前国家旅游部门对智慧景区的建设也只是提出了指导性的意见，主要包括以下方面：

通信网络：

①公用电话网、应建有供游客使用的公用电话。数量充足，设置合理。部署有电话报警点，电话旁公示景区救援电话、咨询电话、投诉电话。游客可拨打报警点电话

向接警处系统的值班人员求助。

②无线通信网、能接收手提电话信号，移动通信方便，线路顺畅。

③无线宽带网（WLAN）应覆盖有无线宽带网络，游客在游览过程中可以方便地将手机、电脑等终端以无线方式连接上网。

景区综合管理：

①视频监控，视频监控应能全面覆盖景区，同时重要景点、客流集中地段、事故多发地段能够重点监控。监视界面图像能在各种显示设备上显示，并能进行各种操作。视频监控应具备闯入告警等功能。视频监控控制面板能控制画面缩放和镜头转动等，能实现图像的实时远程观看以及3G物联网视频监控等。能支持录像的检索和调看，可自定义录像条件，录像数据存储保留时间应超过15天。

②人流监控，应包含和实现入口人流计数管理，出口人流计数管理，游客总量实时统计，游客滞留热点地区统计与监控，流量超限自动报警等。

景观资源管理：能对自然资源环境进行监测或监控，主要包括：气象监测、空气质量监测、水质监测、生物监控等。能对景区内的各类遗产资源、文物资源、建筑景观、博物馆收藏等景观资源运用现代化科学管理手段进行信息化与数字化监测、监控、记录、记载、保护、保存、修缮、维护等，从而便于景观建筑文物数据的查询检索以及面向公众展示。

财务管理：应使用专业的财务管理软件。并包含资产管理、筹资管理、投资管理、营业收入管理、税金管理、利润管理、成本费用管理等财务管理内容以及财务预测、财务决策、财务预算、财务控制、财务分析、财务审计等财务管理方法。

办公自动化：办公自动化应包含流程管理，电子邮件，文档管理，公文流转，审批管理，工作日历，人员动态展示，财务结算管理，公告、新闻、通知，个人信息维护，会议管理，考勤管理等内容。

经营资源管理：能应用现代化的科学手段形成一套规范的体系。并包含商业资源部署、商铺经营、经营监管、合同管理、物业规范等内容。

应急广播：广播应覆盖全景区，并且声音清晰。广播应由景区控制中心和指挥调度中心统一控制，遇灾害或紧急情况时，可立刻转换为紧急广播。

应急处置响应系统：应建设有旅游应急预案及应急响应系统。能够根据应急处理预案，对旅游突发事件进行综合指挥调度和协调救援服务。能够利用现代通信和呼叫系统，实现对旅游咨询和投诉事件的及时受理。

指挥调度中心：应具备对人员、车辆的指挥调度以及对应急资源的组织、协调、管理和控制等功能。能对监控终端进行控制，获取旅游综合信息和发布旅游资讯信息。

电子门票、电子门禁：应采用电子门票形式。售、验票信息能够联网，并能够实现远程查询。应实现售票计算机化。应配有手持移动终端设备或立式电子门禁，实现对门票的自动识别检票。电子票的购买应支持手机支付或者网上金融支付等方式。

门户网站和电子商务：

①应建有以服务游客为核心内容的门户网站，且上线正常运营。门户网站应包含：景区基本信息浏览，景区信息查询，旅游线路推荐和行程规划，景区推介服务，交通导航，下载服务，建有官方微博并有链接，提供多语言信息服务等内容与功能。

②电子商务，景区门票应能实现网上预订、电话预订和网上支付、网上交易。景区旅游产品、旅游纪念品应能实现网上预订和网上交易。

③数字虚拟景区和虚拟旅游，运用三维全景实景混杂现实技术、三维建模仿真技术、360实景照片或视频等技术建成数字虚拟景区，实现虚拟旅游，增强景区的公共属性。数字虚拟景区应占游客真实游览全部景区面积的较高比例。数字虚拟景区和虚拟旅游平台能在互联网、景区门户网站、景区触摸屏导览机、智能手机等终端设备上应用。

游客服务和互动体验：

①自助导游，应为游客提供建立在无线通信、全球定位、移动互联网、物联网等技术基础之上的现代自助导游系统。自助导游硬件设备能显示景区导游图，支持无线上网，支持全球定位系统，完成自助导游讲解。

②能提供手机自助导游软件下载，通过智能手机等设备完成景区地图查询搜索、游览线路规划和线路选择、景点自助讲解等功能。

③可提供运用基于射频识别、红外、录音播放等技术的自助导游设备服务游客。

④旅游资讯信息发布，旅游资讯发布方法和形式，景区应设有广告栏或多媒体服务终端机发布旅游资讯，且布放合理，显示醒目。应能在自助导游终端发布旅游资讯。能以短信、彩信等形式向游客的手机中发送信息。旅游资讯发布内容，应包含景区基本情况介绍，景区内实时动态感知信息（温湿度、光照、紫外线、空气质量、水温水质等），景区内智能参考信息（景区景点内游客流量，车流拥挤程度，停车场空余位置等），景区管理部门发布的旅游及时相关信息等内容。

⑤游客互动及投诉联动服务平台，景区内应设有触摸屏多媒体终端机。可实现查询旅游相关信息、下载软件、打印路条信息、在线留言投诉以及触摸屏上的虚拟旅游等功能。电话投诉处置系统完善。网络投诉处置系统完善。

⑥呼叫服务中心，应能与 12301 旅游热线平台对接。能提供旅游产品查询，景点介绍，票务预订服务，旅游资讯查询，旅游线路查询，交通线路查询等服务。

⑦多媒体展示，景区应建有多媒体展示系统，主要借助地理信息系统、虚拟现实和现代多媒体等多种技术，运用高科技手段，利用声光电来展示包括景区景观、自然文化遗产、生物多样性、古文物再现等。①

（二）文化古迹旅游

文化古迹旅游，是指为了体验能切实反映过往的人和事的场所、文化遗迹和活动的一种旅游。这类旅游景区比如北京故宫、万里长城、苏州园林、先秦陵兵马俑等。

与观光型旅游的其余类型相比，文化古迹旅游的旅游资源主要涵盖文化、历史和自然的资源，涉及的种类较多。在发展环境中还因为会有文化遗产的参与使得其在世界范围内所受到的关注度都很高。那么，在全域旅游的视角下，如何在旅游业发展的同时，让自然、文化和人类都得到很好的保护，实现生态旅游和文化旅游的一体；如何在尊重旅游目的地和周边环境的基础上，去亲身体验文化遗产与文化传统；如何正确地处理好自然、文化、旅游三者之间的关系，以及找到这三者的共同利益和结合点，从而在三者之间建立一种相互有益的机制和联系，是本章文化古迹旅游的规划重点。本章内容主要从三个方面进行探讨，分别是文化古迹旅游的规划理念、发展机理以及具

▼炎帝故里连山

---

① 国家旅游部门对智慧景区的建设所提出的指导性意见

体的规划案例分析。

1. 发展理念

（1）旅游资源的开发利用与历史文化古迹保护协同发展的发展理念

从本质上来说，旅游是一种对于文化的异地精神体验。随着社会文明的进步、旅游者文化素养的提高，旅游者希望通过旅游作为一种有效的载体来满足自己内心的文化需求，旅游业也从自然资源的一元化表现走入文旅合一的整合状态。而文化古迹旅游在文化旅游中极具典型，具有鲜明的历史特征、民族特征和文化特征。而基于这些特征，在旅游业的发展过程中，文化古迹旅游就显示出很强的垄断性，这种垄断性体现在旅游资源自身是历史长期积淀的结果及表现，不会被复制，也很难被移植。

文化古迹旅游资源本身就是文化的载体，无论是有形资源与无形资源，都是彼此渗透、相互依托，这些旅游资源不仅不会因为时间的流逝而失去其原有的魅力，甚至在时间的流淌中，愈发珍贵。那么，这种珍贵就显示出我们对于文化的保护与传承，尤其在文化旅游的发展中，很多文化古迹能够历经沧桑仍然屹立，很多时候全部取决于文化的传承。

同时，文化的丰富与创造，也是随着历史潮流的发展而延续。这就是在文化古迹旅游中，重视文化古迹保护的重要原因之一。也只有在注重资源开发与文化保护同时进行的前提下，才使得很多濒临消失的传统文化在旅游的发展机遇中被重新发现与定义，得以复苏与重建。文化旅游的出现和发展也是在新的历史环境中，面对资源耗费大、攻击不平衡等问题之下的一条可持续发展之路，所以，旅游产业发展与文物保护二者之间是相辅相成，相互促进，相互完善的统一体。发展旅游产业可以促进文化古迹的保护，同时，为了发展旅游业，吸引游客，还要更加注重文化古迹的保护。旅游资源的开发利用与历史文化古迹保护协同发展，是使得文化得以传承，旅游得以可持续的重要发展理念。

（2）文化古迹旅游业与文化产业及相关产业共同发展的发展理念

目前，文化产业在我国的经济社会的发展中起到非常重要的作用，随着供给侧改革的政策落地，旅游业也成为有效调整供给侧和提高经济实力的"黄金产业"。在对二者的定义上，文化产业的定义由于涉及面广，理解的角度不一致，所以对其概念的定性尚不统一。"2005年，国家统计局出台了《文化及相关产业分类》，将旅游休闲活动所包括的自然风光观赏、人文景观观赏、休闲健身服务都列入文化产业范畴。"[1] 与这种

---

[1] 张广宇. 旅游与文化的融介：济南旅游业发展的路径选择 [J]. 中共济南市委党校学报，2010（4）：5.

把旅游业归纳到文化产业，只不过具有明显的经济属性的声音完全不同的是，仍然有学者坚持认为旅游业是一个独立的经济产业，只不过具备很强的文化性而已。

在本课题中，笔者认为，文化旅游的发展是使得文化产业转型落地的有效手段，正所谓旅游是文化的载体，文化是旅游的灵魂。所以，随着文化旅游的快速发展，才能使得文化产业逐渐根据本土化、品牌化的方向定位，按照可持续性、不可复制性的产业特征推进。

另外，从旅游业的自身特征去考虑，旅游业属于第三产业，他不仅会与第一产业、第二产业之间发生重要的交集，与餐饮业、服务业、运输业也存在着相互作用、彼此影响的关系。

我们现在所讲的全域旅游，在旅游业态中所兴起的工业旅游、农业旅游、体育旅游、养生旅游乡村旅游等，其实质就是旅游业与其他产业的广泛融合的结果。加快旅游业与相关产业的融合发展，也是加快我国经济发展方式转变，推动产业结构优化升级的重要举措。

落实到文化古迹旅游中，我们刚刚分析，由于文化的不同表现形式之间存在着联系，文化古迹旅游的文化属性相对又更加明显，所以，建立各种文化产业与文化古迹旅游业之间的互动关系，不仅是文化产业发展的需要，也是旅游业自身发展的态势。影视艺术、报刊图书、文化娱乐、音像制品、艺术表演等文化产品，既是推介古迹景点的宣传工具，也是重要的旅游商品。比如张艺谋的印象系列、少林音乐大典，都是对旅游产品的创新型开发。

旅游业与文化产业与相关产业按照文化内容相互关照、文化形式相互衬托、产业功能相互补充的原则推进。通过各种传媒手段营造古迹资源开发密切相关的文化热点，要开发与古迹遗存有关的节庆活动，在古迹文化戏剧化、影视化方面有重大突破、增强旅游活动中旅客的参与性，满足游客体验生活、体验文化的根本需要。

2. 发展机理

（1）文化古迹旅游形象的全新打造

目前来看，中国旅游消费需求中，人们参与旅游活动的目的不仅仅是为了观光，而是在旅游过程中去享受不同的文化体验、了解不同地区的生活方式，而文化古迹旅游其实就是对旅游地区，一种或多种生活在特定地理区域内的人类群体所产生的共同行为的总结。

所以，从文化古迹景区的打造入手，在对景区自身的规划上，了解历史、认识文化是应该是文化古迹旅游的本质和核心，文化沟通和精神共鸣是提高文化古迹旅游质量的关键。所以，在对文化古迹景区的建设发展过程中，处理对于古迹的原貌使得尽量还原之外，还应当结合当代人的文化关注点和他们的消费需求，在景区的整体规划上有所创新。

其一，文化古迹景区的规划设计要突出文化个性，淡化同类景点的文化雷同、显示自己的特色；

其二，要积极沟通探索建筑语言的新的表达方式，充分挖掘文化古迹景区所包含的文化内容，通过古今文化的有力衔接，提高文化古迹景区的文化吸引力和整体吸引力；

其三，要大胆采用现代技术手段，增强景区和具体景点的历史叙述能力和文化诠释能力，实现文化古迹价值的全方位持续增殖。

其四，从全域旅游的视角出发，要真正实现文化古迹旅游的与时俱进，就要将单一的观光文化旅游景区打造成文化休闲旅游目的地。使得文化古迹景区不仅仅是文化古迹观光区，而变成文化休闲旅游目的地，既是历史文化观光区，以当地文化作为核心支撑；还是休闲购物商业区与文化艺术产业区。休闲购物商业区以休闲功能与服务功能作为衔接，形成市场化的具体运作，文化艺术产业区就是将主动承载文化艺术的传承，以及文化艺术的研究、交流和传播等功能。只有将上述三项主导功能在文化古迹旅游目的地进行交叉整合，并与城市的社区、商业、公共服务等相关功能进行融合，才能真正实现用全域的视角使单一的观光文化旅游景区打造成文化休闲旅游地。

其五，还要在旅游目的地发展战略的研究上审时度势，科学定位，进一步增强旅游业的战略地位，倾斜旅游业的产业布局和资金构成；整合自然资源和人文资源；重视品牌的培育、找准定位，突出特色，全方位的提升旅游产业的知名度和美誉度。

（2）文化古迹旅游资源的重新审视

在文化古迹旅游中，很多时候，该景区的知名度取决于与该景点直接相关的历史事件和历史人物。所以，对于那些重要的、尚未开发甚至具有异议的历史文化资源的抢先注册和开发是对旅游资源扩大开发的有效办法，也是提高文化古迹旅游景区质量的有力途径，要坚持旅游资源并不是既定不变的，与历史遗存的相关旅游资源都可以通过科学合法的方式在适当的时机进行再造。既要有强烈的历史文化资源保护意识，还要在以保护为前提的开发中去强化这些资源的文化印记，并且，要加强对重要历史事件、历史人物以及不明历史遗存的探源性研究。

文化古迹旅游的开发价值与文化旅游资源息息相关，所以，在对文化古迹旅游资源进行重新审视的过程中，还应当看到文化古迹旅游资源的价值属性不仅与其文物考

旅游嬗变
—— 全域旅游概念 设计 政策

▲ 古村巷道

古价值有关，还与其观赏性、体验性、被开发可能、潜在兴趣群体数量等有直接关系。既要充分认识那些文化类型雷同、开发风险过大的文化古迹的旅游价值局限，还要看到民间民俗文化、古城古村镇对文化中即将消失或者已经消失的历史遗迹，通过在民间民俗实景复制和历史展示，形成新的价值体现。

（3）文化古迹旅游管理体制的创新与突破

"旅游管理体制是指在协调与管理旅游业发展过程中产成的各种复杂关系而形成的旅游组织形式和旅游管理制度。它包括旅游业的组织机构、组织形式、调节机制、监督方式、各种机构或组织的责任，权限和利益等问题。"[①] 之前提到，文化古迹旅游所涉及的旅游资源较多，主要涵盖文化、历史和自然的资源。那么，如何使自然资源开发利用与历史文化古迹保护协同发展，使人民从文化旅游模式中广泛受益，如何有效整合自然、文化、旅游三者之间的关系。从旅游规划发展的环境入手，在我国的政治经济体制的改革之下，有力地推进旅游业管理模式的变革是一项重点内容。

从国家层面来看，目前，政府主导仍然是我国现实的发展战略。然而随着体制改革的深化，我国各级政府的政府职能、政府理念、政府组织、政府视野和政府管理主体也都将发生转型。所以，对于旅游的管理发展模式，在全域旅游的发展视角下，如果能积极促进旅游产业与其他产业的融合发展，必须树立大旅游的发展理念，制订大旅游的发展规划，形成大旅游的体制机制，也将必须从内容和形式上从政府主导发生突破性的旅游管理体制的创新。在具体实施过程中可以尝试建立跨行业、跨部的综合协调管理机构以及超越部门利益之上的更高效率与权威的监管机构。

---

① 熊元斌.旅游业、政府主导与公共营销[M].武汉：武汉大学出版社，2008：215.

从文化古迹旅游的资源涵盖面广、文化遗产属性较强的典型特征入手，在文化古迹旅游目的地，就要重点考虑把旅游管理与文化管理部门积极的结合，使得把旅游的开发与管理和文化资源的保护有效地结合起来，在文化古迹旅游的开发与文化古迹的保护之间寻找有效的平衡点，积极协调由此产生的各种矛盾，达到形成发展旅游业合力的主要目的。

旅游业的持续发展，主要体现在生态的多样性、文化的持续性和经济的持续性三个方面，针对文化古迹旅游，就要从保护文化、坚持可持续发展的产业导向政策，和以法律法规作为保护底线的产业保障政策，以及为了可以实现文化艺术的产业化效应的产业市场政策及产业配套政策来保障体制的创新可能。既能让观光体验、休闲娱乐和文化产业功能得以有效结合；又能真正地实现旅游资源的开发利用与历史文化古迹保护协同发展。

（三）主题公园

"主题公园是根据特定的主题创意，为了满足旅游者多样化休闲娱乐需求和选择而建造的一种具有创意性活动方式的现代旅游场所。在旅游业发达国家，主题公园及其他旅游景点的重游率均在70%以上，如美国、法国。目前中国大部分主题公园尤其是自然生态型、文化历史型等传统的主题公园重游率均较低；只有少数游客参与性较强、产品创新较快的景区如深圳欢乐谷、东部华侨城等重游率较高，均在30%以上。"[1]

中国的主题公园的建设始于20世纪80年代中期，在它的发展过程中，大致经历了六个阶段，即最初的游乐园阶段；到以西游记宫为典型主题的初期景观创建阶段；以深圳锦绣中华为典型代表的缩微景观建设阶段；以三国城为代表的影视基地、仿古建筑的建设阶段；以苏州乐园为代表的主题游乐园建设阶段；以及之后出现的海底世界建设阶段。

目前我国的大型主题公园集中地是以广州、深圳为主体的珠江三角洲；以上海、苏州和无锡为代表的长江三角洲及环渤海地区；长沙、武汉、重庆等中西部地区城市等。伴随我国的主题公园历经几个不同的阶段发展，以及国外的经典主题公园的积极加入。在这个内外竞争加剧的时代，中国主题公园的发展面临着机遇和挑战。

从机遇上来看，在最新发布的"十三五"旅游业发展规划中明确提出，到2020年，全国旅游直接投资年均增长20%，实现旅游投资总额达到2万亿元；旅游消费总额达到7万亿元，旅游业对国民经济增长的综合贡献超过10%。可以说，旅游业的大

---

[1] 在主题公园加速衰败的时代，它们为何总是游客不断？旅游产业观察。

力发展是主题公园发展的坚实基础。

同时，中国旅游研究院院长戴斌也指出："我们也看到，旅游业的消费分层现象越来越明显，很多游客已经不满足于最开始的跟团游，特别是年轻人主导的消费市场开始喜欢带有体验性的旅游度假方式，而主题公园等模式正迎合了市场需求。"所以，伴随我国大众休闲体验式旅游的快速升温，主题公园的发展也具备的良好的市场基础。另外，我国成功的主题公园案例显示，围绕主题公园，在推动区域交通、服务、餐饮、商业等业态发展，形成全新产业带的带动作用逐渐增强。在泛产业链的优势方面非常突出。

从挑战上来看，我国主题公园的数量大，类型多。但在具体的经营盈利中，不容乐观，利润构造呈金字塔形，其问题主要体现为：缺乏体验式消费和旅游产品较为单调所导致的盈利模式单一；不从自身寻找特色、积极创新，仍旧以模仿为主、照搬国外模式的品牌模式；以及对于文化主题滥用，却没有深挖文化资源所导致的经营模式，导致经营惨淡。

那么，面对不同类别的主题公园在现阶段的发展过程中所遇见的问题，本课题仍然在以寻找其共性的基础上，从主题公园的发展理念、规划机理，以及案例分析三个方面对主题公园进行旅游规划。

1. 发展理念

（1）主题鲜明、特色突出

什么是主题公园，我们之前就给予其相关定义，是指根据特定的主题创意，为了满足旅游者多样化休闲娱乐需求和选择而建造的一种具有创意性活动方式的现代旅游场所。所以说，主题公园是旅游业发展到一定阶段的产物，是一种新型的旅游娱乐景区。是在以自然资源为主体的自然旅游景区和以文化遗产为主体的文化古迹旅游景区以外的一种新兴景区。

其中，"公园"的概念仅仅是一种空间形态的具体表现，而"主题"才是关键，是指在经过人工设计创造出来的一种游玩方式，从而获得不同的感受体验，所以，"主题"的创意和特色在主题公园的发展中具有十分重要的地位。主题公园要想吸引游客，增加利润，提高游客的重复消费率，必须有鲜明的特色和主题。这也是主题公园实现连锁发展的有利渠道。

举例来说，美国奥兰多迪士尼乐园是以迪士尼卡通全系列为主题，形成好莱坞影城、动物王国、未来世界、魔法王国4座超大型主题乐园；美国哈利波特主题公园是以"哈利·波特"系列小说为蓝本的"哈利·波特魔法世界"；芬兰姆明世界则是以卡

▲ 探险游

通人物姆明一家以及动画里面的其他卡通人物为主题元素，把卡通神话里的姆明谷重建成了一个真实的社会环境；香港海洋公园是集海陆动物、机动游戏和大型表演于一身的世界级主题公园，拥有全东南亚最大的海洋水族馆；长隆野生动物世界是全世界动物种群最多、最大的野生动物主题公园。在这些经典并且成功的主题乐园中，无一不是把主题做到了极致，通过对主题的科学的定位与设计，运用各种方式形成主题场景、进行主题表演；甚至在各式各样的动态性产品建设方面，也围绕主题突出公园的特色。这其实就是以成功的经验告诉我们，在公园主题确定之后，所有的设计都要围绕主题来进行。主题，是公园的主题、旅游产品的开发核心、也是旅游者体验的重要经历。

（2）构建复合型旅游产品、实现多元化产业整合

我们刚才提到，主题公园的开发核心在于"主题"的设计与打造，而对于任何旅

游者而言，旅游就是一种异地的文化体验，所以旅游者到主题公园旅游，其所旅游的对象也是以某主题为核心而形成的某种特定的文化及其主题 IP 组合，这种旅游的方式无论是以静态陈列，还是以动态参与的活动都作为手段而表现出来。随着旅游者对文化的多样性需求，就必须促使主题公园以文化元素为桥梁，把文化的内涵通过不同的载体表达出来。只有表达形式的多样，才能满足旅行者逐渐上升的旅行需求。这就要求在一个主题的定位之下，不断完善旅游的产品体系、构建复合型旅游产品的内容。

根据主题公园的特性，以价值链为依托，突破单一性主题景点的设计，把旅游休闲的功能分散到各个角落，从而由游客单独的观光，到强调游客的参与与互动体验。使得其旅游产品组合了观光、休闲、度假、会展、运动、娱乐、养生等不同功能，组成一个配套完善、主题突出的旅居结合的休闲度假区。除此之外，主题公园基于主题的定位也会产生相应的衍生旅游产品，这些产品具备极高的市场价值。主题公园就可以通过与影视媒体企业、餐饮企业、玩具商、服装商的合作，开发出拥有固定主题的系列产品。主题产品所具有的高曝光率，再以较高的市场价格出售，为主题公园的收益模式带来其他商机。

同时，主题公园产业链还可以向房地产、零售业、文化产业等具体领域延伸，以公园为依托建设主题社区，从而将旅游景区成为独立的旅游目的地。

2. 发展机理

（1）定位准确

当前，我国主题特色公园数量和种类都有所增加，市场竞争非常激烈，因此，在对主题公园的规划设计时，必须做好准确的定位，这种定位不仅表现在经过科学的判断基础之上所进行的主题选择，还包括突出自身的特色，明确自身的竞争力所在。务必不能跟风，更不能盲目地贪大求洋，这样可能导致的结果将是外来文化不能与本土相契合。所以，要从本土用户的需求出发，满足他们的各种需求。并且在确立主题与特色的基础之上，使得产品的策划，产品的类型要做好定位，与主题相一致，即从不同的角度与层次来呈现主题文化。

（2）重视收益

主题公园作为一个新兴的旅游目的地，从结构上讲，集游、娱、食、购、住、行于一体，从各个角度满足游客的不同需求；从内容看；主题公园旅游产品丰富，种类繁多。所以，在对公园盈利模式进行挖掘的过程中，需要深入运营方式去找盈利模式，只有通过多角度地找到景区的盈利模式才能实现景区的可持续发展，促进景区的创新建设。在收益模式中，除了重视景区的门票利润以外，还应把景区内的产品消费、通过旅游产品的丰富延长游客逗留时间，形成泛旅游体验式产业链的消费的多样化盈利模式。

（3）重视设计

这里所说的设计，主要是指围绕主题所进行的景观设计、项目设计、体验设计等。主题公园最重要的首先是主题的确定，所以主题的选择本身也是一项设计内容。这就要求景区的开发者通过足够的调研与科学的判断，从历史、文化、科幻、娱乐等多个角度的思维整合形成最终的决定。

在以主题为基础的条件下，推进主题公园的体验性的项目设计。这不仅需要从各个层次强化各种体验性项目的印象主题，在公园主题确定后，所有的设计都要围绕主题来进行，从游客的角度出发，通过各手段，提升主题公园的体验性印象。这种设计还体现在公园规划初期，就要为各种项目的更新升级预留空间；而在公园建设过程中要围绕主题而不断地进行创新，实现对主题公园的不断优化，从而为游客提供更多的旅游项目。

（4）重视营销

营销是景区建设的重要组成部分，有效的营销理念、营销领域、营销渠道可以让更多的潜在顾客认可主题公园，选择主题公园，并且增加其对主题公园的重游率。所以，对于现代的主题公园，为了达到以上目的，必须从以下几个方面进行营销的创新：

①营销对象的细分，中国的主题公园客源市场定位一般比较广泛，但随着市场竞争的加剧，对于特定市场量身设计制作的主题公园，在营销上全力争取细分市场客源。与此同时，还要在主题公园的主题选择、项目设计上也加强了客源市场针对性。

②营销内容的扩展，即主题公园与泛旅游产业的联合协作，共同设计，以增强整体旅游的吸引力与竞争力。除此之外，还要通过有效的方式将主题公园的旅游内容通过有效的传播手段，及时传递给潜在消费者，提高主题公园的曝光率，加深其在潜在消费者心中的印象，激发潜在消费者的好奇心。

③营销策略的区分，主题公园有不同的生命周期，各生命周期阶段的特点不同，所采取的营销策略也不尽相同。虽然可以通过对主题公园旅游产品功能的有机结合，从而开发出满足休闲娱乐者的全方位、多功能需求的旅游产品。以达到延长公园生命周期的目标。然而在生命周期的循环过程中，还应分别对待。比如尤其在公园停滞期中，就应适时地推出新的项目或活动，除了增加以往游客的重游率外，还能增强对潜在旅游者的吸引力。

第二节　城市型功能性旅游规划

概括地说，城市旅游就是指发生在城市中的各种旅游活动的总称。从产业经济的角度去分析，是指旅游者在城市的物质与精神消费的所有活动。随着后工业化的到来以及现代城镇化的演变，城市综合实力逐渐增强，良好的城市旅游资源、文化资源以及各类新型旅游产品的不断开发和各种配套服务设施的完善，形成了丰富的旅游吸引要素，使城市具有了旅游功能，并随着城市别具一格的旅游体验，使城市的旅游功能也逐渐成为城市的重要功能。所以，在大旅游时代到来的今天，城市型的功能性旅游是以城市为载体，以优质的城市功能旅游产品为依托，整体的城市接待环境为重点，游客的综合消费为手段，城市功能与旅游功能相互融合、彼此促进，并以此来扩大城市的开放程度和知名度，推动城市经济增长、社会变迁和文化重构。

一、城市型功能性旅游的形成背景

城市型功能性旅游是一种将旅游功能与城市功能相结合的一种旅行方式，它的出现是大众旅游需求不断提升以及旅游功能城市化不断深入的必然结果。从旅游需求的角度来看，随着"大众旅游"时代的全面到来，游客的旅行需要也发生着质的变化，从观光游览型走向休闲度假型。这就导致游客的旅行行程由景点的单纯累加逐渐变为在某一旅游目的地区域内驻地的旅游度假。

虽然在实际旅行过程中，这种划分不太容易区分。因为观光也有休闲的指向，而度假实际上也有观光需求。而从侧重角度的不同，在景区式观光型旅游中，我们认为观光需求的比重较大，而在城市功能型的旅行过程中，就没有目的性较强的景区指向，而是一种表现形式较为多样的旅游产品给游客所带来的放松需求。

对于观光旅游来说，它的核心需求是游历，所以对旅行目的地的核心旅游资源要求较高，外延需求相对就比较低，对于配套服务，讲究服务的品质和服务的完备性就好。而在休闲度假需求的旅行中，由于他们所追求的核心需求是身心放松，追求快乐放松的体验就显得比较重要，产品表现形式可以五花八门。

在城市型的功能性旅游中，通过城市独特的风貌、别致的景观与不同的体验，去满足游客的休闲度假的体验需求。这就要求在旅游目的地的区域范围内，不仅要满足游客的旅游需求，还要满足游客的生活度假需求，即城市功能需求。也正是由于城市功能型旅游所产生的原因及预期的后果，使得城市功能型旅游必须要满足游客旅游、度假、美食、住宿、娱乐、购物等一系列需求，这就决定了它与传统旅游形式有着本质区别。在具体的规划当中，也有所不同。

▲湖南坡子街

而从城市发展的角度去观察，在城市功能型的旅游过程中，基于游客的多元化旅游消费需求，就使得单一的旅游产品结构调整为多元化的产品结构，在景区型观光性旅游基础之上为游客提供多元化的产品主要是基于延长游客的逗留时间、增加其综合性收益。融合观光、休闲、娱乐、购物等多种功能的城市型多元化旅游产品，就会对应着多元化的产业经济模式，从而达到带动城市经济增长与社会发展的重要目的。从本质上来说，承载游客多元功能性需求的旅游城市，就会在该功能中对应着多元的经济模式。

二、城市与旅游之间的关系

城市发展是推动旅游繁荣的重要引擎，旅游繁荣是带动城市进步的重要途径。

纵观国际城市的旅游发展，20世纪后期，很多西方国家都把城市的旅游发展作为城市发展的重要支撑系统，并以此作为城市增长点的新坐标，以此来应对城市工业化程度的发展更新，并且达到了刺激新产业发展实践的重要目的。对于我国而言，改革开放 30 年以来，中国的城市建设在各个方面（包括基础设施、交通环境、公共服务和商业硬件等方面）取得长足的进步，也为我国从工业化走向后工业化、从传统工业产业向现代服务业产业的转变奠定良好的基础。旅游成了城市现代服务业的重要增长极，旅游收入和接待人次也在逐年递增。

"2015 年，中国 40.0 亿人次的国内旅游客源市场，城镇居民占到 70.3%。国内旅游收入 3.42 万亿元人民币，来自城市的客源贡献了 80.7%，以上数据表明，无论是从客源还是从旅游消费的视角来看，城市都是旅游经济运行最为重要的市场基础。"[1] 良好的城市发展也是推动旅游繁荣的重要引擎。很多转型城市也都希望通过旅游业的重要增长极达到城市经济增长的绝对控制或者以此来完成该城市的产业转型升级。

当然，鉴于该城市旅游资源的分配与旅游产品的构建，并且由于旅游业的发展所受到经济基础、生活方式及环境容量的综合影响，旅游业成为城市发展的重要命脉并不意味各个城市都能实现，需要对影响因素的讨论以及动力机制的研究。然而，在城市功能与旅游功能彼此融合的过程中，对于促进了城市就业、美化城市环境、提高居民生活水平等方面，城市与旅游的相互融合都起得非常重要的作用。也可以说，旅游城市化成为中国多元城市化道路的一种途径。

对于城市而言，城市是旅游系统中的重要支撑空间及重要枢纽。在观光游览型的旅行中，经常是以景点的累积以及城市的串联作为重要节点把整个旅游路线联系起来。而在观光休闲的今天，城市所发挥的独立旅游目的地的作用越来越强。更多的游客愿意在单独的旅游目的地中花时间去体味与享受。

除此之外，城市也是旅游系统中的重要枢纽。只有基于城市的良好的交通条件，包括城市的航空港、码头、火车站、高速公路连等基础设施作为支撑，旅游才能得以真正地实现。除此之外，也只有城市才能提供对于各类运输基础设施的投资和运营维护。在城市作为重要的枢纽之上，城市之间或者城市与乡村之间才形成了互为目的地与客源地的良好格局。

尤其当旅游从观光走向休闲以后，从生活方式的变迁和旅游体验的变化来看，那些具备良好城市功能的旅行目的地，更容易成为旅游者的选择目的地。从消费的角度来看，这种良好的城市功能对于游客而言就不仅依赖于传统景区景点的丰富与特殊，而是更加看重旅游目的地城市的整体接待环境，就是将城市作为一个综合的旅游目的地来打造。进而满足散客时代的体验需求和经济社会发展的协同要求。

---

① 戴斌."城市是旅游的核心角色，也是关键力量"主题演讲.

▲ 青岛城市海湾

　　对于旅游在城市发展中所起到的作用，最重要的作用就是起到区域综合收益的增长以及整体经济的拉动作用。如果对城旅游产品及泛旅游行业进行分析，城市功能性旅游除了旅游业主体行业之外，还涉及餐饮、住宿、交通、娱乐等多个行业，对行业进行细分的话会更多，与此同时，还能带动就业，改善城市的基础建设和城市面貌。

　　通过提高旅游目的地的旅游收入进而拉动区域内其他行业的整体收入，如餐饮住宿、交通、娱乐购物等，成为促进区域经济增长的动力所在。当然，这就要求城市型旅游的功能性要体现在"综合"以及良好的业态配比。不仅满足游客对该行业的不同层次需求，还要求按照游客需求以及市场发展需要对于旅游产品及相关业态进行合理的分布及配比，以使各要素分布均匀，各功能得以充分发挥。

　　另外，从整体旅游的发展体系去看，旅游对于目的城市发展的作用还体现在城市本身对于周边和乡村的关联带动性日益增强。根据游客的旅行足迹，游客的旅行过程一般都是从到达某一中心城市开始，然后通过交通支线到达周边城市，再到达乡村。所以，在有效的交通条件的配合之下，旅行中心城市对周边地区的带动作用越来越强。尤其在新型城镇化的当下，要实现区域一体、城乡协同，旅游业所产生的溢出效应逐渐增强。

三、城市的旅游功能

众所周知，城市是人口聚居点，是交通节点，是旅游资源的空间支撑，对于游客而言，还是旅行目的地的独立存在。城市为旅游者提供各项旅游服务，满足旅游者的各种旅游需求，也作为中间枢纽为其他旅游目的地或旅游景点输送客源。并且在被需要的同时，城市本身也产生了可以对周边产生影响的旅游合力。当城市被赋予这种旅游属性的同时，就应该具备相应的旅游功能。本文从吸引游客，满足游客的各项旅行需求与配套需求的角度考虑，从实现丰富该区域经济多元增长的根本目的的角度出发，将该城市的旅游功能界定为一个城市本身为其所在区域旅游活动的各项旅游要素流动而提供的各项功能的综合。具体来说，主要包括以下几个方面：

（一）城市景观的游览观光功能

纵然城市型的功能性旅游比较偏重于游客的"体验"，强调该城市的整体接待环境。然而，当该城市所具备的自然和文化旅游资源的作为重要的吸引要素时，它既是传统观光型旅游活动的基本载体，也成为该城市进行旅游发展的资源基础。可以在此基础之上强化该城市的其余功能。而对于那些没有得天独厚旅游资源的城市而言，只能通过建设其余的人造景观或者增加城市的其余旅游功能来弥补。

（二）城市形象和文化氛围的体验功能

在任何城市中，一个城市的形象与文化氛围是该城市的重要体现。城市的建设风貌、景观景致、文化情怀、人文活动无一不是该城市的重要外在体现，也是游客在该独立旅行目的地中希望领略的旅行内容。所以，在城市型的功能性旅游中，就要突出城市建设，关于该城市的历史文化、建筑特征、园林风貌，使之处处是景，游客触景生情。在强化城市功能的同时，使该城市集客源集散地、消费集中地、文化吸引地、多元经济增长地为一体。

（三）城市的娱乐、休闲、商务功能

对于现代城市而言，一个特色鲜明的主题公园、功能丰富的休闲娱乐场所、一条步行街、一座美食城、一个设施良好、主题鲜明的度假酒店，全部构成了以城市为目的地的游客旅游的重要吸引要素。除此之外，一个良好的功能性旅游城市，也都具备其所在地区的政治和经济中心城市的功能。从而成为相关区域内或者区域外人员进行政务、会议、商务、业务的区域集散地。所以，对于功能性的城市旅游中，该城市还应具备良好的娱乐、休闲及商务功能。

（四）城市的旅游集散功能

这项功能是从城市对于其他区域而言的某项独立功能。它是指旅行者在完成预期的旅游活动过程中，除了要借助相应的交通工具到达旅游目的地之外，还要以城市作为中枢，连接其他城市，或者连接区域内的其他景点，所以城市是游客在旅行中的旅游集散的重要节点。

四、城市型功能性旅游的规划重点

我们刚才提到，城市型的功能性旅游是一种将旅游功能与城市功能相结合的一种旅行方式，也是大众旅游需求不断提升及旅游功能城市化不断深入的必然结果。并且指出在该类型的旅游活动中，这种功能性主要体现为景观的游览观光功能、城市形象和文化氛围的体验功能、娱乐、休闲和商务功能以及城市本身的旅游集散功能。基于这些功能的实现，在旅游目的地区域范围内形成旅游要素的数量多、种类丰富的局面，从而聚集与旅游相关的行业和项目，使得该区域的旅游产品丰富化、经济模式多元化。

旅游者被城市所吸引，主要是因为城市具有有别于其他城市或者非城市区域的综合吸引要素，这些吸引要素，成了旅游者产生旅游行为的直接动因。根据布兰克和彼特科维奇（Blank&Pet Kovich 1987）的观点，旅游者选择城市作为旅游的主要原因有以下几个方面：①城市人口密集，使到城市探亲访友的频率高；②城市往往是旅游的

▼河西走廊旅游集散中心

交通中转枢纽或终点站；③商业、金融、工业、生产服务的功能都集中于城市，带来会议、展览和商务旅游；④城市提供了大量的文化、艺术和娱乐方面的体验。

这一观点较好地归纳了对于旅游消费需求而言，城市旅游发展的吸引要素主要包括了哪些内容。从城市本身而言，主要包括城市的自然与人文的旅游资源、城市的经济发展水平和该城市的整体接待环境、配套功能建设等，都是促进城市旅游发展的要素。上述城市型旅游的吸引要素，也就是城市开发城市型功能性旅游应实现的基本功能。从目前我国旅游城市，特别是中小型旅游城市的整体功能来看，绝大多数还仍然停留在传统观光游览旅游的自然与历史文化遗产的开发利用，而对于城市旅游的其他功能却极不重视，缺少配套的城市型功能性的旅游规划，从而导致了城市型的功能性旅游的整体形象难以提升，整体旅游资源与文化资源缺乏整合。

虽然，对于城市尤其是中小型城市要做到以上功能的全面高质量相对比较困难，但从现代城市旅游格局的转变来说，这种基本功能的完善还是十分必要。以下，我们以城市型的功能性旅游的本质与功能属性为出发点，配合相关案例，提出该类型旅游模式的重点规划建议。

（一）加强城市旅游休闲度假功能和特色功能的具体开发

我们一再强调，城市型功能性旅游的功能属性是该类旅游的规划基础，只有充分形成丰富的旅游功能并使其作用于旅游本身，通过各类休闲娱乐活动让游客形成良好的旅行体验才能实现功能性旅游的最终目的。这种休闲功能和特色功能的开发主要包括以下几个内容：

1. 城市特色旅游资源的吸引功能

一座城市，如果能拥有垄断类的自然景观固然很好，可以以此作为核心旅游吸引物给该城市的旅游搭建较为轻松的平台，充分发挥该核心旅游资源的影响力。然而当这种资源缺失或者尚未发挥较大作用时，利用城市的人造景观和特色文化作为核心吸引物，通过建设反映历史和文化特色的标志性建筑、园林景观、城市雕塑和特色街区，积极开展体现城市民俗风情的节庆活动来增强这一方面的吸引力也未尝不可。这就需要在城市旅游开发规划中需进一步明晰与强化，使其发挥更大的基础功效。

2. 城市娱乐休闲项目的吸引功能

这是城市型功能性旅游的规划重点。与景区式的观光型旅游所不同的是，在城市型的功能性旅游中，游客的旅行活动由于缺乏垄断性的旅游资源及自身非常明确的休闲度假的旅行需求，这种旅行活动就显得相对被动。所以，只有通过城市积极地给予休闲项目，形成良好的体验需求才能推动该项旅游的积极发展。

另外,一座城市要成为经济发达、旅游需求旺盛的重要城市旅游目的地,真正实现功能性旅游的目标,也必须要花力气建设一批相对规格较高的城市游乐设施、文娱体育场馆和特色主题公园,建设城市特色功能街区,积极谋划旅游商品产业园、文化产业园、风情街、娱乐街、民俗休闲街等一批特色街区规划,才能进一步提升城市形象和旅游休闲能力,增加游客在市区休闲娱乐的内容和时间,以此来达到增加旅游综合收益的最终目的。作为城市文化娱乐功能的体现方面,还可以增加开放型的文化娱乐活动平台,提供丰富的、品质高的文化娱乐项目,促进城市旅游休闲功能的发挥与发展。

另外,在旅游发展相对成熟的现代城市中,还可以通过建立城市旅游综合体来完善城市旅游的这项功能。举例来说,澳大利亚的维多利亚女王大厦,有着很好的历史文脉和丰富的文化内涵。坐落于悉尼市中心最繁华的乔治大街,之后对它进行反复论证修复之后,成为兼有历史性和现代性的旅游点和购物中心。因为是在历史建筑基础上所形成的城市综合体,著名时装设计大师皮尔·卡丹曾赞美它是"世界上最美丽的购物中心"。

日本福冈博多和运河城城市综合体由多个建筑体构成,在各个体量之间围合出开放式的公共休闲空间。公共休闲空间分为五大主题区域,分别命名为星际天地、月亮步道、地球步道、海洋世界和太阳广场。180米长的运河缓缓流淌其中,水边的舞台上,艺术家们每天都举行各种丰富多彩

▲国贸中心

的现场活动，让游客收获着别样的休闲体验。香港环球贸易广场是目前香港第一高楼，为了凸显其地标性的建筑特色，展现香港的独特景观，大楼设立了全港最高的室内观景台，游客可以俯瞰香港全景。由于其特色项目的存在，该天台增加了都市观光功能，成为访港游客必到的景点之一。

北京华贸中心自2007年开始运营后。在其商圈云集了1000多个国际品牌，两座堪称世界级的酒店、70多家餐厅、20多家咖啡店等，为社会创造了两万多个就业岗位，产生了巨大的聚合效益。这些城市综合体已由于具备关联的复合功能，满足游客对城市旅游的休闲需求，并产生较为明显的产业聚集效应，成为城市功能性旅游的重要载体。

3. 政务与商务旅游功能

具有功能性的旅游城市，一般都是该区域范围内的中心城市，是相关工作人员和区域内商贸人员进行政务、会议、商务、业务、购物的区域集散中心。因此，对于该功能的完善方面，应着力通过会议会展设施的建设、商贸中心的建设、科技与信息条件的改善和投资环境的营造和经济文化活动的开展，增强城市的政务和商务吸引，以达到该功能的具体实现。

（二）加强旅游功能的复合叠加，带动城市多元化经济的发展

城市型功能性旅游的关键在于旅游综合体的形成是基于旅游功能和城市功能的融合，因此，与传统的景区式的观光型旅游所不同的是，城市型的功能性旅游不仅能满足游客的观光游览的基本旅游需求，还能满足其在城市中才能获得的各项旅行体验，是旅游功能与城市功能的复合与叠加。所以从旅游的视角看城市，就是一种集合了多种功能于一体的组合空间支撑。

随着大众旅游的不断深入，游客的需求也在不断升级变化，对旅游的定义不再局限于景区景点和名胜古迹，为了满足游客对旅游的多方位、多层次需求，城市的景观、建筑、人文、设施等均成为旅游的一个重要部分，形成了所到之处都可以成为旅游吸引物的美好局面。因此，在对城市型的功能性旅游进行规划打造时，就一定要将区域内的核心吸引物、自然生态资源、景观建筑、道路设施与文化习俗等方面全部融合在一起，形成多规合一，进行统一规划的设计，打造出一个各要素配合、资源与文化相映衬的统一城市形象。

也只有当城市型功能性旅游中的各个功能相互依赖、彼此促进时，才能带动相关泛旅游行业的利润增长，实现城市旅游利润综合性收益的增加，这种多元经济所产生的综合性收益的"综合"指在旅游目的地区域范围内要尽可能多地聚集与旅游相关的

行业和产品内容，形成功能齐全、设备完善的旅游业态。除此之外，旅游产业的综合发展也将为城市的进步带来了红利，比如在吸纳就业、改善环境和完善基础设施等方面都将发挥着重要的作用。

（三）塑造城市的整体形象，创设城市的旅游特色，优化城市的整体接待环境

完善城市的旅游功能是城市型的功能性旅游最基本的要求，然而一个城市如果仅有丰富的旅游资源，完善的旅游功能而没有有别于其他城市的独特个性，对于游客来说仍然缺乏足够的吸引力，尤其对于中小型城市而言，塑造城市的整体形象、完善城市的整体接待环境就显得尤为重要。

今天，城市型功能性旅游是指不单纯依赖独立的旅游景点，而从城市旅游各种吸引要素的有机结合入手而推出的城市整体的旅游形式。所以，构建城市的整体旅游形象，创设城市的旅游特色，就形成了旅游者对城市的综合认知的面相。这就要求，首先对于城市整体旅游形象的塑造进行科学有效、从满足客源市场的需求出发，在此基础上，城市的旅游基础设施、旅游活动等具体的吸引要素符合定位，彼此之间相互协作，密切联系、合理组合，形成统一整体。这一整体形象定位与塑造过程是体现旅游城市特色的基础。其次，要从特色入手，形成个性化差异。

▼新县西河湾古村

一般来说，旅游者在对旅游进行决策的过程中往往会选择旅游资源和文化独具个性差异化的旅游地旅游。即便是在城市型的功能性旅游中，该城市所呈现的资源与文化的个性差异越大，越能引起旅游者的兴趣。所以，对于功能性的旅游城市而言，一定要根据自身的资源与环境条件，提炼出有别于其他旅游城市的个性特色，并把形成形象鲜明、便于记忆的特色主题。

举例来说，绍兴被称为东方威尼斯、鲁迅的故乡；大连被定义为最适宜居住的海滨花园城市；深圳就被称为最开放的商都特区。另外，在体现功能性城市旅游个性方面，特定的核心吸引要素也非常关系，除了景区景点的核心垄断资源之外，该核心吸引要素的强化也可以通过城市标志性建筑、城市形象雕塑、城市特色文化街区等的建设与特色旅游项目的推出来实现。

第三节 旅游向旅居嬗变

在近两年的文化旅游发展新业态中"全域旅游"已经成为一个热点词，在20世纪80年代出现了小旅游的概念，90年代提出中旅游概念，21世纪提到大旅游概念，可以看出，随着时代的发展，对旅游的认识逐渐深入。近两年出现了全域旅游的概念。伴随文化创意产业的成熟发展，文化旅游对于文化创意产业的转型落地，同样也在我国供给侧改革的基础之上，伴随我国旅游产业大幅度转型，在2016年的国务院《政府工作报告》中提出"迎接正在兴起的大众旅游时代"，强调要大力发展全域旅游、大力发展乡村旅游；在旅游空间的分布格局，旅游管理体制的模式创新，旅游资源的整合规划，乡村旅游作为脱贫致富的重要抓手等进行产业渗透和延伸。

刚刚闭幕的全国两会，李克强总理将"全域旅游"写入了政府工作报告，更加意味着"全域旅游"热的浪潮已经到来。那么，究竟什么是全域旅游，为什么会有"全域旅游"，"全域旅游"是怎样应时应势、应景应情地成为我国旅游发展主旋律？又怎样做到全域旅游？这些则是当前旅游人需要认真思索和执行的重要课题。

一、旅游已经嬗变

国家旅游局李金早局长指出，传统以抓点方式为特征的景点旅游模式，已不能满足现代大旅游发展需要，要求必须从景点开发模式转变为全域旅游模式，进行旅游发展战略的再定位。这其实告诉我们，发展全域旅游不仅是一个政策，一个规划，而是一项全局性的旅游发展战略。

（一）全域旅游是生产力布局的重新调整、思路和策略的变革

第一，从国家的供给侧改革来看，目前的旅游发展承担着新的使命，通过旅游的发展与带动，在促进新型城镇化、新农村建设、加快改革开放方面，由于旅游业开放的产业属性，全域旅游可以构建更多的开放发展空间，促进区域内要素的开放整合，打破地域分割、行政分割，打破各种制约发展的边界，是一种全方位开放的发展模式，

形成开放发展的格局。

在稳增长、调结构、促就业、减贫困、惠民生的重要领域中，全域旅游可以拓展旅游发展的新空间，培育新的增长极，构建新的旅游产业体系，获取更多的动力源泉，释放旅游更充分的带动力量。在共建共享美好生活、基础设施、公共服务、美丽生态环境，形成平等有序的旅游市场上，既是全面建成小康社会的重要内容，也是共享全面小康的重要途径。除此之外，全域旅游可以把生态和旅游结合、让保护和发展一致，把旅游资源和旅游产品有效衔接，创造更多的绿色财富。

第二，随着旅游业规模越来越大、功能性越来越明显、带动面越来越宽广，在实际生活中，推进全域旅游发展实际上已经成为很多地区新的整体战略选择，这些地区将旅游业作为支柱产业甚至是主导产业，将全域旅游作为提升整体区域发展水平的战略需要。2015年9月，国家旅游局启动开展"国家全域旅游示范区"创建工作，旨在推动旅游业由"景区旅游"向"全域旅游"发展模式转变，推动旅游业创新、协调、绿色、开放、共享发展，促进旅游业转型升级、提质增效，构建新型旅游发展格局。

（二）全域旅游能有效推动旅游业转型升级

随着后工业时代的到来，我国旅游业的发展进入新阶段。在以往依靠传统景区、景点的节点开发模式所形成的"门票经济"旅游发展中，二元结构矛盾突出。在这种开发模式，许多景区的过度开发与景区外的配套功能极度薄弱形成严重的两极分化，不仅辐射带动能力不足，许多景区周边的环境区域，也成为需要治理的重点区域。为此，迫切需要跳出单一的景点经济，进行全域的整体优化环境，优化配套设施。另外，过度依赖门票经济，加之景区经营模式单一导致的结果就是景区门票价格上涨过快。要破解这一怪圈，就迫切需要创新转变发展模式，全域旅游就成为解决门票经济的有效载体。通过大力推进"全域旅游"，从"围景建区、设门收票"向"区景一体、产业一体"转变，把景区收入和旅游配套等相关要素贯通起来，实现景点经济向目的地旅游经济转变，转变为综合产业经济。整合地区产业链，产业再升级。把旅游目的地的各项要素系统有效地整合起来，规划布局、综合统筹管理。

同时，现代社会发展中的各类产业融合发展，为全域旅游的发展也提供了产业支撑。现代产业的模式，特别是旅游业，正在逐渐拓展成为一个边界模糊的产业，"旅游+"已经成为大趋势，用旅游业为龙头发展第三产业，带动第一、第二产业结构调整升级。区域一体化、扶贫攻坚等各种战略的实施，也加速了区域资源的整合。做到全区域、全产业链的共同发展。

具体来说，全域旅游不再依靠景点利润作为当地经济发展的有效抓手，而是用

"域"去打造"域"。目的不仅仅是发展旅游产业。而是以旅游业作为优势产业去带动和促进当地经济社会协调发展的新的发展理念和模式。将以产业融合为基础、以资源整合为手段、以充分发挥旅游业的优势地位为桥梁、以实现空间统筹和产业联动发展为主要目标,突破空间限制、时间限制、行业限制,最终实现该地区的整体发展。把不同特色的旅游产品或业态集群分布在各个空间板块,在不同的时间、空间打造不同特色的旅游产品。

所以说,过去,我国旅游业发展主要抓"点",抓"线",现在要提升到"面",从过去的景区景点提升到全域旅游,这是我国现代旅游业发展的必然要求。

(三)全域旅游是顺应现代旅游消费需求的转变方式

加快推进全域旅游,是顺应人民群众生活方式变革、旅游方式转变的必然要求,同时也是提升居民素质、共享旅游成果的必然后果。

现代人的生活方式、旅游方式都发生了深刻变革,对旅游目的地的观察视角、评价标准也发生了深刻变化。随着人们旅行目标的深入,传统旅游业"食、住、行、游、购、娱"六大要素已经逐步发展为"商、养、学、闲、情、奇"。应运而生的文化创意旅游、商业养老旅游、健康养生旅游、研学教育旅游等旅游产品也越来越被人们关注。特别是以自驾游、散客、自助旅游为主要特征的现代旅游,对旅游目的地各种设施、服务、管理的要求也就发生了深刻变化。

2015年,国内游已达40亿人次,人均出游接近3次,旅游已成为居民日常生活的必要组成部分,成为人民群众享受休息权的一个重要体现。而出游方式上,自助游超过85%,自驾游超过60%,甚至很多人在体验出境自驾游,他们出游不再像以前那样,由旅行社指定和安排怎么走、怎么游,而是自己决定游什么、去哪游,怎么住、住哪里,买什么、在哪买,吃什么、在哪吃。

所以,既要带动一个区域的经济,把客人留住;又要满足客人深层心理感受与休闲需求,传统的走马观花和景点游是实现不了的,简单的门票经济实现不了区域的经济带动,单独的景点旅游实现不了客人的文化休闲需要。面对大旅游时代,更彰显了全域旅游的重要性。旅游从业者必须与时俱进,适应改革。

举例来说,扬州的蜀冈-瘦西湖度假区,不仅仅是一个景区,而是围绕着瘦西湖所形成的综合旅游度假区,包括餐饮、度假、温泉、住宿相配套的很多功能。在不超过10分钟的车程中就包含了多个旅游景区和度假区,既适合亲子游,又适合家庭游、蜜月游等,这其实就是通过特色的旅游品和充分发挥"旅游+"的重要功能,既跳出门票利润,又直抵客人的休闲需要。懂得如何把客人留住,让客人有很好的体验。这就是旅游向深度游转变的重要过程。

从全面提升旅游国际竞争力的角度来看，在入境旅游初期，大多数游客主要是欣赏自然文化遗产、游览风景名胜，然而随着世界交流的深入，现在入境游客更加希望与当地有更加深入的交往、交流和体验，期望深入社会、社区，对一个地方的评价也不限于景区点、饭店、酒店，而是对一个地方整体的评价，因而更需要有全面的旅游服务体验和文化体验。

（四）全域旅游是现代交通格局转变的必然结果，高铁时代的到来助推旅居生活方式成为主流

近几年，国家开放低空飞行，城际铁路网格化的立体交通发展，尤其是高铁时代的到来，推动着旅游产业全面发展。交通的格局决定着旅游的格局。

▲昔阳西南沟村

我国高铁起步较晚，但自第一条真正意义的高速铁路在日本通车后，高铁已有50多年的历史了。从20世纪90年代中期至今，亚洲、北美洲、澳洲等世界范围内掀起了建设高路的热潮。在这股浪潮中，我国也加快了高铁建设的步伐，根据《中国铁路中长期发展规划》，预计到2020年我国高铁主干网络要初步建成，200公里及以上高铁里程将超过1.8万公里，占世界高速铁路总里程的一半以上，届时将形成"四纵四横"的铁路快速客运通道以及环渤海地区、环鄱阳湖经济圈地区、长株潭地区、长江三角洲地区、珠江三角洲地区五个城际快速客运系统。

首先，对于旅游交通本身而言，高铁对于民航在旅游交通中地位的冲击比较大。因为对于一段航程而言，除了乘坐飞机的时间之外，还要加上到机场和办票的时间，乘坐飞机的时间优势并不突出。并且根据高铁建设规划，到 2020 年，高铁会形成独立的客运专线网络，覆盖经济发达、人口密集的三大区域——环渤海地区、长江三角洲地区、珠江三角洲地区内的主要城镇。而这里也是我国民航航线最集中、运量最大的区域。所以，高铁也将在或者已经在旅游交通板块中占据不可忽视的一席之地。

其次，从高铁对于旅游的影响而言，高速铁路以其独特的魅力有效吸引旅游市场。从时速和舒适度考虑，高铁为旅行者创造了有效的条件；从高铁的布局来看，由于在省会城市与邻近城市之间形成时间较短的交通圈，就将导致"同城效应"增强，除了城市之间的休闲活动更加密集，城市游憩的范围也不再局限于城市内部和城市郊区，而是扩大到高铁所连接的区域城市，这对旅游格局就将产生非常大的影响。

与此同时"高铁速度"也给只依靠景区发展的旅游目的地提出了挑战。那些只是单纯依靠门票收入的旅游目的地，由于游客停留"片刻"即离开，很有可能成为简单的"中转站"，以至于无法分享高铁速度下旅游目的地由于旅游客源增加而产生的综合收益。这也敦促高铁沿线的旅游目的地如果想要获得更大的收益，就要加快旅游产业升级，丰富旅游产品，提高旅游产业综合效益。利用高铁的优势，适合的旅游目的地根据不同的旅游产品、旅游要素的有效结合，形成良好的度假形式，打造高铁休闲圈中的"旅居地"。充分发挥旅游业的关联带动作用。深入实施"旅游+"战略，促进旅游业与相关产业深度融合、催化成为食、住、行、游、购、娱一条龙的旅游集散地。

要大力发展"高铁时代"的现代旅游，其实就是构建快旅慢游新体系放大高铁效应，构建开放合作新模式释放高铁红利，在交通接驳上实现无缝对接，在产品开发上打造全域旅游目的地，在产业链完善上让游客深度体验，真正实现以大交通引领大旅游、以大旅游吸引大投资，以大投资带动大发展。

除了高铁，从整个旅游交通布局来考虑，任何旅游者要实现从出发地到目的地之间的旅行，都必须借助良好的交通条件和运输工具。旅游交通是旅游业发展的首要条件。在我国，随着大旅游时代的到来，从"景点游"到包含文化内涵，休假与游览结合的"休闲游"的转化过程中，既要重新认识交通对于旅游的影响，也要在旅游业的发展中重新认识交通问题。

在旅游目的地选择上，交通的便利程度直接影响旅游者做出的决定。交通的便利与否是影响旅游者决策的重要因素。或者这样说，旅游者对距离的直观感受其实很大程度上取决于两地之间的交通便利程度，甚至有统计显示，在旅游出行的影响要素

▲ 湘西渠水生态走廊

中,与住宿、饮食、景点及其他服务消费等项目相比,有相当一部分游客将交通列为首位。因此,交通对旅游者的出游选择在心理上起着至关重要的作用,是影响旅游者出行的重要因素之一。没有安全便捷的交通,就不可能有规模化和长期发展的旅游经济。

便利的交通环境还对旅游资源的开发以及旅游质量起到非常重要的作用。对于旅游资源而言,如果没有快捷便利的交通条件,其优势就不能充分发挥。而在实现旅游的过程中,大部分游客由于地域差异、文化差异和自身差异,对于吃、住、行会有不一样的体验和评价,而对于交通的体验评价则是非常一致的。尤其在"休闲游"的当下,旅游质量很大程度上都与旅游交通的质量息息相关。

所以,在旅游交通的规划应坚持市场导向原则,创造安全、便捷、舒适便于游览的交通条件,提高综合运力。在旅游交通设施方面充分利用我国的政策优势,加大投入,改善旅游交通的问题,摆脱其对旅游业发展的瓶颈效应。高水平的旅游交通,需要高质量、高投入的基础设施建设。

在旅游交通质量方面,应以游客为中心,以安全、舒适、快速、便利为目标,加强运输管理,为游客提供优质安全高水平的服务,运用现代化技术推动运营管理。在旅游和交通的协调发展方面,彼此兼顾,妥善处理好了两者的关系。在进行景区策划和旅游目的地规划的同时,也做好交通的布局安排;在进行旅游交通设置的同时,充分考虑旅游目的地和旅游资源的可持续发展。

通过以上阐述,从旅游思路与策略的变革、旅游业转型升级的要求、休闲时代的到来和游客的高层次需求、以及交通格局的转变,高铁时代的到来助推,告诉我们旅游已经嬗变,传统的旅行模式已经不能适应当代的旅游发展,以往的"门票经济"的单一性促使旅游目的地要通过各个元素的旅游产品发展成为"综合性收益"。全域旅游的推动发展使旅游业发生质的转变。

二、有关全域旅游思考

李金早在 2016 年全国旅游工作会议上发表的《全域旅游大有可为》署名文章中也明确指出:所谓全域旅游,是指在一定区域内,以旅游业为优势产业,通过对区域内经济社会资源尤其是旅游资源、相关产业、生态环境、公共服务、体制机制、政策法规、文明素质等进行全方位、系统化的优化提升,实现区域资源有机整合、产业融合发展、社会共建共享,以旅游业带动和促进经济社会协调发展的一种新的区域协调发展理念和模式。

在 2015 年 8 月,国家旅游局局长李金早在全国旅游工作研讨会上,正式从国家旅游局层面首次明确提出全面推动全域旅游发展的战略部署。在本课题的第一章节中,对于全域旅游的概念、特征、核心、评价标准以及体系等相关内容都围绕国家的政策标准做了系统的解读。可以明确地看到,全域旅游是旅游产业发展的战略方向。

然而,在这"全域旅游"一窝热的背后,如何认知旅游产业嬗变背后的原因?怎样才能从政策指导的角度给予那些适合做全域的目的地更多的理性机会?如何才能真正地实现以旅游业为主体进行其他产业的有效融入?在这样的概念指导下我们如何进行前期的设计以及运作系统的具体落实?这些,是我们冷静思考的重要问题。

(一)全域旅游的"适"与"不适"

国家旅游局曾下发《关于开展"国家全域旅游示范区"创建工作的通知》(旅发〔2015〕182 号),并于 2016 年 2 月,国家旅游局正式发布首批"国家全域旅游示范区"创建名单。我们知道,全域旅游是旅游业发展的战略要求、也是必然阶段,同时,也是我国后工业时代实现供给侧改革和社会发展的有效途径。

然而，从全域概念的确定到落地，每一个地区都在曾经的地域旅游基础之上探索与其战略相吻合的发展模式，逐渐摸索、逐渐过渡。受众多因素的影响，比如当地经济发展水平、旅游资源的内容和分布、环境、产业等，并非所有的区域都适合发展全域旅游，也并非相关行业都能尽快与旅游相融合。

同时，也是受这些因素的影响，我国旅游行业其实仍然还基本处于以景点景区为主的发展阶段，这本身就对全域旅游的未来走向缺乏系统的理论研究和实践证明。然而，自全域旅游概念被正式提出以来，在国家旅游局公布的首批创建"国家全域旅游示范区"名单中，数量竟有262个，那么这些示范区对于这个新兴的发展理念的领会程度到底有多少，这些示范度又能达到多高，由于缺乏实践证明，没有可依照的成功范本，加之地区之间的发展程度不一，地域差异明显，甚至有些区域对全域旅游的理解存在误区，这些都是我们应该思索的问题。

在地域发展全域旅游的过程当中，也不是依靠高涨的热情就可以打造成为一个形象工程，要使发展全域旅游具备真正的标杆意义的典型代表，还要从每一片土壤的根基入手，找到其适合的资源与发展的方向。

（二）全域旅游的"旅游+"在旅游规划中如何体现

全域旅游的概念的提出，其实就是对于旅游业的发展理念的变革，这种理念在于对于旅游发展的规划性已经不限于对于景区景点的策划、不限于对于门票收益的增加、更加不限制于怎样使得单一的旅游业得到有效的发展。

发展全域旅游，应该体现在从旅游业态到其他业态的延伸，从门票经济到地方经济的突破。那么在具体的全域旅游的规划中，如何把这种变革性的理念植入到生动的地域中去。在具体的旅游规划中，就与之前单纯的景区景点式策划有着绝大多数的不同，要有"跳出旅游看旅游"的宏观眼界，也要有旅游业业态延伸与业态融合的辩证思维，针对全域旅游发展所产生的新的变化和要求，真正地做到把旅游资源和其他资源进行合理的配置，把旅游规划与其他规划共同进行合理的整合，把旅游政策与顶层设计实现真正的配套。

那么，使得旅游与其他相关产业深度融合，充分发挥旅游业的拉动作用，就要在实现过程中除了发挥旅游业的主体地位之外，要给其余产业插上"旅游"翅膀，这就要求加大旅游与农业、工业、交通、金融、文化、环保、体育、医药等产业的融合力度，实现从封闭的旅游业的单一发展向多产业链转变。也就是全域旅游发展理念中的"旅游+"，形成新业态，提升其发展水平和综合价值。

第三章 全域旅游设计与规划

▲ 浙江诸葛村

那么，除了对于概念本身的热炒，在具体的规划中，如何真正地实现"旅游+"，怎样做到其他相关行业与"旅游+"的真正融合，如何在全域旅游的发展过程中，凸显旅游的重要性，充分调动其他行业的主动性，实现旅游格局的转变，才是发展全域旅游中最重要的问题。

三、旅游+古村落：从文化旅游产业到古村落"乡建潮"

我国文化创意产业近几年的发展由学习模仿到产业模式复制，由复制到创新，已经逐步找到我国文化创意产业发展的经济属性和概念定位。自十八大以来连续出台的一系列政策，促使文化创意产业的发展脚步走入快车道。十年的发展进程中，部分地区文化产业政策导向基本向落地扶持政策倾注，逐渐根据本土化、品牌化的方向定位，按照可持续性、不可复制性的产业特征推进。

针对文化创意产业的门类发展现状，大部分的产业内容还未能够有效落地。有很多早前建设的产业园区呈现荒废，导致的重因之一就是跟风复制、模块化重复。近两年的互联网平台和广播影视产业势长热潮，迅猛地占据文化产业发展前沿。古村落文化的保护与发展作为文化产业的发展范畴之一，正处于萌芽时期，更加需要发展方向的引领。

留得住青山绿水，记得住乡愁！这是习近平总书记2015新年伊始在云南的调研讲话。在我们现代化城市全面建设中，后工业时代经济向文化经济转型的时代进程下。传统行业的产能过剩，房地产行业发展不均衡，导致建设和建设相关联的开发、策划、规划等行业面临危机，强行转型，是经济发展的必然趋势。

中国自古是以农耕文明发展的东方大国，广阔大地给华夏儿女留下了丰富的人类文明遗产，村落文化是农耕文明的重要载体。在近现代史册上有梁思成、罗哲文等文化遗产保护大家为保护村落文化而付出毕生努力。当代文化遗产抢救者冯骥才先生为村落文化传承多次向国家提交保护方案，启动"中国民间文化遗产抢救工程"。最终有了今天"中国传统村落"保护组织；在20世纪90年代，国家民委人类学研究会在以罗哲文先生的倡导下，成立"古村落保护与发展专委会"，对村落遗产保护发起社会责任。

在互联网时代的今天，自媒体成为新时代的语言媒介窗口，古村落发展和保护成为今天的热点，也成为市场开发转型的新热潮——"乡建潮"的到来。"乡建潮"的开发是针对具有历史文脉传承和文化遗产的传统古村落作为建设开发对象。成为新的文化产业模式。

在当下"乡建潮"中，出现各类不同的形式噱头，如艺术乡建、旅游乡建、民宿乡建，等等，不禁想起十几年前我们提出文化产业发展一样，围绕着形式而建形式走的弯路。在我们推进发展乡建的同时，保护和发展问题同时出现，是先保护还是先发展，这是个复合性命题。

村落是谁的村落？村落是谁来保护，又是谁来发展建设？每一个传统古村落都有一个村落文化魂，文化魂何在？华中科技大学建筑与城市规划学院教授谭刚毅曾提出乡建面对的主要问题是：为何乡建？乡建为谁？谁在乡建？怎样乡建？在20世纪30年代，梁漱溟从文化角度分析中国社会结构组织，认为不同类型文明中社会构造不同："西洋"人重集团，中国人重家庭，于是中国由家庭单元衍生出伦理本位，走向职业分途，形成由家族伦理关系构成的和谐社会；"西洋"则从集团演化为阶级对立；因此"西洋"是阶级对立社会，中国是职业分途社会。"西洋文明"强盗式进入中国之后，冲击了数千年的中国社会组织构造，使之几近崩溃。西方工业文明与中国传统农业文明叠加，新的社会组织构造又未确立，形成文明失控，是近代以来中国文明衰败的根本原因。

村落文化是集宗教信仰、营造文化、宗祠文化、家族文化、生态文化、农耕文化、易学风水、民俗民风、田园耕读、空间布局、地域差异等组成的村落美学精神，是以"天人合一"的哲学思想，达到人与自然的高度和谐。在"乡建潮"的开发中，保护和开发的关系必须正确认识，才能够有效传承古村落的遗产。

在快速的产业发展热潮中，短短一两年时间，在工业经济不发达的区域，从北自南，由西向东，掀起了"古村热潮""民宿热潮""艺术村热潮"。乡建必须坚持本土化、生态化、不可复制化、可持续化的发展规律，不可"千村一面"。盲目开发改建，违背人文精神，自然和谐之美就会荡然无存，这样的乡建不是在保护和传承，是在破坏村落文化和农耕文明的遗产瑰宝。不注重乡建要素的原则，又是一次产业跟风乱象，更是一次毁灭性的破坏。

传统古村落是原住民的村落，是培养我们原住民文化自信的村落，是原住民按照原住和谐的本土规律保护、发展、建设的村落！健康有效的乡建发展，是村落文化的回归，是人与自然的和谐统一，是推进实现全面小康社会发展的必然途径。

四、旅游 IP 的打造

旅游 IP 的定义就是将本土化的文化资源中的特色元素和符号，通过人文背景的梳理，结合文化创意的概念，提炼出旅游城市或者园区的品牌形象，形成以"人"为活化动向的标识符号，并具备突出的形象和故事，凝合整个文化旅游项目的集约亮点。IP 作为文化旅游的感受认知，是能够表达人对旅游目的的综合想象力和影响力。通过 IP 的打造，将旅游目的地和旅游产品具有生命力。

通过商业价值和文化价值的挖掘，IP 的打造不仅作为旅游产品的符号，IP 在商业价值的影响力更大，衍生市场前景是"一鸣多响"，相互效应。世界上知名的 IP 打造，例如迪士尼和潘多拉，日本的熊本熊、中国的熊出没等，IP 的商业价值应用更多地在主题公园产品上发挥最大效应。作为品牌化的 IP，更多实现一个旅游目的地的品牌影响力效应。

无论是从电影动漫中寻找 IP，还是创造 IP 通过电影实现影响力，在 IP 的设计中，需要集约的论证，足以从文化元素和人文情怀元素，从商业开发元素和衍生推广层面，注重"拟人"的存在感，唤醒符号的生命，可持续地进行 IP 维护和推广。将符号的表现形式用拟人的手段不断给予大脑重复记忆，实现 IP 固化。

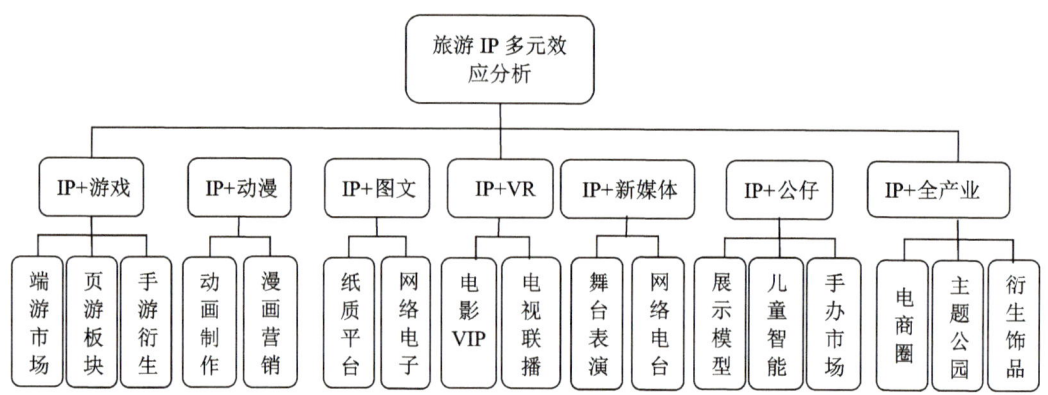

旅游 IP 的效应分析图

五、旅游 + 田园综合体

2017年2月5日,"田园综合体"被写进中央一号文件,文件提出,在保持政策的连续性、稳定性的基础上,特别注重抓手、平台和载体建设,即"三区、三园和一体"。"三区、三园和一体"建设将优化农村产业结构,促进三产的深度融合,并集聚农村各种资金、科技、人才、项目等要素,加快推动现代农业的发展。其中的"一体"即田园综合体,对于"田园综合体"原文如下:"支持有条件的乡村建设以农民合作社

▼ 湘西西楼古村

为主要载体、让农民充分参与和受益，集循环农业、创意农业、农事体验于一体的田园综合体，通过农业综合开发、农村综合改革转移支付等渠道开展试点示范。"

"田园综合体"作为田园旅游和乡村旅游的一种形式，是集现代农业、休闲旅游、田园社区为一体的乡村综合发展模式。也是结合农村产权制度改革，实现中国乡村现代化、作为新型城镇化发展的新动力，社会经济全面发展的一种可持续性模式。

（一）田园综合体的概念内涵

继2017年的中央一号文件首次提出"田园综合体"概念后，多方都进行解读。从其内涵来看，田园综合体并不是一个新词，它是一种业态的延伸，是指在原有的农业和休闲旅游的基础之上的延伸。是"农业 + 文化创意旅游 + 新农村"的综合发展模式，是以现代农业为基础，以旅游为驱动，通过农村第一、第二、第三产业的相互融合和农业的功能拓展，以文化创意旅游为核心，形成农产品加工、科普会展、商贸娱乐、休闲观光等多个相关业态，建设集循环农业、创意农业、农事体验于一体的地域综合体。

（二）田园综合体的发展背景

目前来看，我国经济发展进入新常态，伴随经济的快速发展，对第一、第二产业的发展方式提出更高要求，对生态的保护也显得更加重要。所以，农业作为重要产业肩负重要的任务。农业发展进入新阶段。除此之外，经过十余年的中央一号文件及各级政策的引导，我国现代农业得到迅速发展，基础设施改善明显、产业布局逐步优化、供给侧改革需求日趋紧凑，尤其当更多的社会资本注入农业发展业态时，起到了积极的促进作用。加剧了第一、第二、第三产业的融合发展。传统农业产业园区的单一发展思路已经不适合现阶段的产业升级、综合开发等要求，需用一种新的方式形式以农业为基础促进社会经济综合发展，田园综合体就是一种良好的创新载体。

（三）田园综合体的特征

1. 功能综合化

田园综合体作为资源配置的优化器，在整合土地、资金、文创、人才的资源的基础之上，可以促进传统农业产业转型升级。在产业升级过程中，促使单一农业向产业联动的方向升级，从单一农业产品向综合休闲度假产品开发升级，从传统住宅为区域发展为田园体验度假、养老养生等为一体的休闲综合土地开发模式升级。以现代农业为核心发展的基础之上，形成在"田园一体"的空间中，将"综合"的属性充分发挥。把该空间打造为既是农业生产空间，还是居民生活空间，同时也是休闲养生空间。换

▲ 陕西渭南

句话说，田园综合体强调其作为一种新型产业的综合价值。农业生产是发展的基础，在此基础之上形成休闲体验、旅游度假。这些产品依赖于农业和农副产品加工产业，又融合新的创意元素，并通过有机结合，以田园风貌为基底成为创意现代的田园社区。

2. 形式园区化

田园综合体作为农业居民以及旅游群体的共同活动空间，在满足农业收入有所增加的同时，还要保证休闲旅游功能的充分实现。

只有优质的旅游外化条件，比如完善的交通，魅力的景观和创意的文化，才能实现农业收入增长和产业融合的真正目的。所以，田园综合体的发展方式、目标选址、产业关联、品牌形象都是必须要考虑的重点问题。

3. 主体多元化

田园综合体是一种多方共建的开发方式，也是乡村旅游发展方式。从根本目标来看，不仅创新城乡综合发展，也要促进产业变革、实现农业收入的有效增长。2017年中央一号文件专门强调提出，要完善新增建设用地的保障机制，将年度新增建设用地计划指标确定一定比例，用于支持农村新产业、新业态的发展，允许通过村庄整治、宅基地整理等节约的建设用地，通过入股、联营等方式，重点支持乡村休闲旅游、养老等产业和农村三产融合的发展。另外，由于田园综合体的"综合"属性，决定了利益主体的多样化。这既需要田园综合体建设资金来源的多样化，还需要考虑各路资金的介入方式与所占比例。既要保证对于社会资本的有效整合，还要想办法激活市场活力，坚持农民利益的主体地位。

当前田园综合体建设有三大模式，一是企业投入企业主体，二是村两委＋企业入股，三是合作社形式（村民入股、政策支持、银行资本支持）。杭州世界休闲博览会副主任何思源认为，第一种风险最大，第三种抗风险能力最强，具体实施时要视乡村现状而定，一切从实际出发，适履而行。

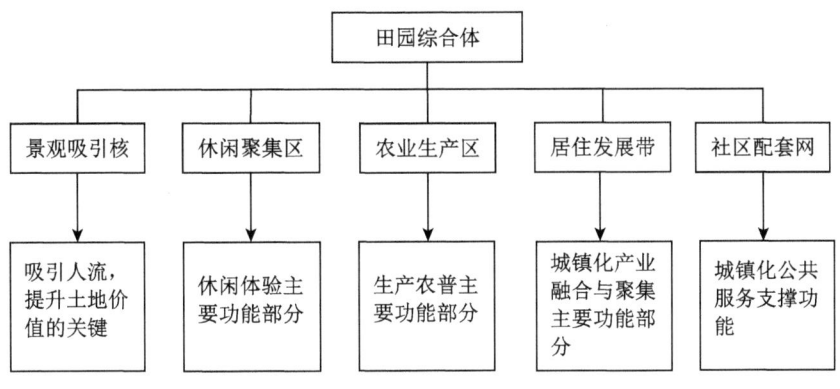

田园综合体解析图

不管采用何种模式，田园综合体一定要解决好四个核心问题，一是规划特色，二是引资聚业，三是提升环境，四是加速发展。笕川田园综合体，主题姓农，发展靠农民，建设主体是农民，通过乡村美化、田园景化、农旅产业化，达到了美丽经济的进程。

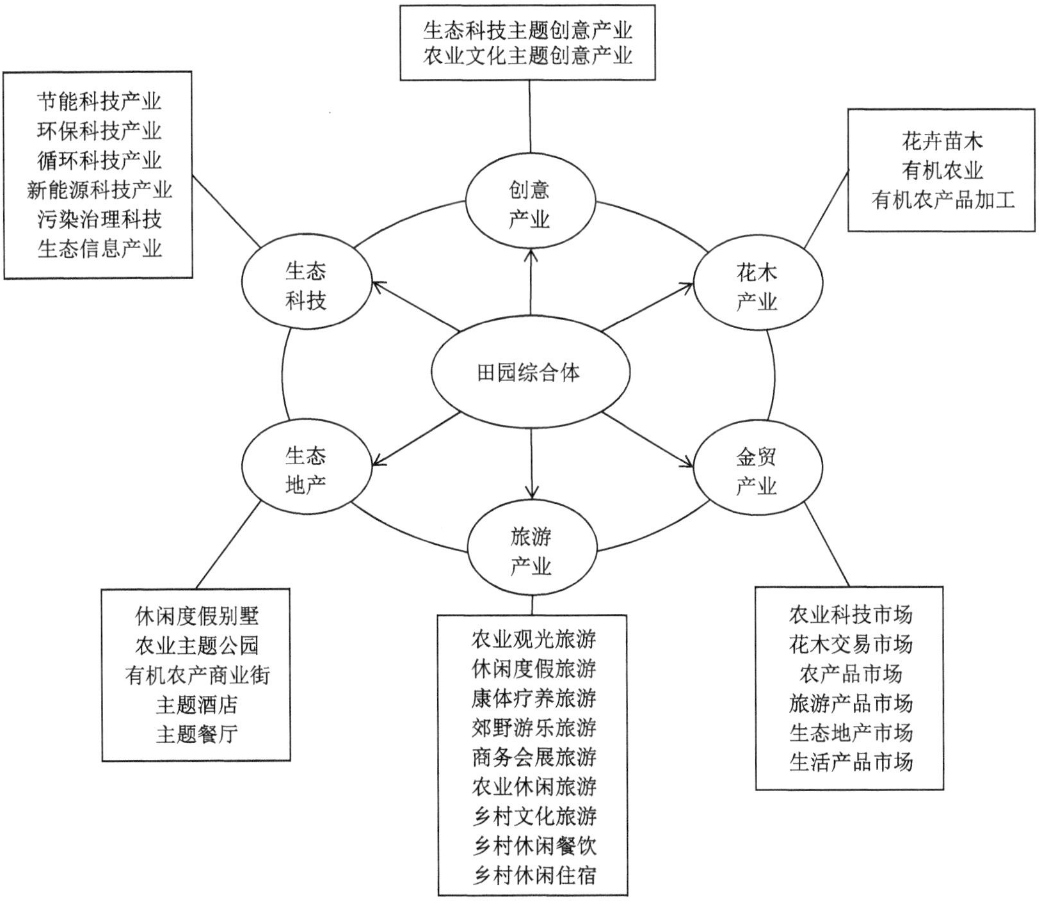

田园综合体产业互动123产效应图

六、全域旅游对于旅游管理模式体系的挑战

从传统的观光旅游到目前的全域旅游，不仅从理念上说明我国的旅游业已经发生了巨大的改变，落实到具体实践中，这也清楚地告诉我们旅游的发展不再是旅游业本身的事情，也不是旅游部门单独管理的事情，旅游业的倒逼发展不仅为旅游的基础设施建设与服务体系提出了更高的要求，而且就区域内的经济社会资源，尤其是旅游资源、相关产业、公共服务等要素的全方位、系统化的融合提升都提出了更高的要求。

在这个过程中，旅游业作为综合性产业，可以在全域旅游的发展过程中充分发挥其多重属性和多种功能，连接产业与产业之间最重要的纽带和桥梁，真正做到全民参与、全业发展。仅仅依靠旅游部门倡导和推动，依靠策划公司的思路和步骤，都是实现不了的，这需要各个方面的共同努力。

对于旅游管理机制而言，除了地方政府摸索建立一套可以实现全社会有机联系、齐抓共管的体制机制以外，对于旅游主观部门，怎样充分地发挥其综合协调职能，实现机制联动，真正实现全民共享、综合发展是在实施全域旅游发展过程中需要重要解决的问题。如何能在旅游业的管理中实现单一旅游行业管理职能的转变，彼此统筹协调和调度，积极运用市场化的手段去调节，以及如何有效地进行企业的参与及民间资本的介入。这些都对当前旅游管理模式、旅游管理地位、旅游管理支持系统乃至对旅游管理人才的需求都提出了新的挑战与要求。

从现实来看，海南、云南等成立的旅游警察队伍，北京、江西、广西等多个省市将原有的旅游局升格成为旅游委员会，在提升旅游地位、发挥其综合协调功能方面都是对全域旅游综合管理的有益探索。

第三节 全域旅游的"理"

发展全域旅游必须围绕旅游基础发展，实现接地气的全域旅游是有条件和标准的，不是每个城市都符合全域旅游打造的条件和标准。理性推动全域旅游的发展，找到合适的城市发展主题，才能在真正意义上实现和落实可持续发展的可能性。

我们在第一章内容就已经对全域旅游做了理论的诠释，相比较景区旅游、线路旅游，全域旅游强调的是"域"的旅游。然而，如何才能发展和落实一个接地气的全域旅游？全域旅游的概念、设计、政策，等等，有没有真正的理解？近些年，大力推动和发展文化产业，出现了一系列的跟风、复制业态的打造。要么千园一面、要么千景一面。全域旅游的浪潮到来，并不是要做出千域一面。从全域旅游发展的要素上理解，无论是地域、时间、过程、产业、行业、空间等还是发展的模式上，全域旅游重点在"域"上，而不是在"全"上。

全域旅游依托"域"去打造"域"的目的不仅仅是发展旅游产业，而是以旅游业作为优势产业去带动和促进当地经济社会协调发展的新的发展理念和模式。该模式突破空间限制、时间限制、行业限制，最终实现该地区的整体发展。要真正实现"域"的整合，核心还是资源的重新整合。把不同特色的旅游产品或业态集群分布在各个空间板块，在不同的时间、空间打造不同特色的旅游产品。

如何实现全域旅游的不可复制性、可持续性、唯一性是关键。跳出旅游看旅游，全域旅游是传统旅游的质变，是从具有旅游基础的城市转化。也就是打造全域旅游具备的基地。

然而，什么样的基地可以发展全域旅游？这个"域"的空间有多大？笔者认为，发展全域旅游，建设全域旅游目的地，应具备三个条件：核心资源依托，配套功能丰富，其余产业关联度高。不是所有的基地都有条件发展全域旅游，或者说都适合做全域旅游。对于有全域旅游条件支撑的地区，应该重点支持、重点建设、重点规划；而对于那些不宜建成全域旅游的地区，或者说基本没有可行性发展全域旅游的地区，建设全域旅游，则不会产生实际效果。

从核心资源的依托来看，一个旅游目的地的核心资源是吸引游客、发展旅游的最基础条件。可以成为一个旅游目的地的核心资源，必须具备两个条件：

一是具有一定的吸引力，能使旅游者得到一定的物质享受和精神满足，在核心吸引力中具备文化内涵的体现；

二是具有一定的经济、社会、文化价值，能给旅游业带来一定的实际效益，包括经济效益和社会效益。这种资源可以说自然资源、历史古迹，也可是人工资源，但是无论是哪一种，一定要内容丰富，特色明显、具有一定的规模、富集程度高，最关键的是能足以驱动一个区域的旅游发展，并有力量带动其余产业的发展。

从配套功能的丰富来看，服务于游客的旅游要素产业（除景区之外），其发达程度直接关联到游客的食宿交通等生活休闲活动的质量，也是旅游作为产业的主要经济产出所在。一个旅游目的地的旅游质量、不单单取决于景区、旅行社和酒店服务质量，而是由整个区域的综合环境决定的。

所以，在全域旅游的发展过程中，只有跳出单一的景点景区、饭店、宾馆的格局，优化旅游的全过程，配套旅游的基础设施、公共服务体系和旅游服务要素，才能切实提升广大旅游者的获得感和满意度。也才能充分发挥其优化配置经济社会发展资源的作用，充分发挥旅游带动的作用。

具体在规划中，也是要充分发挥该旅游目的地配套设施的休闲功能。就是指全域旅游要求不能停留注重在景点景区、宾馆饭店配置，而是要更加注重经济社会发展各类资源和公共服务的有效再配置。举例来说，水利建设不仅有防洪排涝、灌溉的功能，还要有审美游憩的功能。交通建设和管理，不仅有运输和保障安全的功能，道路还可以建成风景道，甚至提供完善的自驾车旅游服务体系和配套标识、营地等。农业发展，除了满足农业生产之外，还可以满足采摘、

▲ 会同红色游

休闲等需求。

从产业的关联度来看，旅游是一种对于高质量生活的出行追求，除少数探险猎奇活动外，都对环境的要求较高。另外，发展全域旅游，还要强调产业的协同性，所有产业都应服从旅游发展，以旅游业为中心，作为旅游的配套产业，延伸产业，关联产业。充分发挥旅游业的拉动作用和催化作用，为相关产业和领域发展提供平台提升其发展水平和综合效益。

具体来说，通过旅游+新型城镇化，促进发展特色旅游城镇，发挥旅游对新型城镇化的引领作用；通过旅游+新型工业化，促进发展旅游装备制造业、户外用品、特色旅游商品，发展工业旅游；通过旅游+农业现代化，促进发展乡村旅游、休闲农业等现代农业新形态；通过推进旅游+生态化，大力发展生态旅游，推进旅游生态。促进旅游与其他产业融合，产业链条全域化，旅游产业全域辐射带动，这样才能最终使旅游发展从"围景建区、设门收票"向"区景一体、产业一体"转变。

就全国来说，对照刚才所提到的适合全域旅游发展的基本条件，全域旅游的"域"应以市、县为单位，因为相对于省级行政单位而言，市、县最切实际，也最具可操作性。举例来说，海南省，一个千万人口的省，光靠旅游产业其实很难养活，也并不是海南省的所有地区具有旅游发展的价值。然而三亚不同，旅游资源先天优越，旅游条件发展成熟，相对适合朝全域旅游方向发展。在中国的中西部地区的某些区域，工业发展较快、第三产业发展较慢，与旅游发展相排斥的产业相对较少，加之有吸引资源的支撑，故大力发展旅游成了推动社会经济发展的重要抓手，也就最有可能建设全域旅游区。

所以，全域旅游是我国旅游发展的新方向、新理念、新思路，创建全域旅游示范区，更是对一些成熟旅游地的认可并使其具备示范意义。但是如果在全国各地都发展全域旅游，不考虑具体前置条件，那么，全域旅游的概念意义就势必会大于实际效果。

第四节 "1+N"型的主客共享旅居创意旅游开发模式的构成要素

在旅游理念与模式的转变之下,如何针对"全域旅游"的本质要求做好具体的综合性规划,以及面对以上问题,我们如何用合理的规划理念进行一步步的化解,本章将会提出一种新的旅游发展模式,既旅居式的"1+N"型发展模式。

这种旅游开发模式是由原来传统意义上的旅游模式升华而来,是未来旅游模式发展的主要趋势。该模式是以旅游资源为基础、文化挖掘为核心,用旅游产业去带动其他产业,并且进行资源整合,通过"旅游+"的方式带动产业链利润的形成,规划开

▼阳山古村

发出一批文化休闲、生态观光、商务会展、休闲度假、乡村旅游等跨界产品、开发旅游新业态，实现一种新的经济形态和生活状态的旅游打造模式。真正地实现"全域旅游"的模式落地、理念贯穿。

一、一种核心资源

我们刚才对全域旅游发展进行了合理理性分析，一个地域是否合适发展全域旅游的根本，从全域旅游的本质来看，是否能以旅游业为核心产业进行其他产业的带动融合。既然如此，要充分发挥旅游的引擎作用，在发挥引擎作用的过程中，就必须要有某个所谓的"击发点"。这个"击发点"就是核心资源。通过"核心资源"的引擎、引爆、引发作用，才有利于延伸、深入至其他产业层面。否则，旅游的人气何来。不能形成市场，不能服务于谁，就不能真正发挥带动力。

从一个旅游地的角度来探讨该旅游地的吸引力资源，会有很多构成要素，比如自然资源、旅游政策、旅游环境等，很多学者也做过类似分析，有学者认为，影响旅游吸引力的要素很多，但是可以归纳为旅游吸引物、旅游吸引对象和载体三个方面。还有学者认为影响旅游目的地吸引力的因子包括旅游资源、旅游产品、旅游设施、旅游政策环境等。我们现在研究的旅游地核心资源，就是指要突破这些旅游地吸引力的外

围研究，找到其众多吸引要素的核心部分，并且对其他吸引资源起到统领作用；而不为其他旅游地所复制的因素，才是该旅游地的核心资源。

因地制宜，各个旅游地的核心资源的类型也不尽相同。举例来说，黄山的核心资源在于其优美的山岳风光、西安的核心资源在于其深厚的人文古迹、澳门的核心资源是以博彩为主的旅游娱乐、香港是把旅游购物作为其旅游业发展的主导。所以，核心资源是一个相对的概念。

地域不同、时间推移不同，各个地区的核心资源是不一样的，所以，各个旅游地应综合考量自己的旅游资源与旅游能力，具体情况具体对待，找到自己的核心资源，凝练自己的核心吸引力。一般来说，这个核心资源主要有两个体现：①核心吸引力体现；②文化内涵体现。

（一）核心吸引力体现

晕轮效应告诉我们，个体对某人某物的某特征的好坏评价会扩大到该人该物的其他方面，放在旅游过程中，一个旅行者最终对该旅游地的整体评价就会受到该旅游区显著特征也就是核心资源的明显影响。

该核心资源的核心吸引力表现在如下方面：一是不可复制性：不可复制性主要是从该旅游产品的性质所决定，由其资源本身的垄断性所决定，也由其与众不同的特色来决定，垄断和独特构成了核心资源获得长期优势的根本原因，也是旅游初级阶段进行观光旅游的基础，更是旅游业长期发展获得绝对优势的重要力量，比如五岳有泰山之雄、华山之险、衡山之秀、恒山之奇、嵩山之绝；

二是可创新性：该特征体现为核心资源的吸引力特征不仅仅体现为其资源的与生俱来，更体现为后天的创新，与优良资源的有效结合。从供需角度来分析，旅游地的吸引力既取决于旅游产品的供给能力，也取决于游客的旅游需要，也是这两种推动力量所占的不同比例，才构成了不同地区的旅游布局。所以，面对那些缺乏先天丰厚的旅游资源，旅游产品先天供给较弱的地域，可以根据自身情况，通过创新，发挥主动性，丰富内容，增加设施来提高旅游资源的核心吸引力。珠海的"长隆"、上海的"迪士尼"、深圳的"华侨城"，这些无一不是通过创新来保持其生命力、实现吸引力的实例。

三是与旅游动机的匹配性：核心吸引力产生的根源，虽然与核心资源本身密切相关，但并不是由资源单独决定，还取决于吸引对象的动机需要。人们在旅游的过程中，动机类型多样，而动机由需要所决定，那么人们在旅游过程中的休闲娱乐、求知猎奇、寻根访友等旅游需要就是我们提高核心资源吸引力所重点考虑的内容，要把有助于不断满足旅游者的旅游需要作为旅游资源吸引力开发的重要依据。

否则，即便核心资源本身的优势再明显，如果没有旅游者前往，其旅游价值也很难得到实现。所以，必须增强旅游产品的核心吸引力服务面对游客，使得该辅助要素中的营销就显得极为重要。

在发展旅游的过程中必须要抓住主要矛盾，抓住主要矛盾的主要方面，即该旅游地的核心资源，也就是我们所说的"1+N"中的这个"1"，并优先发展它，从而带动吸引力的其他方面的发展。并且，一个旅游区要长久保持核心吸引力的发展优势，还必须对其进行不断地培育、创新、发展。根据市场的需要、产业的发展和管理模式的创新及其他旅游资源的开发发展状况，及时提升这个"1"。最终根据自身区域的旅游资源与优势项目进行融合与发展，真正扎根于核心资源，进而打造自己的优势产业。

以宁夏为例，贺兰山东麓连绵百公里，沿线汇集沙湖、沙坡头、西部影城等3个国家5A级旅游景区，西夏王陵、贺兰山岩画、黄河大峡谷等17个A级景区，构成了一条人文风情与自然景观高度结合的优质旅游带，加之快速发展贺兰山东麓葡萄产业，并使其成为宁夏的一个主要产业，就体现了以核心资源作为旅游载体，利用核心优势真正落实到产业发展的有利局面。

▼凤凰古城

（二）文化内涵体现

刚才提到，旅游地的核心资源必须要上升到核心吸引力的层面，这种核心吸引力一定是不可复制的，特色的，垄断的，并且是可创新的。对该旅游核心资源进行细分的话，包括自然因素、历史因素、社会因素。自然因素主要就是指自然风光、气候环境等；历史因素包括历史事件和历史遗迹；社会因素包括特色建筑、节庆习俗、民间文物、康体娱乐设施，等等。只有将其资源因素中的自然资源、社会资源、历史资源有效地结合，统一地开发，其核心的特征才能凸显。

在发展过程中，也只有以自然资源为依托，以历史因素与社会因素中的文化为内涵为体现，才能跳出观光旅游，实现"旅居"式旅游。那么，为什么核心旅游资源要有具体的文化内涵体现呢？

首先，核心旅游资源的首要目的是要满足观光需要，并作为引擎发挥旅游的其余功能。所以，在旅游产业的发展过程中，对于旅游资源的吸引力界定，从形式上来看，就不得不提及A级景区的评价标准。修订后的《旅游景区等级质量的划分与评定》仍然包括三个细则，其中两个实质性细则中都明确提出了文化特色和主题要求。

细则一《资源质量与市场影响力细则》中有两个大项，即"资源吸引力"和"市场影响力"，资源吸引力中，资源的景观价值、历史价值、文化价值和科学价值，都集中体现在文化层面；新增加的"主题特色魅力"项，则直接要求"主题鲜明、特色突出，具有独创性、唯一性或引领性"。

细则二《旅游设施与服务质量评分细则》的八大项中也着重涉及了"特色文化"。并且在特色文化部分的修订过程中，是吸收了原有分散的相关内容，把特色文化单独列为一个大项。其目的也是引导旅游景区更加重视文化建设、切实把培育文化主题、提升文化内涵、丰富文化活动、塑造企业形象作为旅游景区转型升级、提质增效的主要任务来抓。

至于"市场影响力"中的知名度、美誉度和辐射力，堪称核心吸引力的主要风向标。最新设定的、体现产品吸引力的重要指标——主题强化度，则被确定为"市场影响力"的重要评价因子。

其次，基于自然资源本身的优势，很多景区都有标志性景观或独特地貌，可是景观泛泛的话，该核心资源就必须要有文化依托。如中国佛教四大名山中的山西五台山、浙江普陀山、四川峨眉山、安徽九华山，同是佛教文化，但对应的佛教的道场却不尽相同。这告诉我们，当旅游的自然生态大都相近的时候，特色只会反映在文化上。一个核心资源经过时间的积淀或者创意的叠加，本身也都附着了特定的文化。

最后，文化是旅游的灵魂，自然景观形成了垄断优势，文化品位才会使之入心；旅游是文化的载体，说到根本，旅游作为一种新的生活方式，本身就是文化的集中，除了好山好水，旅游的初衷是在寻找文化差异性带来的心灵享受，不管是厚重悠久的历史文化，还是随着人类需求应运而生的现代休闲文化，所以"旅居"式旅游一定要在"文化"二字上做文章。

人们对于日常之外的民风民俗、奇闻趣事、历史细节等大都充满好奇。抓住这一心理，有的旅游地区将丰富的民俗文化资源与旅游发展相结合，这不仅让当地民俗文化得到了保护传承，也让当地居民通过发展旅游走上了致富的道路。

那如何让核心资源具备文化内涵体现？具体来说，找到了借助文化发展旅游的支点，在对文化资源的开发中，首先要注意对当地文化规律的尊重和保护，尤其是在偏远、贫困地区文化资源的开发上。在这些地区，乡村文化的主角是村民，政府官员和专家学者要做的是对各地具有特色的历史和民俗文化进行挖掘保护。

其次，在文化挖掘的过程中，要避免文化的同质化、庸俗化、纯商品化，否则就会导致其中蕴含的传统文化价值观的退化与丧失。例如，有的地方的民俗表演，只有游客来参观时才在公园、广场等空地进行短暂演出，并未形成常态，故也无法调动村民的积极性；有的为了增强民俗文化的神秘性，对其进行歪解和过分渲染，游客并未了解其中真意；有的旅游商品设计失去了原有的文化精髓，让人觉得徒有其表。最后，搞旅游不是单纯地搞文化、更不是搞考古研究。

一个文化历史厚重的旅游地区也并不代表旅游休闲体验型产品丰富，在进行文化挖掘体现的同时，既要注重历史文化，还要尊重现代文化。要从历史中走出来，从书本中走出来，从古代遗存、遗迹、遗址、遗物中走出来，挖掘、延伸、整合、植入、演绎，提升、转化为游客乐意接受的、便于接受的东西，使之在轻松愉悦中感受历史和文化。

换一句话说，搞旅游，不是让游客去研究历史，游客不是学者，旅游不是考古是休闲，只有积极地关注市场，有市场支撑，才能更好地保护历史和文化以及自然生态。本着"多效并重"的原则，策划好旅游文化发展的主题，多角度表现民俗文化的广度和深度，做好"旅游 + 文化"这篇大文章。

然而，对于旅游地区的旅游发展，真正实现"旅居式"旅游，当然不局限于景观与文化，最终还是要落实到产品和业态，要有产业的支撑和经济的来源，如果说核心资源的核心吸引力和文化内涵体现的是"旅居"式旅游的精神感受，那么产品和业态就是该种旅游方式的落地体现和物质来源。那么，如何落地，真正地实现产业的带动和经济的发展，就是我们提到"1+N"型的主客共享旅居创意旅游开发模式中的"+N"。

▲ 昆明西山

具体来说，这个"N"就是指具备文化休闲、生态观光、商务会展、度假养生、乡村旅游的跨界旅游产品，通过这种旅游新业态的开发，改变以单一旅游形态为主导的旅游产业结构，构建起以旅游为平台的复合型旅游产业结构，实现一种新的经济形态和生活状态的旅游打造模式。

二、"N"的功能规划

（一）"旅居"式旅游的休闲功能

提到"旅居"式旅游中的休闲功能，就要先说什么是休闲。国外对于休闲（leisure）的定义主要体现在四个方面：①时间（time）定义。休闲是指与正常工作时间相对的可自由支配时间。②生存状态（state of existence）定义。休闲是指不需要考虑生存问题的心无羁绊的状态。③心理状态（state of mind）定义。休闲是指以放松、愉悦、发展等目的的心理状态。④活动（activity）定义。休闲是指一系列在尽到职业、家庭与社会责任之后，让自由意志得以尽情发挥的事情。[①] 现今中国休闲学术界对休闲的定义较权威的观点是由马惠娣提出的。她认为，休闲是完成社会必要劳动时间之外

---

① 叶文，王越平，马谊妮. 城市休闲旅游 [M]. 天津：南开大学出版社，2006:8-12.

的活动，是人的生命状态的一种形式，相对于生命意义来说，它是一种精神态度，是使自己沉浸在"整个创造过程中"的一种机会和能力。[①]通过以上解释，我们知道，休闲主要是指人们在闲暇时间所进行了一些闲暇活动。可以是本地休闲，也可以是异地休闲。只有异地休闲才称作旅游。

那什么是休闲旅游，目前国际上还没有统一的休闲旅游的概念，但比较有代表性的也是马惠娣提出的。她认为休闲旅游是以休闲为目的的旅游。它更注重旅游者的精神享受，更强调人在某一个时段内而处于的文化创造、文化欣赏、文化建构的存在状态；它通过人的共有的行为、思想、感情，创造文化氛围、传递文化信息、构筑文化意境，从而达到个体身心和意志的全面而完整地发展；它为激励人在当代生活中的许多要求创造了条件[②]。

虽然我们在这里讨论的不是休闲旅游，而是旅游中的休闲功能。但是通过以上对于休闲的定义和休闲旅游的定义，可以总结出旅游中的休闲功能应该包括以下几个要素：第一，显著的休闲目的，即区别于其他类型旅游的显著特征；第二，异地活动；第三，多重需求的满足，即除了观光需求的满足之外，还有精神需求。

旅游中的休闲功能是一种旅游产品实现其价值的有效载体，同时，旅游本身也是人们在进行休闲活动中所找到的良好渠道。与传统的旅游活动相比，"旅居"式旅游中所具备的休闲功能除了强调旅游本身的"移位"和"观光"以外，更强调"消遣"和"舒畅"。

那如何能真正地实现"旅居"式旅游中的休闲功能，对于游客而言，就是要通过休闲旅游产品的购买和使用来完成。那么在具体的旅游开发过程中，休闲旅游产品在开发时就应注重其"休闲"的特性，为人们创造一种轻松的氛围，让游客有一段不同寻常的旅游体验。

1. 关注休闲旅游资源

对于旅游资源的概念，我们之前做过界定。国家标准《旅游资源分类、调查与评价》将旅游资源的概念界定为"自然界和人类社会凡能对旅游者产生吸引力，可以为旅游业开发利用，并可产生经济效益、社会效益和环境效益的各种事物和因素"。据此，休闲旅游资源就是指：自然界和人类社会凡能对旅游者的休闲活动产生吸引力，可以为旅游中的休闲功能所开发利用，并可产生经济效益、社会效益和环境效益的各种事物和因素。

---

① 马惠娣. 休闲：人类美丽的精神家园. 北京：中国经济出版社，2004.
② 马惠娣. 未来10年中国休闲旅游业发展前景展望. 齐鲁学刊，2002（2）:19-26.

与传统旅游资源的核心吸引力要素对比，休闲旅游资源的核心吸引要素更侧重于旅游环境的质量和旅游产品的游憩功能。所以，休闲旅游资源主要包括以下几个方面：

（1）宜人的环境。在传统的观光旅游当中，旅游环境仅仅作为观光型旅游资源的背景，并未被当作一项单独的旅游资源。而在旅游的休闲功能中，或许优美的山水环境、宜人的气温气候以及特色的人文情怀都成为单独的休闲旅游资源，进而可以转化为休闲旅游产品。

（2）品质的自然资源与人文资源。在休闲旅游资源中，其品质主要体现为，除了具体传统旅游资源的观赏价值之外、还应具有历史价值、文化价值等基本属性。虽然与传统旅游资源中对于资源本身的要求度不那么高，然而在休闲功能与旅游活动相互渗透，旅游类型从观光观赏逐渐过渡到休闲度假的背景下，品质的资源仍是旅游具备休闲功能的重要吸引要素。

（3）良好的服务。在"旅居"式旅游中，除了传统的旅游资源以外，游客为了实现"旅"和"居"的目的，对休闲旅游地的配套设施和服务水平有着更高的要求。功

▼嘉峪关玫瑰沟

▲ 怀化大峡谷

能完善、分工规范、整体协调的休闲设施和优质的服务成为旅游休闲功能中必不可少的吸引要素，其自身也是重要的休闲旅游资源。

（4）特色的社会文化。休闲既是一种生活方式、也是一种文化活动。所以，特色的文化资源是旅游具备休闲功能的动力来源。在这一项资源的具体构成要素中，"旅居"地居民的生活方式、文化活动等，均可成为休闲旅游的吸引要素。

2. 打造休闲旅游产品

我们刚才说到，对于游客而言，实现休闲旅游的渠道主要是通过购买和使用休闲旅游产品来完成。那么，具备并且关注旅游地的休闲旅游资源的基础上，就要将其打造城游客所需要的休闲旅游产品，这些旅游产品的主要特征包括：

（1）类型丰富。基于休闲旅游资源的多样性特征和游客需求丰富性特征，在把具体的旅游资源转化成旅游产品时，以资源导向和消费者需求为基础，使得旅游产品多样，既能体现自然休闲、还可以体现人文休闲；既有有形的休闲资源，又能无形的休闲产品；既可以在现有的资源上发展休闲属性，还能创造出休闲资源。

（2）要素关联。这一点主要体现为，在休闲旅游资源转变成为旅游产品的过程中，要注重与"旅居"地其他要素的关联。比如与环境、文化、配套设施；与餐饮、娱乐、酒吧、茶馆、剧院、交通、社区等要素的关联程度。原因在于，旅游休闲功能的目的实现依赖于旅游目的地的整体发展水平与旅游配套的发展水平，旅游的休闲功能也会对其产生促进作用。

（3）功能康娱。旅游休闲功能的根本目的在于使游客通过旅游的方式获得身心的愉悦与调节，所以，比照传统旅游，被赋予休闲功能的旅游产品更应具备康体娱乐功能。除了观光资源的休闲功能以外，为了适应休闲市场需求，还可以创意开发新的旅游休闲产品。比如主题公园、休闲社区、休闲体验活动等。尤其是对对于那些缺乏垄断性观光资源的地区而言，扩展旅游的休闲功能显得更为重要。

（4）游客参与。什么是旅游体验，国外学者 Ryan 最早提出了旅游体验的概念，他认为旅游体验是一种多功能的休闲活动。而在国内，最早对旅游体验做出分析的学者是谢彦君，他从心理学的角度指出旅游体验是旅游者通过与旅游对象的相互作用使其心理水平发展改变并不断调整的过程。这也正是"旅居"式旅游的追求目标。

根据我国旅游体验的现状与参与程度的差异，可以将目前的旅游体验分为表层体验、中度体验、深度体验三个层次。表层体验对资源的依赖性强，主要以资源本身作为体验的吸引元素；游客难以形成难忘的体验效果。观光旅游的体验就是在这个阶段，对于民俗文化的了解度和参与度都较低。中度体验是指游客通过特色活动，从感官上体验景区的特色以及旅游目的地居民的生活方式。这种体验除了给游客带来深刻的景区印象之外，极大地丰富了旅游者的体验效果。深度体验就是指游客对于旅游产品的完全融入、零距离的接触。显然，休闲旅游产品属于中度体验与深度体验层次的旅游产品。那么在开发休闲旅游产品时，就应该注重游客的"体验性"和"参与度"，从而增强产品的吸引力。这也是"旅居"式旅游的实现途径，既有"旅"也有"居"。

总之，旅游中的休闲功能，从产品功能实现来说，既体现为旅游景点的设计建造，旅游活动设施的完善创新，还体现为服务质量的规范管理、服务现场的互动体验，体验内容越丰富，参与面越广泛，对游客就越有吸引力。举例来说，福建武夷山休闲旅游搞得如火如荼，具体做法就是：开发文化旅游综合体，不是单纯旅游观光，而是加推水上体验、银发养生、健康运动、文化风尚、生态人居五大主体功能，构建"游、玩、食、住、休、养、会、学"一体化的高端养生旅游产品及禅修文化、高端医疗、文化传播教育的复合旅游产业链。

同时，也正是由于增加并且丰富了旅游产品的休闲属性，才会形成一个完整独特的产品体系，延伸和辐射更多的业态，这涉及"食、住、行、游、购、娱"和"商、养、学、闲、情、奇"。并且通过拓展要素的更多项目和活动，才使得游客才有更多兴趣体验和品味，也才能真正实现其余的产业带动。

除此之外，在"旅居"式旅游中，只有丰富了旅游产品的休闲功能，才会让游客

▲ 黑山户外游

把"旅"当作"居",当作一种生活方式。在休闲旅游中,游客不再强调"时间就是金钱"而是强调"慢"、强调"体会"。休养生息,体现为一种精神上长期的旅游动作。

当然,"时间就是金钱"在休闲旅游产品中可以这样理解,就是游客放缓的时间却增加了旅游目的地的经济效益。举例来说,多半天就会有餐饮带动、多半天就会有住宿的带动。这也体现了全域旅游时代的门票经济走向综合经济的转型依据。对于旅行者而言,游中有憩,吃喝玩乐,这是一种暂时的居住。不仅是旅游,而是把旅游当成一种真实的生活,那么这种建立在生活基础上的消费,比起旅游效益会增加很多。迪士尼乐园以休闲功能见厂,曾引起一名来自法国南部名叫柯琳的游客,与丈夫及3个孩子在欧洲迪士尼乐园游玩3天之后发出感叹:"那就是个无底洞。每当我们游览一个地方时,总有孩子闹着要买东西。"这虽是一句怨言,却从另一个侧面反映了旅游休闲功能的收益带动作用。

(二)"旅居"式旅游的养生功能

养生旅游(Wellness Tourisr)起源于 20 世纪 30 年代的美国、墨西哥,它以健身活动与医疗护理项目为特征,满足旅游者追求放松、平衡的生活状态和逃避工业城市化所带来的人口拥挤、环境污染等问题。[①] 通过比较文献，本书旅游中的养生功能定义为以强身健体、修身养性、修复保健为主要目的，以良好的生态环境和养生文化为依托所进行的旅游活动。

养生休闲旅游的实现，是建立在自然生态和人文环境的基础之上，通过观光、游乐以及养生产品的使用，达到修养身心的目的。与传统旅游的单一观光功能相比，具有休闲旅游的共性，即旅游产品丰富、旅行节奏慢、重复旅游率较高等特征。

随着人们对于身心健康关注度的深入以及我国老龄社会的加速到来，对健康养生的需求也有所增加。国际著名经济学家保罗·皮尔泽在《财富第五波》中称"健康产业"是继农业、工业、商业、IT业之后的"全球财富第五波"。世界的各个角落也都形成了著名的休闲养生旅游目的地。比如医疗养生之都瑞士蒙特勒市，心灵静修之都印度普纳，退休疗养之都美国太阳城等，在我国，该项产业也迅速发展。有些地方已经把养生旅游作为旅游发展的主题定位，比如云南普洱、山东信阳。旅游养生功能的增加与丰富，对于应对旅游市场的巨大变化、提高旅游综合性收益、促进旅游产业转型升级，进行业态扩展等方面，都将发挥重要的作用。那么，如何打造优质的旅游养生产品，具体怎样规划。

1. 养生旅游的特殊性

养生功能的特殊在于是以对旅游者的身体进行调养调控从而达到保健的作用，所以，虽然养生功能也是属于休闲功能的一种表现形式，但是其比照一般的休闲旅游，具有特殊性，这种特殊性主要表现在：

第一，养生旅游对自然资源、生态环境的要求较高。养生旅游一般要以高品质的自然旅游资源和优美的自然环境为依托，比如森林、温泉、草原等，以此作为充分发挥其养生功能的重要基础，所以对生态环境的依赖度和敏感度相对于一般的休闲功能都要更加明显。

第二，养生旅游面对的群体属于较高消费的群体。旅游者在购买养生产品的过程中，更加重视的是所能得到的体验和享受以及身心获得的满足感，如此一来，旅游产品为了满足这一目的，其价值就会增加，所投入的服务和内涵相比一般的休闲旅游产品要求更高，价格相对也会更高。

第三，养生旅游强调旅游项目的康体性与享受性。

第四，对比一般的休闲旅游，由于养生旅游对于生态环境的依赖程度更高，所以

[①] 王燕. 国内外养生旅游基础理论的比较 [J]. 技术经济与管理研究，2008（3）：109-114.

就会更加注重对于生态环境的保护力度，所以养生旅游也是一项对于旅游资源的保护与可持续发展最能起到积极作用的功能性旅游，所带来的生态效益明显。

2. 关注养生旅游资源

随着全域旅游的全面发展，很多地方都以全域旅游的名义开拓旅游的各种功能，然而并不是所有地方都适合做养生旅游。首先，该旅游目的地具备山水宜人、环境优美、底蕴深厚的健康养生休闲旅游的自然条件是拓展养生功能的前提。其次，具有可以发挥养生功能的特殊资源也非常重要。总而言之，养生旅游资源可归纳为自然养生旅游资源与人文养生旅游资源两大类型。

在自然养生旅游资源中包括大自然中有益于人类身心健康的一切资源，包括空气、山水、动物植物。比如山地养生旅游资源，主要是山地气候的疗养效应和山地环境中的健康因子；海滨养生旅游资源，主要是指海滨的沙滩、海水、气候等因素。

而在人文养生旅游资源中，主要包括文化、医学等相关资源，这类文化养生旅游资源主要依靠中国传统文化，将艺术与感情交融在一起，人在艺术创作之中怡养心神、最终达到养生的目的。医学养生目前在我国主要还是中医养生，通过中国养生学的理

▼国学堂

论基础，规划出一系列具有保健功能的养生产品。

总之，养生旅游资源的丰富程度不断增强，并且随着社会的发展，人们对于养生资源的探索和认识会更加深刻。为更多的养生旅游产品的策划提供了基础和平台。

3. 突出特色，打造有比较优势的健康养生休闲旅游业态和产品

丰富的养生旅游资源和日益增长的养生需要，为养生旅游产品的策划提供了宽广的舞台。在充分认识和理解养生资源的性质，进行旅游产品设计的过程中，一定要注重比较优势。利用资源在养生功能实现过程中，因为养生旅游产品的开发挖掘深度不够，而盲目建立的健康养生休闲度假旅游仍停留在简单的"泡温泉""山水游"上，没有以养生核心资源为基础进行更进一步的配套休闲功能的打造，在旅游产品的设计、开发、宣传上没有实现健康养生休闲度假旅游的品牌价值，而应该突出旅游地养生资源的资源优势和产业特点，打造具有比较优势的健康养生休闲度假旅游业态。

举例来说，国外的普罗旺斯依靠大片的薰衣草、纯美的葡萄酒和浓厚的艺术氛围成为欧洲众多游客首选的乡村度假天堂，他的养生功能主要体现为庄园养生，以农业庄园为依托，拓展生态休闲的旅游养生产品。他们的乡村客栈遍及各地，并配有餐厅、赛马场、钓鱼场等辅助设施，供旅游者休闲享受。印度阿南达养生 SPA 位于喜马拉雅山脚，周围被环境优美的萨沃森林所围，他们的养生主题就是高山养生，以水疗和瑜伽为主题，配备完善的餐饮、住宿、会议和休闲娱乐设施，以及当地独有的 SPA 和瑜伽疗养，成为著名的养生之地。

在国内，北京怀柔"生态养生福地"基于良好的自然环境和便利的交通条件，距北京市区 50 公里，全区林木覆盖率高达 75.1%，山清水秀，空气清新，被誉为"京郊明珠"和"首都后花园"，怀柔以其丰富的水资源、田园风光、养生食品和终年适宜的气温，为农业养生提供了载体。浙江安吉"老年养生基地"也是以丰富生态资源为依托的老年养生基地，由不同的养生产品所构成，以满足上海不同需求层次的人群对养老方式、休养时间和居所产权的不同选择。并且在产品业态的拓展方面，以安吉竹博园，亚洲第一的天荒坪抽水蓄能电站，中国大竹海等旅游资源为载体发展生态休闲。

所以，各个地区要形成比较优势，利用现有的优势养生资源，积极进行业态的拓展。依托良好的生态，就可以发展以生态养生为主题的旅游产品；依托丰富的温泉资源，就可以发展温泉度假、温泉康体、温泉疗养等旅游产品；依托良好的中医药资源，就可以发展中医养生，拓展中医疗养、慢病预防、针灸推拿等旅游产品。总之，要突出特色，打造有比较优势的健康养生休闲旅游业态和旅游产品。

▲ 青岛信号山

4. 推进产业融合，加强集群化建设

当下的旅游业，已不再是简单地开发景区，依靠门票收入的时代。应该充分认识全域旅游背景下的"旅游+"，积极发挥旅游业的关联作用，推进旅游产业与其他产业深度融合，拓展新业态。樟树中国古海养生旅游度假区的传奇就在于将原本是工业原料的岩盐资源，成功转型成为"湛蓝的神奇死海"养生旅游产品。

所以，要推进旅游业与其余产业的深度融合，在养生功能的实现上，还要加强健康养生休闲旅游产业集聚区的建设，通过优势资源集中，土地集约、项目集聚的产业开发模式，培育一批具有示范意义的健康养生休闲度假旅游产业集聚区。

（三）"旅居"式旅游的养老功能

养老旅游，又被称为老年长居旅游。李松柏认为："养老旅游是老年人为了寻找更舒适的养老环境离开他们的常住地，到其他地方休闲、度假、养生，连续时间不超过一年的活动。"① 周刚认为："养老旅游是老年旅游者以异地养老形式而发生的不以工作、定居和长期移民为目的的旅行、暂居和游览活动的总称，它融合度假、观光、疗养、保健等多种旅游形式于一身。"② 所以，在"旅居"式旅游中，非常重要的一项旅游功能就是养老，以旅行的方式进行生活享受，既不是短期的观光旅行，也不是居住地迁移变化。时间停留相对较长，也是既有"旅"又有"居"。

随着我国老龄人口的快速增长，老年人收入的不断提高；老年人保健养生观念的逐年递增和保健产品消费的逐年增长，都给养老旅游带来很好的契机。同时，通过老年人闲暇时光在"旅居"中的度过，享受不一样的城市生活与乡村体验、结交更多的新朋友，养老旅游的模式也符合老年人身心健康的双重需要；加之社会养老需求的不断上涨、养老体系的逐步转变，养老旅游作为养老体系中的一种模式对于整个的经济社会带动作用也不可小觑，比如说缓解人口压力、住房压力以及对于养老旅游目的地的带动能力都非常明显。

养老旅游的规划指导，对于老人而言，是让他们有"家"的归宿感，享受到"旅游＋居家＋度假＋享老"的生活式度假。让老人在安全、轻松、舒适、和谐的环境下，体验休闲度假、旅居交友等活动的乐趣，从而心情愉悦，真正地享受旅居带来的快乐。具体来说，我们主要从以下内容进行诠释。

全域旅游的发展模式告诉我们，未来的旅游发展方向是指以旅游业为优势产业，通过对区域内旅游资源、相关产业、生态环境、公共服务、体制机制、政策法规、文明素质等进行全方位、系统化的优化提升，促进经济社会协调发展的一种新的区域协调发展理念和模式。所以对于"旅居"式旅游的养老功能规划中，就必须以全域旅游的发展模式作为指导，坚持以下原则：

1. 养老旅游产品的丰富

在全域旅游的模式引导下，旅游地要进行养老旅游规划时，首先要充分发挥旅游目的地旅游资源的延伸扩张和融入融合。中国老年学会副秘书长程勇提出，"旅居养老"是"候鸟式养老"和"度假式养老"的融合体，老人们会在不同季节，辗转多个地方，一边旅游一边养老。与普通旅游的走马观花、行色匆匆不同，选择"旅居养老"的老人一般会在一个地方住上十天半个月甚至数月，慢游细品，以达到既健康养生、又开阔视野的目的。

所以，一个"旅居"地的核心吸引资源，就是我们之前说的那个"1"，在面对养

---

① 李松柏. 我国旅游养老的现状、问题及对策研究 [J]. 特区经济，2007（7）：159–161.
② 周刚，周欣雨，梁晶晶. 旅游养老产业化发展初步研究 [J]. 荆楚学刊，2015（2）：53–58.

老旅游功能的对象时，就可以进一步丰富与扩张，不仅有自然还有人文、甚至旅游环境、社会功能，都能变成养老旅游的具体旅游吸引资源，并且在此基础之上进行不一样的养老旅游产品打造。养老旅游目的地的文化依托也不仅体现在民风民俗、生活方式、文化态度上，建筑语言、文物表现也都会表现为某种文化依托。以此来通过老人对于旅游目的地的任何参与体验打造不一样的旅游产品内容。目前来看，养老型旅游产品主要包括以下几种类型。

（1）景区旅居养老

景区旅居养老是指依托山水等生态旅游资源，打造独特的景区依托型养老产品。比如山水叠嶂的别墅型养老公寓、康疗基地、温泉养老基地等。

（2）田园旅居养老

田园旅居养老主要是指以乡村田园景观、农耕体验、乡土风情为依托，让老人通过休闲度假的方式在乡村生活，享受乡土情趣，除了田园本身被作为养老旅游产品以外，还有庄园式的养老产业项目。

（3）特色文化旅居养老

随着我国文化旅游和文化产业迅猛发展，各地民俗文化得到弘扬和传承。很多地方以地方独特的文化资源、民俗民风、音乐艺术和宗教养心资源作为核心依托，针对对该类文化精神需求有特殊偏好的老年群体，形成特色文化旅居养老。是老年人深度休闲体验的基础之一，是老年人"享老"生活的补充。并且在此基础之上，进行旅行产品的深入丰富，比如老年艺术公社、艺术会展中心、文化休闲商街、生活禅修体验基地等养心养老的具体业态。

（4）运动康体养老

"动则不衰"是中华民族养生、健身的传统观点。老年人因为年龄的增长和体制的衰退，更应该通过体育锻炼的方式，增强体魄。运动康体就成为旅居享老的重要组成部分。以运动休闲项目的适度开发为核心吸引物，辅以配套设施，成为运动旅居养老的一种模式。

2. 养老旅游产品对于其他产业的带动

全域旅游模式理念更加关注的是产业的延伸、融合与发展。所以在养生旅游的具体规划中，也一定要注重各产业融合下的共同发展，可以通过类似养老旅游与养老地产的交叉融合、民风民俗与养老旅游的渗透融合、特色文化与养老旅游有机结合、养老旅游与农业种植的良好嫁接等产业之间的交叉、渗透等创造形成全新的产业。

另外，为了实现综合收益的有效增加，加之养老旅游的"旅""居"相融的特殊状态，还应当注意不要过分地区分养老旅游群体与养老目的地的居民。对于本地居民而言，也可以通过良好的养老旅游设计来实现其自身单纯的养老功能。既为外来养老旅游者提供了优质服务，也充分考虑了本地居民的各种利益要求。这样一来，对于养老旅游者而言，可以有更深层次的养老旅游体验；对于养老旅游地和该地居民而言，也可以在互动交流中获取各种收益。

3.关注养老旅游目的地

真正实现养老功能，从宏观上来看，除了具体的养老旅游产品以外，由于养老旅游类型的特殊性，还应当更多地关注养老旅游目的地。对于该养老旅游目的地中的各项方针政策、配套设施，都起到非常关键的作用。可是，我们在对养老旅游目的地进行分析研究的过程中发现，异地养老保障体系的缺失、养老旅游产品资金筹集的困难、养老专业人才的缺失和服务的不专业，都是养老旅游的发展过程中需要考虑的具体问题。所以，为了真正实现养老旅游功能，对于养老旅游地的具体规划上，还要注意以下两点内容。

（1）加大政府的关注程度

养老旅游产品基于产品本身具有的"公共"属性（比如各类老龄公共服务设施），导致其预期收益率相对较低，民间资本的进入风险较大。同时，由于养老旅游保障体系的缺失和地方差异，导致真正实现养老功能必须借助政府相关部门的介入才能解决。具体来说，既要注重顶层设计，以文件的形式提供有效的机制保障，明确相应的准入条件、土地与资金保障以外，也需要通过政策落实，切实解决国内外养老旅游者异地生活所碰到的各种问题。比如医疗、户籍等相关内容。还要通过有效的政府融资体制，来推动养老旅游目的地和养老旅游产品的发展建设，因为在养老旅游中，需要大量的老龄基础设施和旅游公共服务体系建设作为支撑，需要巨大的资金投入。政府就应针对养老旅游特点，形成具体的政策文件，以激发民间资本进入的积极性。

（2）进行市场化的产业发展

养老旅游目的地的市场化主要是指对于消费群体的需求关注与满足。对于老年群体而言，医疗保健、康体休闲、文化活动是其养老旅游的核心指向，所以，如何让养老旅游者有更多更好的社交空间和养老休闲空间，推动养老旅游生活质量的提升是规划养老旅游的重点内容。具体落实的话，可以考虑通过挖掘当地民风、开展参与活动、突出地方特色来实现。也可以通过开发系统的休闲养老产品促进各类养老旅游资源的多元利用和体系建设。实现养老旅游与相关产业的交叉融合。

举例来说，养老旅游与地产的融合。从国外的经验来看，真正养老地产的利润来

▲ 源创智库全域旅游论坛

源于后期,通过提供养老服务而获得,而非房地产开发的短期利润。总之,养老旅游的建设是一个系统的工程,通造养老旅游核心吸引物构建,再到养老旅游聚集中心的建设乃至养老旅游目的地的成熟打造,不仅仅是一个产业的效益满足,也包括产业链的完整链接和综合全域收益的真正实现。

(四)商务会议功能

随着经济社会的发展,地区之间、国家之间的商务活动越来越频繁,参与人数越来越多,呈规模发展的趋势,所以,商务旅游在各种类型的旅游形式中所占的比重也越来越多,但是究竟什么是商务旅游,还没有一个学术界公认的定义。国际上较早提出商务旅游概念的是,1976年联合国统计委员会第19次会议通过的《国际旅游统计暂行准则》,将商务旅游定义为"为了经商离家旅行超过一日,不足一年的人作为旅游者"。国内也有一些对于该定义的研究。

比如:商务旅游是指凡因工作关系到外地从事与商贸事务有关的个人或集体活动,而将其与旅行、游览结合起来的一种旅游形式。它主要的活动包括商务考察、业务洽谈、参加各种规模的贸易展示会及出席各种层次和主题的国内外会议,以及奖励旅游所安排的各种休闲度假活动[①]；人们外出处理以营利为目的的事务而引发的旅游活动[②]；所谓商务旅游，是指参与者以商务为主要目的、旅行为其手段、游览和娱乐为其辅助活动的旅游，主要包括会议（Meeting）、奖励旅游（Incentive）、大型会议（Convention）和展览（Exhibition），并可概称为 MICE 业务[③]。

  本人比较认可的是国内旅游界资深学者魏小安教授将商务旅游所做的定义，"以商务为主要目的的复合型的旅游方式，即商务旅游活动"。通过他的定义可以首先看出，商务旅游的目的是"商务"，区别了与观光旅游、休闲旅游的根本区别，其次，这种旅游活动是复合型的，复杂、综合、多层次、多覆盖。而我们在日常生活中所知晓的商务活动也都是复合型的，包括会议、展览、谈判、考察、管理、营销等 6 类活动都属于商务活动，所以，围绕这几类活动所发生的旅行都可以被称之为商务旅游。那么在旅游中要充分发挥其商务功能，就要在拥有良好的综合条件基础上，打造商务旅游产品，积极构建商务旅游的产业融合。

1. 关注发展商务旅游所应具备的基础条件

  ①便捷的交通条件。由于商务旅游者是以商务为主要出行目的，所以，在时间上的要求比较高，要求准时、快速达到商务目的地；另外，在进行各类商务活动的过程中，便捷的交通条件也是关键要素。

  ②完善的会议中心与会展中心。会议作为商务活动的一项重要内容，在召开会议过程中所依托的硬件设施和召开过程都是必须要考虑的因素。比如使用便利、功能齐全。甚至一个先进的会议中心所应具备的其余先进设施和多重功能，都将会对发展商务旅游起到积极的作用。

  ③有品质的酒店与餐厅。商务旅游中，无论是商务活动还是旅游活动，吃、住、行都是旅行者的基本要求。所以，该旅游目的地是否有充足、品质、舒适、安全并且可以满足商务游客进行工作的办公设施，都是发展商务旅游的关键要素。

  ④健全的商务旅游配套的产业。商务活动涉及很多领域，以考察、管理、营销为基础，贸易、投资、洽谈签约，与这些领域相关的金融、保险等相关产业的支持为商务旅游发展提供了必要的支持条件。

  ⑤丰富的自然资源与人文资源。说到底，商务旅游是以商务为目的的旅游活动，落脚点还是在旅游，那么，与普通的观光旅游与休闲旅游虽然在目的上有所区别，但

---

  ① 杨莎莎. 广西商务旅游发展战略研究 [J]. 甘肃农业，2003（12）.
  ② 旦蕊. 中国入境商务旅游研究 [D]. 首都经济贸易大学研究生院，2004.
  ③ 匡林. 香港商务旅游前景的喜与忧 [J]. 经济论坛，1996（6）：43–44.

从内容上来说，还是一种异地的消费与体验过程。所以，对于商务旅游的开发仍然需要以一定的旅游资源为依托，只是与其他旅游形式相比，在硬件设施、服务方式与其他相关条件有其特殊的一些要求。

2. 整合资源，完善商务旅游基础条件

整合资源就是优化资源配置，获得最优的功能发挥。刚才对商务旅游所具备的基础条件进行分析之后，商务旅游依赖于各种各样的复杂的基础设施和配套产业，包括机场、公路以及火车站等交通运输基础设施，也包括会展中心，酒店宾馆等配套设施与配套服务。做好商务旅游的前提条件就是通过政府宏观调控、合理地建设完善措施，完善商务旅游基础设施，整合各种资源。

3. 规划开发不同的商务旅游产品

根据商务旅游者的需求以及各个旅游目的地的实际情况，在商务旅游的具体规划开发中，可以在不同类别的商务活动条件的基础之上，丰富旅游产品：

①商务旅游自助产品：这类旅游产品主要针对一般性的商务游客，以散客的方式进行洽谈、交流、投资融资、产品推销等商务活动，因此可将商务旅游的各要素以产品的方式单独出售，让旅游者根据自己的需要自由组合。

②商务考察、会议展览：这类游客一般以团体游客为主，考察对象以及会议展览中心应是旅游产品当中最重要的组成部分。针对这部分游客要采取运输—考察、会议、展览—观光休闲一条龙服务。重点放在会议展览的设施与服务上。

③奖励旅游：奖励旅游由于它的目的性和专有性，要求为企业量身打造，这就需要专业的商务旅游公司根据进行奖励旅游公司的需要，量体裁衣并且独一无二。并且要注意区分与商务旅游自助产品选择时的不同，相对更专业、更享受、更高端。

4. 科学规划不同的商务旅游区

根据商务活动的根本属性以及商务旅游的特殊性，在商务旅游区中，会涉及商业、贸易、会展、旅游、康乐、休闲等不同行业，他们彼此之间既有区别、又有联系。它们的区别在于在产业链条中位置和功能不同，业态不同。它们的联系在于可以通过彼此不同业态的结合，各自联结在一起，为商务旅游者提供工作方面的极大支持，同时又方便了旅游者的娱乐与休闲，对商务旅游有着重要的意义。

在全域旅游的理念指导下，为了充分发挥他们彼此联结的积极作用，可以按照功能的不同在旅游目的地上设置不同的商务旅游区。比如以商务为核心功能，发挥中心城区的服务作用，树立现代化城市形象的中央商务区；城市内酒店、饭店、娱乐业集聚的游憩商务区，用来满足商务游客在工作之余，还要进行购物、饮食、娱乐、文化

▲ 商务旅游

交往、健身等活动；以及更加满足商务游客休闲旅行需要而建立起来的环城游憩带与远郊旅游区。

5. 发展专业的商务旅游经营企业

商务活动的特殊性决定了商务旅游供给的特殊性。涉及不同类型的旅游，如会议旅游、展览旅游、奖励旅游等，每一类型的旅游所需要的服务都不同，因此需要大量专业的商务旅游企业来提供更加专业的服务。比如有专业的会展主办企业，为了商务活动安排会议室展览场所、负责会议展览；还要有商旅公司，为商务游客提供差旅服务，为客户量身定制旅游产品，提供专业、高效的差旅管理服务。对于规模较大的商务旅游企业，建议根据提供的商务旅游服务的类型进行部门分配，将本部门的产品做到专业化，必要时还要相互配合，满足不同商务旅游者的需求。

（五）乡村旅游功能

乡村这个词这两年非常火，只要提到乡村，就会涉及到乡村+旅游，或者乡村+其他，加完之后，再跟旅游融合起来。乡村旅游作为一项旅游功能，范围非常广阔。最初讲到乡村旅游，大家会想到农家乐。后来，会有人想到民宿。之后，还有人想到美丽乡村建设、旅游扶贫等。然而和旅游对口的概念到底有哪些？如何构筑一些旅游产品来做到真正的乡村旅游。

我们先来看乡村旅游的提出背景。随着"小旅游"向"大旅游"的过渡，旅客旅游需求要发生重大的变化，不仅旅游产品的类别要多样，旅游产品的品质还要提高。

随着高铁的通达和自驾的便捷，大家也不用很依赖旅游机构来提供相应的服务，想通过自己的每一个足迹和每一份感受来完成一段旅程，这就是我们所说的"旅居"。

然而，传统的景区产品有效供给出现问题，一方面是热门景区人满为患；一方面是很多景区的配套旅游产品无法达到旅游休闲的根本需要。所以，从产品的角度来看，当旅游从观光走向休闲度假时，大家希望能够有多元化、多层次的创新性的旅游体验的产品。乡村正好是因为它有好多年积累下来的历史沉淀，可以作为一个很好的区域发展一些创新性旅游产品。

从产业的角度来看，随着全域旅游理念所提到的"十全"特征、旅游的重心不仅放在景区，而是扩展到旅游目的地。乡村旅游作为旅游目的地的其中一部分，就可以把非物质文化资源、社会资源、产业资源全部变成旅游资源。同时，在乡村的种植业、养殖业、手工业，都可以广泛地跟旅游＋构建起一个新型的乡村产业体系，同时也是游客消费的体系。

那么，如何良好地规划乡村旅游，使之既有产品的多样，又有产业的带动？国外的乡村旅游，有很多典范，有许多成功模式，比如欧美的"度假农庄"模式，新加坡的"复合农业园区"模式，日本的"绿色旅游"模式。但是由于我国不同的旅游发展道路和旅游消费特征，必须因地制宜地找到适合我们发展的乡村旅游。在近几年乡村

▼湖南阳山古村

旅游发展的道路上，一般来说包括以下几种类型。

（1）城市依托型

这种乡村旅游类型中所指的乡村，一般都是在环城市周边，借助于城市的市场优势、借助于自己的区位优势，形成了环城市乡村旅游休憩带，旅游成为该种乡村的主要功能。由于该类乡村距离城市较近，有一定的自然资源，引入一些创意型的旅游产品就可以满足游客的休闲需要。

（2）景区依托型

这种乡村旅游类型中的乡村，主要依托的不是城市优势，而是景区优势。景区基于其核心吸引力给周边的区域带来旅游契机，周边的乡村借助该核心景区，优先发展旅游或旅游配套产业。比如，基于景区的大量游客，这类乡村就可以做食宿的接待。或者由于自身有比较好的资源条件，还可以构建与该成熟景区有关的较大的旅游项目。或者在景区观光不能满足休闲需求的当下，可以把游客引入附近的乡村进行游赏，形成度假休闲的深度旅游体验。

（3）文化依托型

这种乡村旅游类型中的乡村自身价值很高，乡村中的建筑、遗迹、民风民俗甚至居民本身，都是有价值的。可以传递历史足迹和文化气息。所以对于这一类乡村旅游的规划，一定要注重"新"与"旧"的问题。既能发挥旅游带来的经济效益、又能实现可持续、对于历史文化面貌的有效保护，既要展现乡村的历史旧貌、又要融合现代化、个性化的旅游产品，才能实现乡村收益与旅游收益的相对平衡。比如，既有酒店、又有民宿；既有乡村博物馆，又有现代化的艺术工作室。

（4）产业依托型

这种模式是乡村旅游发挥其产业带动作用最有效的模式，前提是农业基础比较好，以产业化程度较高的优势农业作为依托，通过拓展农业观光、休闲、度假等体验功能，开发一些系列的业态产品，比如田园综合体、农业示范区、田园游乐场等，通过这些产品业态实现农业与旅游的深度融合，推动现代农业的有效发展，并且促使向农副产品、餐饮服务、娱乐、购物等第二、第三产业的有效延伸。通过三产融合的新业态，也通过资源的整合，形成第一、第二、第三业产融合发展的道路。农业的多功能得到发掘，农业+N的模式，如农业+休闲+观光+养生+教育培训等成为发展的方向。将生产、生态、生活合而为一。

以上，就是我们提到在乡村旅游中的各种类型。虽然乡村旅游在这几年的迅速发展中创新了乡村旅游产品、发展了乡村旅游项目、同时也增加了乡村旅游的投资力度。

然而，无论哪一种类型的乡村旅游建设，背后都显现出一些共同的问题，比如乡村旅游同质化严重、旅游产品单薄等。面对这些问题，我们该何去何从。

（1）注重保护、突出特色，避免"千村一面、万村一貌"

当前，各地乡村旅游的积极建设程度非常高，但不容忽视的是，一些地方急于求成，不考虑自身特点，照葫芦画瓢，出现"千村一面""万村一貌"。从整体来看，全国的"明星村"之所以很出名，原因就在于其特色非常鲜明。比如宝鸡的袁家村、成都三圣乡的"五朵金花"、浙江金华的"诸葛八卦村"、江苏周庄、浙江乌镇、江西婺源、云南双廊。也正是由于这些乡村的"明星"气质，各个地方以他们为标杆争相模仿。举例来说，袁家村由于游客的接待量和年营业额创造神迹之后，周至水街、兴平马嵬驿相继投运，陕西省其他地区也都在积极投建。尽管从规划特色上都各有定论，但是从民俗风貌、建筑风格、经营理念，差别不大，成为不了第二个"袁家村"，关键原因在于，乡村旅游由于其特殊的地理处境，除了"明星村"之外，多半吸引的游客以附近城市为主，如果不能彰显自己的特色，不能从旅游产品和旅游服务进行差异化的打造，在对同一批游客的竞争方面，一定是惨淡收场。

所以，在建设乡村旅游，促进城乡统筹的道路上要注意以下：

第一，一定要尊重规律，根据各个村落已有的自然禀赋和历史文化资源，实现一村一个特色。尤其要保护好自然风貌、传统文化和建筑民居。比如在南京高淳有一个"国际慢城"，附近的城市游客在节假日经常享受田园慢生活，关键在于其保留了原有的乡村风貌。

第二，在乡村旅游的建设中，除了保留原有的风貌，又让包括轨道交通、文化设施等在内的公共服务资源延伸至农村，让农民充分享受现代文明。

第三，要科学规划，不急功近利，以严谨科学的态度做好乡村旅游。乡村旅游的整体规划，是一个"寻找美、发现美，打造美、展示美"的过程，这就离不开科学的规划。每个村子，要根据自身实际和特色搞好规划，这种规划不是新农村建设的重复，也不是相关建设内容的简单拼凑，而要从农村的传统历史、人文积淀、资源禀赋、地形地貌以及群众基础等实际出发，充分体现乡村"美"的内涵，体现"美"的特色。

另外，规划要全区域，要以精品村为支点，以景观带为轴线，结合整镇整街的建设，串点成线、连线成片、整体推进，以增强竞争力和可持续性，实现"全域"。中国近现代艺术大家齐白石曾对自己的学生说：学我者生，似我者死。乡村建设莫不如此。一味地简单模仿，只能导致建设的雷同、刻板与僵化，只有保持个性和特色文化，乡村才能生机勃勃、丰富多彩。

（2）丰富乡村旅游产品类型

随着国内旅游的兴盛，乡村游的市场需求逐步增长，该需求主体主要来自于城市，满足城市居民对于自然的向往，并成为一种减压的有利渠道。所以说，乡村旅游从某种程度上说与休闲度假旅游具备相似的特性，注重放松、注重娱乐、注重体验。满足身心的双重需要。并且，由于背靠城市，很多时候都会存在重复消费的可能。从这一点的考虑上，乡村旅游产品由于所具备的休闲属性，类型就应丰富多样，并且进行体验参与。

另外，与一般性的休闲旅游相比，乡村游还具有一个明显特点，就是由于乡村游针对的主要是周边的城镇市场，因此旅行对象分化严重。魏小安在《中国三农旅游的发展》一文中认为，乡村游的市场层次比较分明：市民活动和农民活动基本是大众化的旅游，属于比较低档的消费；部门活动属于中档消费；企业活动层次较高，属于高档消费。因此可以说，乡村游的需求市场是一个差异化的市场，产品系列化、深度化不够。

而目前，我国乡村旅游存在的很大的问题就是产品单一、未形成系列，资源未能充分利用。许多乡村旅游仍然仅限于"吃农家饭、干农家活、住农家房"，不能满足各个层次游客的多样化旅游需求。另外，在乡村旅游产品的开发商，还略显薄弱，缺乏创新和挖掘加工，体验度和参与度不高，从而影响了乡村旅游的持续发展。再加上对于乡村旅游产品的营销策划包装力度不佳、宣传促销力度不够，都从某个方面，限制了乡村旅游的发展。

好的乡村旅游产品的开发一定是在对行业动态和相关政策法规的了解基础之上，对乡村旅游产业发展模式、乡村特色休闲产品、乡村体验项目策划、民俗村落度假开发、田园综合体打造等方面进行了深入研究，进行旅游产品的规划创新。

举例来说，台湾休闲农业虽然起步较晚，但是目前发展非常成熟，他们通过利用农业景观资源和农业生产条件，而去发展观光、休闲、旅游的一种新型农业生产经营形态。从发展旅游的方向看待，台湾休闲农业都建立在深度挖掘当地资源、注重生态保护、加大互动体验的基础上，进行旅游产品的深度开发。

比如，休闲农场、休闲牧场、教育农场、休闲酒庄等。充分利用各类乡村资源，打造多种特色文化，提升产品内涵。并且主动策划参与体验，加强互动。多业态共同发展。

再比如，还是以袁家村为例，当关中特色建筑、民俗小吃街模式被其余各地仿照甚至照搬时，袁家村为了避免同质影响、产业单一，开始布局更多的产品业态。比如

▲ 西宁民宿休闲游

酒吧街、艺术长廊等。通过民俗与时尚的结合，从业态结构上更为丰富，从体验上也迎合了现代文化的需要。

（3）促进乡村旅游运营模式与治理模式的提高

一个好的乡村旅游运营管理，是一个乡村旅游成为典范的关键。我们看到袁家村的成功，多数来自于其运营模式的成功。袁家村从2007年起，由村主任带头建立，实行商户分租自治。村委会以商户的经营品种对其分类，以组的形式成立，并设组长，由组长负责对食品、卫生等方面进行统一管理，之后再进行动态打分并实行淘汰机制。

可是一个"袁家村"毕竟是个例，现在很多的乡村旅游项目的运营过程中，经常涉及的问题是：产品业态不成系统、商家之间恶意竞争、旅游产品价格良莠不齐以及服务跟不上、卫生跟不上等普遍现象，由此导致的结果就是重规划轻管理，直接导致的后果就是乡村旅游产品盈利能力的降低。

从乡村的治理模式来看，乡村治理模式与乡村运营模式紧密相关。运营侧重于经营方法、治理偏重于各个利益主体的管理机制。在现在的很多乡村旅游项目的治理方面，经常出现的问题就是利益主体的权利义务不明确、没有相关机制的配合使之义务被积极调动、权利被最大化满足，主要还是在分配机制方面出现瑕疵。当前我国乡村旅游业与当地农业的资源争夺仍然主要体现在土地上，尤其是一些地区通过出让土地，换取外部资金来开发乡村旅游，导致可耕地被占用，农民失地的现象。所以在发展乡村旅游过程中，必须充分考虑利益主体，通过开展小规模的经营方式或其他有效手段缓解矛盾。

举例来说，金山岭唐乡在新型城镇化、美丽乡村建设的大背景下被称作是第四代乡村旅游"乡村生活"的先锋代表。除了唐乡的标准化管理和品牌化建设的有效运营方式之外，还聘请当地农民培训上岗，聘请有经验人员为本地的"农民员工"带来先进的管理、服务理念,并进行技能培训。更为关键的是,唐乡的治理理念是通过租赁或收购的方式,对农民闲置住宅进行创新利用,本着农民闲置院落旅游功能化复活、农民闲置资产资本化注入和美丽乡村建设等原则进行建设,为其注入全新休闲度假、养生养老等功能,盘活农民闲置资产,为市民提供全新乡村生活设施和空间。并在建成后负责这些酒店的经营、管理和客源市场等。可以这样说,唐乡的成功在于该乡村旅游建设是充分考虑各个利益主体,调动起积极性的结果,是农民闲置宅基地、住宅资产化、市民度假需求相结合的产物。

(4) 完整产业链,可持续发展

所谓乡村的可持续发展,就是要以乡村为载体,努力实现人口、经济、社会、环境和资源的协调发展。这条发展道路既能满足当代人的需求,而又不至于对后代人的发展需求能力构成威胁。然而很多乡村在发展乡村旅游时,只会看到眼前利益,不注重资源的保护与产业的延续,导致后续发展能力薄弱。甚至有些乡村在发展乡村旅游过程中,完全放弃了一些传统的农业产业,这样一来,就会造成农村产业链断裂。这样一来,既未看到乡村旅游的产业延伸性、也忽略了乡村旅游在解决城乡二元经济中所发挥的重要作用。除了不能实现综合收益之外,对于城乡矛盾的缓解也起不到积极作用。

所以,在打造乡村旅游产品的过程中,必须重视农业与其余产业的渗透融合。就是通过种植业、养殖业等传统产业与旅游广泛连接,形成新型的乡村产业体系,同时也是游客消费的体系。比如在城市依托的乡村中可以建造乡村露营地、小型休闲农园。在文化依托的乡村就可以以文化资源为优势建设乡村博物馆、非物质文化遗产的公坊等。在产业依托的乡村,农业基础条件比较好,有农业基础人才、就可以发展田园、公园、农旅合一的田园综合体。既能保护和展示传统文化,也能推动现代农业。伴随农业和旅游的深度融合,完整产业链之后产业形态还会是农业示范区,田园游乐场、休息农场、田园度假区,等等。

从可持续的角度考虑,在乡村旅游的发展规划中,还要考虑乡村自身的环境、生态和资

▲湖南张谷英村

源的相互协调，考虑资源本身的不可再生性，依据乡村特有的资源，经过整合、发展特色产业，挖掘本土文化，塑造自己的产业发展模式。

N 种旅居配套功能，包括休闲、养生、养老、商务以及乡村旅游，都会涉及房地产业、文化娱乐业、康体养生业、商业、会议会展业、生态农业等多种产业。以旅居创意旅游项目为基础发展起来的庞大的产业既能够带动旅游的综合消费，又能够拉动相关产业共同发展，帮助传统产业升级转型、产业延伸、拓展空间，实现多种产业之间的和谐统一发展。

三、"旅居"式旅游的支持系统

"旅居式"旅游与传统的观光旅游最不同的地方就在于，在以核心资源为基础，充分发挥旅游目的的休闲功能、商务功能、养老养生功能的前提下，必须要以一个旅游目的地的整体旅游规划，把要素、服务、产业系统性地整合起来，进而整合地区产业链，产业再升级。所以，还需要相关的系统支持，主要包括：

（一）法律法规支持

为了保障"旅居"式旅游的发展平稳合理，有据可依。首先就要有规范上的保障。参照《中华人民共和国旅游法》《中国优秀旅游城市检查标准》《中国旅游强县标准》《国家级旅游度假区评定标准》《乡村旅游示范村评定标准》、"国家 5A 景区标准"等规范性文件对旅游目的地的旅游景区、旅游环境、旅游设施及公共服务等进行规范化管理。

（二）公共服务体系支持

公共服务体系是"旅居"式旅游发展所依靠的重要条件。首先，"旅居"型旅游模式在全域旅游理念的指导下，是充分发挥旅游业作为综合性产业的功能属性，发挥关联度大、产业链长、带动力强的主要特征所进行的一种新型旅游模式，这就要求地方政府能建立一套可以实现全社会有机联系、齐抓共管的体制机制，探索适合社会主义市场经济的管理模式，打破各个部门相互切割、相互掣肘的管理模式，充分发挥其综合协调职能，实现机制联动，全面推进全域旅游建设。依靠旅游目的地公共服务体系的完整建立，确立旅游业在当地总体发展中的重要地位，具有较高的主动权和完善的工作机制。各个部门与行业才能形成产业发展合力。

其次，建立完善的公共服务体系还体现在这种体系的建设覆盖游客旅游的全过程，对各类旅游要素和各类旅游功能的有机整合，对交通、安全、营销及食住行游购娱消费等各个环节进行把控。

再次，完善公共服务体系，是指要在政府部门联动的基础上，加强行业监控，建立应急联动机制，保障全区域内信息的无缝对接。

最后，"旅居"式旅游的根本属性在于除了给游客提供良好的旅游服务之外也要充分考虑本地居民的休闲需求，尊重本地居民，构建和谐的当地居民与游客和谐共享的高品质生活空间。公共服务体系的支持就是把全域旅游作为"供给侧结构性改革"的着力点，解决供需平衡问题应首要考虑到区域范围内居民的休闲需求，并将旅游的全要素搭建起来。针对居民休闲需求的建成，以县城区域周边的游客为主，再到吸引地级市范围内的游客，由此逐渐扩大。"旅居"式旅游的发展需"以小见大"，围绕当地居民，在实现解决"主客共享"的思路下逐步发展。

（三）大数据支持

在旅游+互联网的大环境下，全域旅游对于产业融合所提出的新要求下，通过大数据的应用，从旅游目的地的角度出发，可对旅游目的地进行战略定位、精准营销与业态创新，通过对游客量、游客构成以及游客兴趣、轨迹、景区偏好进行梳理，有助于旅游目的地在游客、竞争对手、资源三方面进行精确定位，并通过旅游与互联网的结合，催生了诸如虚拟旅游、定制旅游或旅游O2O等新领域及新业态，不仅突破以往业界传统的运营模式，而且带来了更大的游客价值与附加值。

从服务于游客的角度分析，大数据应当立足于建立面向价值生态系统的智慧旅游。为游客提供更多的服务与体验。从促进产业融合的角度出发，"旅居"强调功能的丰富和资源的优良配置，大数据时代下的资源配置，其实就是利用数据数量、维度与广度，综合分析各类信息，以最优的分配原则进行资源配置。可以对整个区域的经济及产业发展、交通区位、旅游资源、游客市场等旅游状况在数据空间内对其进行时空重构。

四、"旅居"式旅游的产业融合与业态组合

从传统的观光旅游走向未来的"旅居"式旅游，说到底，在于旅游业与其他产业的融合发展和各个业态的重新组合。"旅游业"受到了空前的关注，但同时也要将旅游放在非常重要的位置来融合整个区域，带动整个区域，与农业、林业、工业、商贸、金融、文化、体育、医药等产业相结合。

这样的旅游新理念和新机制，要求就区域内的经济社会资源尤其是旅游资源、相关产业、公共服务、生态环境等进行全方位、系统化的融合与提升。从封闭的旅游自循环向开放的"旅游+"融合发展方式转变，改变以单一旅游形态为主导的旅游产业结构，构建起以旅游为平台的复合型旅游产业结构，推动旅游产业由"小旅游"向"大旅游"转型。

以行知探索打造的"玄奘之路戈壁挑战赛"为例,行知探索体验研究院曾对该户外全域旅游的目的地进行了整体的资源与线路的研究、策划、规划,"玄奘之路"完成了文化基因的深度挖掘、品牌化、体验化、产品化的系统开发。在寸草不生的戈壁荒漠,此活动曾为当地城镇居民人均增收1170元。金豆豆曾经就明确表示,打造"旅游+"需要一套完整的产业链,企业也在与一些地方政府合作,致力于整个产业链的策划及规划,将体育旅游的目的地作为一个市场主体,从而绘制战略地图。

再比如,从2000年的"龙年龙虾节"开创新河,到"中国龙虾节"红遍神州,再到"国际龙虾节"享誉全球,短短十来年的时间盱眙县的小龙虾已经成为全世界人民的尊享美食,其带来的文化价值、产业价值等不断得到释放。

具体来说,盱眙县每一年都要举办龙虾节,都会有一个文化主题性质的文艺演出和富有历史厚重感的原创性节目,从文化寻根入手来展示小城文化,让前来参加节日的游客在消费娱乐的同时感受这个文化古城的独特历史气息和民俗风味,并且,通过举办龙虾节庆活动与龙虾餐饮连锁营销的合力,在该地形成龙虾的核心主导产业。之后,又通过盱眙龙虾节为药引,实施以发展龙虾产业为主体以科技研发和资本运作的"一体两翼"战略,催生了养殖、调料、交易、研发、餐饮等多元化经营的产业链,极大地提振了当地的旅游业和服务业。

不仅增加了农民的收入,还激发了民众全民创业的热情,使得盱眙县由曾经苏北的国家级贫困县成为江苏的小康县。发展至今,盱眙龙虾产业成为盱眙的支柱产业,全县约有一半以上人员从事龙虾相关产业,包括养殖、贸易、烹饪、培训等。围绕"龙虾节"

▼ 行知探索户外活动

等营销活动，盱眙的旅游产业也得到了快速发展，每年可接待游客 100 万人次以上。

除此之外，在进行产业融合的发展过程中，还应充分认识新常态经济的客观反映，重新认知旅游业与其余产业的复杂关系。从各自产业的内涵与外延的角度，重新认知自然系统与社会系统的复杂性和灵活性，认知经济活动与社会活动的渗透力和适应力。

举例来说，曾经休闲农业只是旅游产品体系的一个小分支，但我国大部分的旅游景区都在乡村，休闲农业就成为传统景区扩容提质与转型升级的途径之一。农旅结合，农旅共强，以农促旅，以旅带农就成为休闲农业与乡村旅游的发展态势。其中的休闲农业要素在旅游食住行游购娱六要素的基础上增加了文化、教育、体验、养生、景观、种养和加工。休闲农业资源包括了农林牧副渔等一切农业生产、农家生活、农村生态、农民技能和农耕文化，并可以灵活吸纳一切时尚流行文化和城市资源要素。

可以形成的产业形态上就能包括休闲农业、休闲渔业、休闲牧场、休闲林场、休闲果园、休闲茶园、休闲菜园、休闲花园、农业产业化龙头企业展示体验基地等；地域分布上包括都市创意体验型、郊野休闲度假型、旅游景区依托型、农业园区配套型、新农村建设示范型等；发展模式上包括小型家庭农场型、大众休闲游乐型、高端养生度假型、区域支柱产业延伸型、专项主题文化深度开发型、特定客源市场对接型、社区支持农业订单型、农民合作组织捆绑型和品牌农庄连锁型等。

总之，旅游产业带动其他相关产业发展的过程，是一个由游客聚集到消费聚集，由传统旅游产业到泛旅游产业融合，由泛旅游产业融合到泛旅游产业集群化发展的三层次递进过程。

▼南迦巴瓦峰

五、全域旅游发展规划设计明晰图

全域旅游发展规划设计总体从图1中做逐步深入、梳理分析。图2是具体对全域旅游综合分析版块图解。图3是全域旅游的发展战略和理念,通过"十全"推动发展。实现全域旅游发展规划实施,路径的体系建设极为重要,如图4所示。

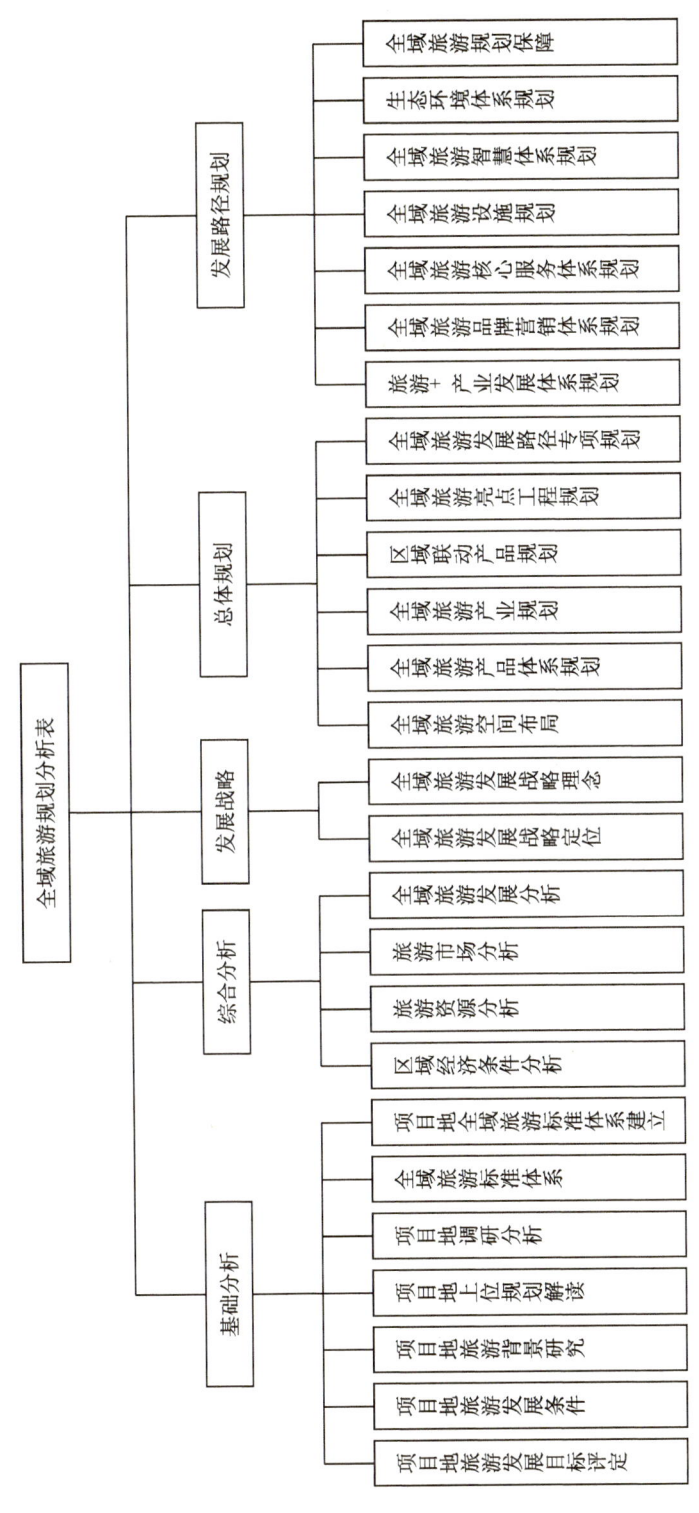

图1 全域旅游规划总分析

- 151 -

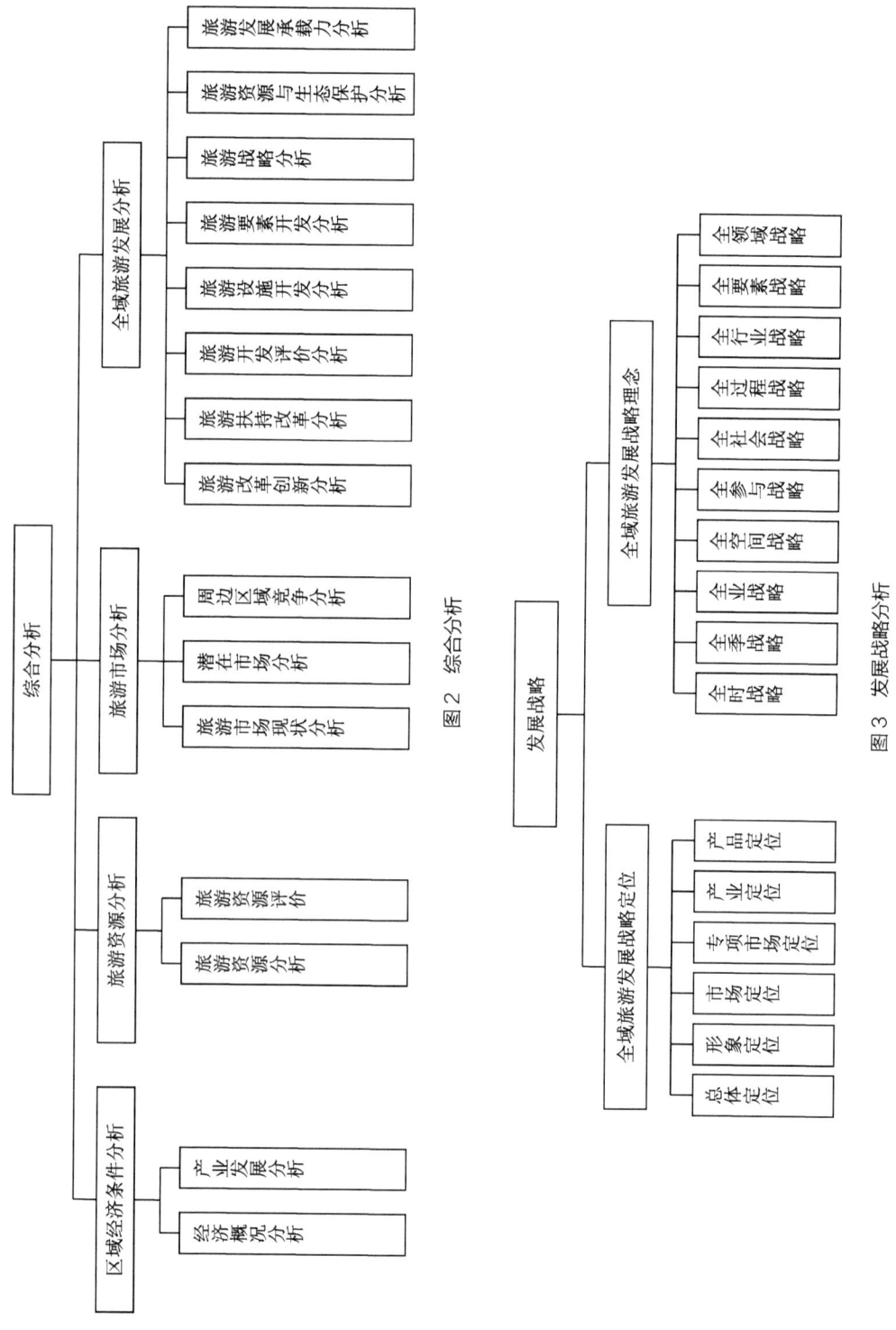

图 2 综合分析

图 3 发展战略分析

第三章
全域旅游设计与规划

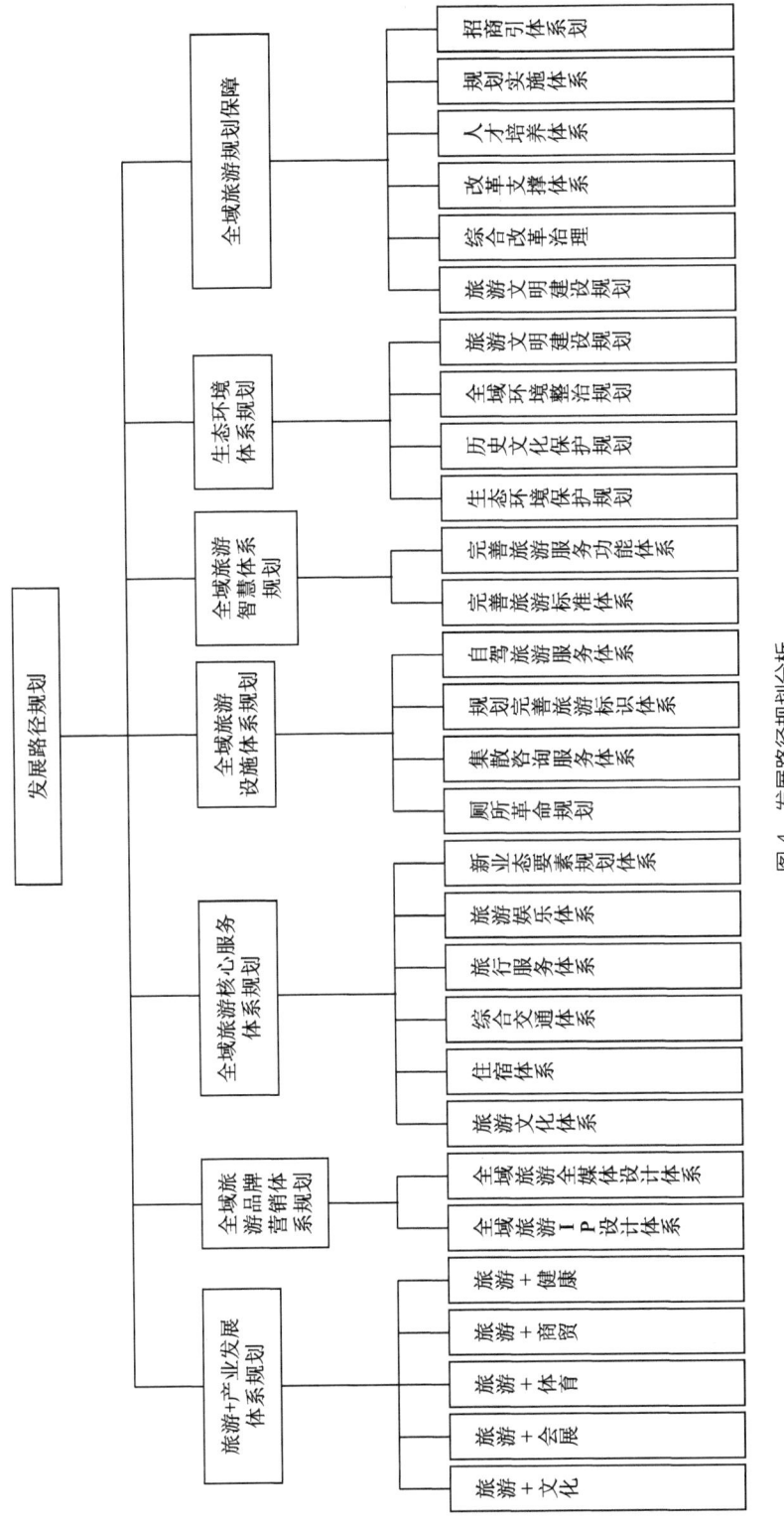

图 4　发展路径规划分析

- 153 -

第五节　全域旅游发展规划案例

嘉峪关市全域旅游发展规划

嘉峪关市是甘肃省下辖的地级市，位于甘肃省西北部，河西走廊中部，因辖区内拥有万里长城第一雄关嘉峪关而闻名于世。辖区总面积 2935 平方千米，人口 24.59 万人，其中城镇人口 22.98 万人，城镇化率为 93.45%。2016 年，全市生产总值 153.41 亿元，增长 7.3%，第一、第二、第三产业分别增长 5.6%、3.1%、13.4%，三产业结构比为 2.9∶39.3∶57.8，游客接待人次 702 万。嘉峪关市是西北最大的钢铁联合企业——酒泉钢铁（集团）公司所在地，因企而设市，所以嘉峪关也被称为钢城。境内有汉代和明代万里长城、嘉峪关关城、长城第一墩、悬壁长城、魏晋墓等知名景点。钢铁工业和旅游业是嘉峪关市的主要经济产业，但长期以来钢铁产业规模巨大，旅游业发展缓慢，一直呈现工强旅弱的局面。

受需求市场疲软和钢铁去产能政策影响，近年来嘉峪关市的工业经济出现大幅下跌，全市经济发展也因此受到较大影响；而与此同时以旅游为代表的第三产业却发展迅速，对国民经济的贡献程度也不断增大，旅游业的蓬勃发展与传统资源型粗放型经济发展模式形成了鲜明对比。面对新形势、新问题，如何应对新时期经济发展动能不足，转换发展新思路，寻找新的发展方向成为嘉峪关市面临的主要问题。嘉峪关市政府迅速响应，依托域内丰富的旅游资源和深厚的历史文化底蕴，借助"一带一路"发展带来的机遇，瞄准旅游发展新形势，将全域旅游作为发展全市经济的新引擎，通过整合全域旅游资源，从顶层进行规划布局，为未来做大旅游产业奠定了良好的基础。

嘉峪关市全域旅游是内陆地区发展全域旅游规划的良好范例，也是资源型城市转型发展的良好示范，为中西部地区发展全域旅游和资源型城市转型发展提供了很好的样板。这里我对该规划进行简要剖析，以供参考。

一、背景研究

规划从国家、区域、省域、市域、上位规划5个层面对嘉峪关市全域旅游进行了发展背景分析。首先从我国宏观经济发展的大势切入，理出在以消费经济为主的未来经济格局中旅游业发展的空间和方向，为全域旅游发展提供理论和市场宏观环境支撑。其次同国家战略结合，从国家战略高度挖掘嘉峪关市发展全域旅游的政策依据和市场空间。然后基于西部地区现实条件和发展现状，提出嘉峪关市发展面临的主要问题和未来发展方向，同时结合国家和区域战略、政策，指明区域协同创新发展的路径，为发展全域旅游提供区域战略层面的实施策略。接着从甘肃省的层面，分析在甘肃省相关发展战略中，对旅游业的定位，以及在甘肃省旅游业发展中嘉峪关市所处位置和发展导向，阐释嘉峪关市作为省级次中心城市承担的功能和发展限制。最后结合嘉峪关市旅游业发展态势，梳理嘉峪关市发展旅游业的基础条件，并分析其与全域旅游发展的结合点。规划层面的分析主要基于甘肃省和嘉峪关市已发布的相关规划，分析相关规划对旅游业的规划定位、目标和布局，从而清晰地理出嘉峪关市旅游业发展的方向。

（一）国家宏观发展态势

1. 旅游消费升级，国家全力推进全域旅游发展

根据国际旅游规律，人均GDP达到5000美元时，就会步入成熟的度假旅游经济，休闲需求和消费能力显著增强。2015年我国人均GDP达到8016美元，标志着我国正进入"大众旅游"时代，旅游已从少数人的奢侈品发展成为人民群众大众化的日常消费。旅游消费正主导我国新一轮消费的增长。国家统计局《2016年国民经济和社会发展统计公报》显示，2016年最终消费对经济增长的贡献率为64.6%，消费增长主要集中在旅游、医疗等服务方面。当前我国旅游消费也正在发生从量的刚性需求到对产品质量需求的升级转变，从景点旅游模式向全域旅游模式转变。

2016年，国内旅游44.4亿人次，全年实现旅游总收入4.69万亿元，增长13.6%。旅游业对国民经济综合贡献达11%，对社会就业综合贡献超过10.26%，全国旅游业实际完成投资12997亿元，同比增长29%，继续领跑宏观经济。全域旅游推动旅游经济实现了较快增长，大众旅游时代的市场基础更加厚实，产业投资和创新更加活跃，经济社会效应更加明显，旅游业成为"稳增长、调结构、惠民生"的重要力量，旅游业已成为国民经济战略性支柱产业。党中央、国务院高度重视旅游发展，将旅游发展作为我国精准扶贫，全面实现小康社会的重要抓手。《"十三五"旅游业发展规划》

明确提出，"十三五"期间通过旅游带动全国1200万贫困人口脱贫。2017年国务院《政府工作报告》也明确将全域旅游列入年度重要工作内容。

2. "一带一路"战略助推沿线城市旅游发展

旅游是传播文明、交流文化、增进友谊的桥梁；习总书记在"一带一路"国际合作高峰论坛上强调，将"一带一路"建成和平、繁荣、开放、创新、文明之路。而旅游外交以其独特的综合优势，已走向国家外交前沿，在"一带一路"战略中，旅游将大有作为。丝绸之路汇集全球80%的世界文化遗产，涉及60多个国家，44亿人口，既是世界最精华旅游资源的汇集之路，也是世界最具活力和潜力的黄金旅游之路。"十三五"期间，我国预计将吸引沿线国家和地区8500万人次游客来华旅游，拉动旅游消费约1100亿美元。

为推进"一带一路"建设，2015年3月，国家发改委、外交部、商务部联合发布了《推动共建丝绸之路经济带和21世纪海上丝绸之路的愿景与行动》，明确提出"加强旅游合作，扩大旅游规模，联合打造具有丝绸之路特色的国际精品旅游线路和旅游产品"。国家旅游局也连续3年举办"丝绸之路旅游年"活动，围绕丝路旅游主题开展丰富多彩的旅游外交和宣传推广活动。2017年《政府工作报告》指出要加快"一带一路"陆上经济走廊和海上合作支点建设，构建沿线大通关合作机制。加强教育、文化、旅游等领域交流合作。借助一带一路战略的实施，《甘肃省十三五旅游业发展规划》也提出，到2020年将甘肃省建成丝绸之路黄金旅游带和国内外知名的旅游目的地的目标。

嘉峪关市处于丝绸经济带的甘肃黄金段的重要节点上，可凭借优越的区位、丰富的旅游资源等优势条件，借助国家大力推进丝绸之路发展的东风，打造丝绸之路文化旅游重镇，发挥其在丝绸之路经济带建设中的重要作用。

3. 中国全力实现文化复兴，构建文化自信

2016年，习近平总书记在"七一"重要讲话中指出：文化自信，是更基础、更广泛、更深厚的自信。党的十八届六中全会强调，要坚定对中国特色社会主义的道路自信、理论自信、制度自信、文化自信。中华优秀传统文化是中华民族的精神命脉，是中华民族的突出优势，是我们的文化自信的重要来源。2017年国务院办公厅印发《关于实施中华优秀传统文化传承发展工程的意见》，明确指出保护传承文化遗产，加强新型城镇化和新农村建设中的文物保护，加强历史文化名城名镇名村、历史文化街区、名人故居保护和城市特色风貌管理，实施中国传统村落保护工程，做好传统民居、历史建筑、革命文化纪念地、农业遗产、工业遗产保护工作。

规划建设一批国家文化公园，成为中华文化重要标识。深入挖掘城市历史文化价值，提炼精选一批凸显文化特色的经典性元素和标志性符号，纳入城镇化建设、城市规划设计，合理应用于城市雕塑、广场园林等公共空间，避免千篇一律、千城一面。挖掘整理传统建筑文化，鼓励建筑设计继承创新，推进城市修补、生态修复工作，延续城市文脉。加强"美丽乡村"文化建设，发掘和保护一批处处有历史、步步有文化的小镇和村庄。在此背景下，嘉峪关市作为集丝路文化、长城文化于一体的文化名城，需要承担更多文化复兴重任，大力发展文化旅游产业，建设丝路文化旅游名城，弘扬传统文化，展示中华文化魅力。

（二）西部地区发展态势

1. 西部地区是全面建成小康社会的重点难点

西部地区是国家重要的生态屏障和能源资源接续地，也是打赢脱贫攻坚战、全面建成小康社会的难点和重点，更是我国发展重要回旋余地和提升全国平均发展水平的巨大潜力所在。我国西部地区人口占全国的近30%，土地面积占全国的70%以上，但人均国内生产总值只有东部地区的40%，农民人均纯收入只有东部地区的50%左右。全国农村60%以上的贫困人口在西部，约2000万人还没有解决温饱问题。"十二五"期间西部地区发展迅速，但是仍然存在经济结构不合理、内生增长动力不足，抵御经济异常波动、防范系统性经济风险的能力不强等问题；基础设施薄弱、生态环境脆弱的瓶颈制约仍然突出，促进城乡区域协调发展的任务仍然艰巨。因此全面建设小康社会的重点在农村和西部地区，难点也在农村和西部地区。在西部地区实现全面建设小康社会的目标任重而道远。

2. 积极探索协同创新驱动发展的路径

西部地区是推进东西双向开放、构建全方位对外开放新格局的前沿，在区域发展总体战略中具有优先地位。深入推进区域协调发展，促进东西部、西部跨省、跨市协同发展是西部地区实现快速发展的重要途径。《中华人民共和国国民经济和社会发展第十三个五年规划纲要》提出区域协同发展路径，把深入实施西部大开发战略放在优先位置。指出要更好地发挥"一带一路"建设对西部大开发的带动作用，加快内外联通通道和区域性枢纽建设，大力发展西部地区绿色农产品加工、文化旅游等特色优势产业。《西部大开发"十三五"规划》指出西部地区要坚持创新驱动，加快动力转换。将创新作为推进西部大开发的第一动力。

鼓励多元资本进入旅游市场，优化旅游发展软硬环境，推进旅游配套设施建设。重点打造丝绸之路旅游带，加快培育黄河文化、沙漠探险旅游带，加快敦煌国际文化旅游名城和国际旅游港建设。坚持协调协同，促进有序开发。优化空间格局，培育新的增长极和增长带，促进城乡要素平等交换和合理配置，健全城乡协调发展体制机制，推进新型工业化、城镇化、信息化和农业现代化同步发展，在协调协同中拓展发展空间，在加强薄弱领域建设中增强发展后劲。加大与酒泉、张掖、敦煌、额济纳等周边地区合作，将全域旅游作为嘉峪关旅游发展理念的创新、旅游发展模式的创新，打造科技与旅游结合、科技与生态结合的特色旅游模式，积极参与"中国河西走廊国际特色旅游目的地"建设，是嘉峪关未来实现旅游产业转型升级的新方向。

（三）甘肃省发展态势

1. 甘肃省推动建设华夏文明传承创新区战略

甘肃是华夏文明的重要发祥地。甘肃省委省政府立足资源禀赋，提出建设华夏文明传承创新区的战略构想。2013年1月获得国务院办公厅正式批复，成为我国唯一的国家级文化发展战略平台。根据《关于推进华夏文明传承创新区建设的实施意见》，"十三五"期间甘肃省将全面推动华夏文明传承创新区各项工作，全力打造以敦煌市丝绸之路（敦煌）国际文化博览会为重点的文化交流合作战略平台，积极推动与丝绸之路沿线国家人文交流合作，扩大甘肃文化的影响力。未来将以丝绸之路为轴线，充分挖掘悠久厚重的历史文化资源和丰富多彩的自然人文资源，加大保护、传承和创新发展力度，促进文化事业全面繁荣、文化产业创新发展，使其成为推动甘肃转型跨越、科学发展、民族团结、富民兴陇的核心地带。同时加强长城保护，重点实施嘉峪关文化遗产保护工程，建设长城博物馆，全面展示长城文化。积极推进丝绸之路申报世界文化遗产工作，做好甘肃段备选遗产点文物本体保护、基础设施建设、环境整治等相关工作。华夏文明传承创新区战略为甘肃省旅游业发展带来了前所未有的机遇，将有力推动嘉峪关以传统历史文化遗产为基础的旅游资源保护开发工作，为发展全域旅游提供重要保障。

2. 甘肃省积极推进国家生态安全屏障综合试验区建设

甘肃地处黄土高原、青藏高原、内蒙古高原三大高原交会处，是欧亚大陆桥的战略通道和沟通西南、西北的交通枢纽，是国家重要的能源资源产业基地，是西北乃至全国的重要生态安全屏障，在全国发展稳定大局中具有重要地位。2013年国务院通过《甘肃省加快转型发展建设国家生态安全屏障综合试验区总体方案》。方案指出加快转变经济发展方式，努力构建国家生态安全屏障综合试验区的现实意义。并明确嘉峪关等河西内陆河地区，是我国"两屏三带"青藏高原生态屏障和北方防沙带的关键区域，也是西北草原荒漠化防治区的核心区，要以水源涵养、湿地保护、荒漠化防治为重点，构建河西祁连山内陆河生态安全屏障的建设方案。

3. 丝绸之路（敦煌）国际文化博览会成为重点文化战略平台

支持甘肃办好丝绸之路（敦煌）国际文化博览会，支持开展丝绸之路国际艺术节等对外文化品牌活动，扩大精品节目品牌影响力，推动西部地区特色文化产品与服务"走出去"。

4. 酒嘉一体化成为甘肃省省域发展次中心

嘉峪关、酒泉两市因地理空间靠近、产业文化交错共融，导致两地发展相伴相生，密不可分。为推动地方经济快速稳定发展，两地谋划制定酒嘉一体化发展战略，规划建设一体化的酒嘉新区承担区域服务功能。2017年8月甘肃省政府批复《酒泉市城市总体规划（2016—2030年）》及《嘉峪关市城市总体规划（2016—2030年）》，确定酒泉是丝绸之路经济带甘肃段重要节点城市、省域副中心城市；嘉峪关是丝绸之路经济带甘肃段重要节点城市、省域次中心城市。《嘉峪关市城市总体规划（2016—2030）》提出，嘉峪关市要加强城市环境综合治理，积极推行低影响开发模式，推进海绵城市建设。加强对自然保护区、地质公园、湿地公园等保护。《规划》的批复为嘉峪关市未来的城市发展划定了范围，也为嘉峪关市未来产业的发展指明了方向，为发展以文化生态为主的全域旅游提供了政策保障。

（四）嘉峪关市发展态势

1. 嘉峪关市入选第二批国家全域旅游示范区创建单位名单

嘉峪关市作为丝绸之路重要的旅游城市，成功入选第二批国家全域旅游示范区创建单位名单。这既是对嘉峪关市全域旅游发展成果的肯定，也是对嘉峪关市未来发展方向的进一步明确，同时也将为嘉峪关市发展全域旅游提供中央和地方政策、资金等多方面的支持，对嘉峪关市贯彻落实五大发展理念，培育全域、全季、全业旅游产业，促进旅游产业转型升级、提质增效，构建旅游业发展新格局意义深远。

2. 峪泉镇成功创建第二批全国特色小镇

2017年8月，住建部第二批全国特色小镇名单公示，峪泉镇关城文旅小镇成功入选。峪泉镇作为嘉峪关市大景区所在地，旅游资源丰富，是嘉峪关市发展全域旅游的重要组成部分。

根据《嘉峪关市峪泉镇城乡一体化规划暨发展总体规划（2015—2030）》，峪泉镇将打造丝绸之路经济带黄金段嘉峪关市的旅游服务基地，全面实现基础设施与公共服务设施的城乡一体化发展，发展现代文化旅游产业。通过实施美丽乡村、美丽社区、美丽景区和美丽园区计划，打造美丽峪泉。峪泉镇成功入选国家级特色小镇，将大大推进嘉峪关市打造我国第一个以丝路文化、长城文化交汇，东西方文化交融，集文化体验、旅游度假、国际文化交流、文旅产业创新、休闲娱乐、旅游集散服务等于一体的丝绸之路黄金段国际旅游目的地小镇的目标，为嘉峪关市发展全域旅游提供重要支撑。

（五）上位规划解读

1.《甘肃省"十三五"旅游业发展规划》

把旅游业培育成推动全省经济转型发展的富民产业、战略性支柱产业和人民群众更加满意的现代服务业。将嘉峪关市打造为河西走廊生态文化旅游区的全域旅游发展极，并在全省范围内率先开展全域旅游示范区创建。联动酒泉和航天城，打造国际著名、国内一流的旅游目的地，引领全省文化旅游产业综合开发。

2.《甘肃省丝绸之路经济带建设大景区总体规划纲要（2014—2020）》

嘉峪关大景区是《甘肃省丝绸之路经济带建设大景区总体规划纲要》中提出打造的20个大景区之一。规划提出："以长城文化为主题，以大漠风光、绿洲田园和边关风情为依托，以关城、长城第一墩、悬壁长城为主题景观，融入丝绸之路文化，实现景城一体发展，把嘉峪关打造成具有国际吸引力、国内一流的高品位复合型长城文化龙头景区。"

3.《甘肃省河西五市旅游联动发展总体方案》

河西五市旅游一体化联动发展旨在打造丝绸之路精华段品牌产品，建设世界一流的品牌旅游目的地、打造旅游与相关产业融合发展的国家级综合改革示范区、构建区域性旅游国际贸易交流平台。《方案》提出将嘉峪关长城、玉门关遗址、悬泉置遗址、锁阳城遗址、敦煌莫高窟等世界遗产文化资源密集的酒泉、嘉峪关两市整合打造成酒嘉丝绸之路世界文化遗产深度体验旅游区。

4.《嘉峪关市旅游业发展规划（2015—2030）》

一是将嘉峪关市由旅游资源大市逐步建成生态文化旅游强市，成为地标性的世界旅游城市。二是将嘉峪关市打造为集观光、修学、文化寻访、历史文化、民俗文化体验、休闲度假、科普、爱国主义教育、体育、健身、生态、探险等于一体的国际知名旅游目的地。三是将嘉峪关市打造成为酒嘉敦旅游集散中心城市、河西走廊旅游集散中心城市、环祁连山环线集散中心城市、丝绸之路经济带的核心城市和亚欧新大陆的节点城市。

5.《嘉峪关市"十三五"旅游业发展总体规划》

围绕全域旅游示范区的任务要求，嘉峪关市旅游业要努力实现产业布局更合理、产品供给更丰富、品牌形象更突出、公共服务更完善、产业融合更深入、体制机制更顺畅六大目标。到 2020 年，把旅游业发展成为嘉峪关市国民经济的战略性支柱产业，把嘉峪关市打造成为丝绸之路沿线重要国际旅游目的地和休闲消费型城市。

二、调研分析

项目专家组自 2016 年 8 月开始至 2017 年 6 月，先后 10 余次奔赴嘉峪关市，进行全方位、全视角、全资源的深度实地调研，详细考察了当地的自然、经济、社会、文化等综合资源。借助网络大数据分析，通过梳理嘉峪关市资源优势和劣势，同时结合酒泉、张掖、金塔、敦煌等互联城市的优劣势竞合分析，提炼出嘉峪关发展国际旅居城市的重要发展要素，为实现全域旅游发展落地实施提供了重要的依据。以下为基础分析内容：

（一）综合区位分析

嘉峪关市是丝绸之路传统的经济文化重镇，古丝绸之路交通要冲，明代万里长城西部起点，中国丝路文化和长城文化的交汇点；地处河西走廊中段，北枕黑山，南接祁连，东靠绿洲，西连戈壁，是我国内地通往新疆、中亚的咽喉要冲，新亚欧大陆桥上的中转重镇，处于西部资源产区中心，配置资源的地理位置优越。"西气东输""西电东送""西油东送"等"六大能源网"跨境而过，是河西走廊生产要素最富集、最活跃的地区之一。

西北地区重要的交通枢纽城市。嘉峪关市公路、铁路、航空运输四通八达，是兰州以西、乌鲁木齐以东的区域性交通枢纽。国道 312 线高速公路纵贯全境；嘉峪关火车站是新亚欧大陆桥上的一等客、货运站和二等编组站，每天有 48 对客运列车列车通过，兰新高铁已经正式开通运营；嘉峪关机场为 4E 类国际机场，是 B215 航路国际备降机场，先后开通了飞往北京、上海、广州、西安、成都、天津、乌鲁木齐、银川、重庆、兰州、昆明、敦煌、金昌的航线。因为优越的区位优势和便利的交通条件，已经成为河西走廊游客集散中心城市。

（二）地域文化分析

嘉峪关市因嘉峪关而得名，嘉峪关因嘉峪山而得名。嘉峪山，一名"璧玉山"，又名"鸿鹭山"，也称"玉石山"。以山凭险，汉代设"玉石障"，五代有"天门关"，元代更名"嘉峪山"，取"林泉秀美，涧壑寂寥"之意。明初，始筑关于"嘉峪山之西麓，即嘉峪关"。

嘉峪关市辖域，先秦为西羌地，秦为乌孙地，西汉初为匈奴昆邪王地。汉武帝元狩二年（公元前 121 年），骠骑将军霍去病击破匈奴右地，"始筑令居以西，初置酒泉郡"。从此至民国时期，嘉峪关一带历属酒泉辖地，历史上并无郡县设置。

嘉峪关市因企设市。1958年伴随着国家"一五"重点建设项目"酒泉钢铁公司"的建设，而设立嘉峪关市。全市总面积1224平方公里（不含镜铁山矿区和西沟矿区）。至2011年底，嘉峪关市下辖3个区（长城区、镜铁区、雄关区）。

（三）自然条件分析

1. 地质地貌

嘉峪关市地层结构是祁连山地层结构的延伸地带。远在寒武纪以前，这一带是一北西向狭长陆间海槽，在奥陶纪，这一带海水一直未退出过整个海槽。后因不同程度火山喷发，形成山的雏形。随着地壳的抬升，海水退出，便形成陆地，并耸立着山脉。经过中、新生代的各次构造运动，使祁连山成为高山区，河西走廊成为介于南北两山间的断陷沉降带。市境内砾石层的物理力学性能，为地面以至地下建筑工程提供了十分优越的条件。

嘉峪关市辖区略呈平行四边形，东西较长，南北稍窄，西南高，东北低，自然坡度13.3‰。各类地形占全市总面积的比例为：山地约占40%，平地沙碛约占32%，盆地可耕地约占28%。海拔在1430~2799米之间，沙碛分布于海拔1500~1800米之间，绿洲分布于1430~1700米之间。按照其成因和地形可分为中高山，长垄状台地，桌状、垄岗状残丘，洪积、冲积扇，洪积、冲积平原，河流切蚀谷地6个地貌形态。

2. 气候条件

嘉峪关市辖区属温带大陆性荒漠气候。其特点是：日照长而强烈，降水少而蒸发快，多大风而温差大。

3. 水文条件

讨赖河是嘉峪关市境内唯一的地表河流。讨赖河属黑河水系。古代记载中称"呼蚕水"，后因发源于祁连山中的讨赖掌，易名讨赖河。"讨赖"一词的意思一种说法是匈奴语的译音，意为"有树的地方"；另一种说法是蒙古语的译音，意思是"兔子多的地方"。讨赖河流经市境约35千米。在境内的龙王庙处，据酒泉水文站统计，流过的年水量为4亿立方米，为冰沟流过年水量6.9亿立方米的59%，其余的41%（2.9亿立方米）则渗漏于冰沟至龙王庙间的河床内，补充了本市区的地下水。

嘉峪关市泉水主要分布在双泉、南门湖、黑山湖、大草滩、泥沟、黄草营西北、新城湖等地。大部分泉水因地下水过度开采，目前已枯竭。目前仍涌泉的泉眼有：双泉、大崖泉、荀子沟泉、芨芨沟泉、沙枣泉、臭水泉、坡子泉、青山沟泉、榆树沟泉、芦岗泉、双泉山泉等。

嘉峪关市境内地下水储量较丰富，可开采量为1.14亿方米，流量为3.53m³/s，平均年开采量为480万立方米。

4. 土壤条件

嘉峪关市总土地面积220万亩，农林牧可利用面积8.1万亩。现有已耕农业地4.26万亩，占土地可利用面积的52.5%。土壤有灌淤、草甸、灰棕漠、风沙4个土类，有灌淤土、潮化灌淤土、灌耕土、耕种草甸土、林灌草甸土、盐化草甸土、沼泽草甸土、沙化草甸土、半固定风沙土、流动风沙土和灰棕漠土等11个亚类。

5. 动植物资源

甘草多产于新城乡的戈壁滩和沼泽湖畔，质地较好，近年来为国内外市场争购，并通过外贸远销美国、日本等地。

野生植物中，沙葱是本地一种特产。因生长于沙滩上，性状类似葱，故称沙葱。是丛生植物，叶细长，深绿色，呈针状，高可达三四寸。从春到秋，雨后即生，五六天之后就可采食。腌、炒、焯拌，调入汤面均可，鲜美可口，味胜多种蔬菜。与沙葱同类的菜——羊胡子，形状都与沙葱相似，味道另具特色，只是细矮一些，近年来长得少了，不好采集。

野生植物中，发菜是本地山珍之一。发菜属菌类植物，无根系。多产于戈壁滩。春夏季雪化或雨后即生出，浮着于地表。四五月间为旺季。因其生长极其稀微，价格很高，近年来所产者多远销于港、澳。

（四）区域经济条件分析

1. 经济概况

嘉峪关市城镇化率为93.44%，是西北地区唯一的钢铁基地，嘉峪关市也被誉为西北的钢城。

2016年甘肃省各市GDP和人均GDP排名

排名	地区	GDP（亿元）	增长（%）	2016年（万人）	2015年（万人）	人均（¥）	人均（$）	面积（km²）
1	兰州	2264.23	8.3	370.55	368.84	61 246	9221	13 272
2	庆阳	597.83	8.2	224.19	222.93	26 741	4026	27 119
3	天水	590.51	8.6	332.30	331.03	17 804	2680	14 431
4	酒泉市	577.90	6.5	111.90	111.48	51 732	7788	193 974
5	武威	461.73	8.5	181.98	181.59	25 400	3824	33 238
6	白银	442.21	7.4	171.64	170.96	25 815	3886	21 210

续表

排名	地区	GDP（亿元）	增长（%）	2016年（万人）	2015年（万人）	人均（¥）	人均（$）	面积（km²）
7	张掖	399.94	8.0	122.42	121.87	32 743	4929	40 874
8	平凉	367.30	7.0	210.31	209.71	17 490	2633	11 169
9	陇南	339.90	8.4	260.41	259.03	13 087	1970	27 848
10	定西	331.08	7.0	278.98	277.73	11 894	1791	20 330
11	临夏州	230.11	8.3	202.64	201.08	11 399	1716	8166
12	嘉峪关	153.41	7.3	24.59	24.35	62 693	9438	2935
13	金昌	207.82	6.4	46.98	47.04	44 208	6655	8927
14	甘南州	135.95	5.6	71.02	70.45	19 220	2894	38 521
	甘肃	7152.04	7.6	2609.95	2598.09	27 465	4135	462 014

人均GDP领跑全省，高于省会兰州，居民收入水平名列前茅，居民生活富裕。城乡居民人均可支配收入稳步增长，分别达到33 540元、16 462元。

2. 产业发展

产业结构不断调整。2016年，全市实现生产总值153.4亿元，全年增长7.3%，第一、第二、第三产业分别增长5.6%、3.1%、13.4%。通过坚持不懈做精一产、做强二产、做大三产，三次产业结构由上一年度的2.2∶57∶40.8调整为2.9∶39.3∶57.8，第三产业实现历史性突破。固定资产投资160.4亿元，社会消费品零售总额60亿元，一般公共预算收入完成17.09亿元。

（五）全域旅游资源分析

1. 主要旅游资源综述

嘉峪关市共有8个A级旅游景区，其中：5A级旅游景区1个（嘉峪关文物景区）；4A级旅游景区4个（方特欢乐世界、东湖生态旅游景区、紫轩葡萄酒庄园景区和中华孔雀苑）；3A级旅游景区2个（嘉峪关市城市博物馆、讨赖河生态文化旅游景区）；1A级景区1个（三禾奇石城）。初步形成了以5A级旅游景区为龙头、4A级旅游景区为主体、3A级以下旅游景区为补充，集文物古迹游、现代工业游、生态观光游于一身的旅游格局。

此外，还有黑山岩画、魏晋墓壁画和长城博物馆等历史人文古迹；有亚洲距离城市最近的"七一"冰川、与澳大利亚和南非并列的三大国际滑翔基地、国际铁人三项赛指定专用赛场、嘉峪关戈壁大峡谷等自然风光资源；有全国首批工业旅游示范点——酒钢（集团）公司、光伏发电基地等工业旅游资源。

2. 旅游资源分类

在上位规划资源普查的基础上，结合实地调研和资料研究，对旅游资源进行了系列补充。经调研，嘉峪关市旅游资源共分为 8 主类、26 亚类、76 个基本类型。

表 1　嘉峪关市旅游资源分类表

主类	亚类	基本类型	组成
A地文景观	AA综合自然旅游地	AAA山丘型旅游地	大黑山、文殊山
		AAC沙砾石地型旅游地	戈壁滩
	AB沉积与构造	ABA断层景观	嘉峪关断层
		ABF矿点矿脉与矿石积聚地	镜铁山铁矿、黑鹰铁矿、西沟石灰石矿、白云石矿、石灰石矿、狼豹沟铁矿、石矿及石灰石矿
		ABG生物化石点	嘉峪关龙化石、草叶纹化石、蜂窝状化石、鱼类脊椎化石
	AC地质地貌过程形迹	ACG峡谷段落	讨赖河大峡谷、黑山峡谷
		ACH沟壑地	红柳沟、蕉蒿沟
		ACM沙丘地	新城大漠沙丘
B水域风光	BA河段	BAA观光游憩河段	讨赖河
		BAC古河道段落	嘉峪关古河道
	BB天然湖泊与池沼	BBA观光游憩湖区	东湖、迎宾湖、黑山湖、新城草湖、新城拱北湖、南门湖
		BBB沼泽与湿地	草湖湿地、草滩九眼泉
	BD泉	BDA冷泉	双泉、大崖泉、葡子沟泉、芨芨沟泉、沙枣泉、臭水泉、坡子泉、青山沟泉、榆树沟泉、芦岗泉、双泉山泉
		BDB地热与温泉	黄草营温泉
	BF冰雪地	BFB常年积雪地	祁连雪山遥望
C生物景观	CA树木	CAA林地	草湖红柳林带
		CAC独树	胡杨、沙枣树、榆树、钻天杨、爬地柏等
	CB草原与草地	CBA草地	新城天然草场
	CD野生动物栖息地	CDB陆地动物栖息地	草湖斑羚栖息地
		CDC鸟类栖息地	草湖候鸟栖息地

续表

主类	亚类	基本类型	组成
D天象与气候景观	DA光现象	DAA日月星辰观察地	边关古月、戈壁星辰
		DAC海市蜃楼现象多发地	瀚海蜃景
	DB天气与气候现象	DBD极端与特殊气候显示地	新城大漠沙丘
E遗址遗迹	EA史前人类活动场所	EAA人类活动遗址	黑山岩画
	EB社会经济文化活动遗址遗迹	EBB军事遗址与古战场	嘉峪关古战场
		EBE交通遗迹	驿站
		EBF废城与聚落遗迹	堡城[卯来泉堡、塔湾堡,关东北有野麻湾堡、新城堡,关北有石关峡堡,关西有双井子堡(也叫木兰城)、安远寨、黄草营盘,以及供守关军官和家属居住的官园、横沟屯庄等]
		EBG长城遗迹	悬壁长城、长城石关峡段、其他诸多的墩台、城台、城垣、堡城
		EBH烽燧	长城第一墩、大草滩墩、石烟墩、黑山儿墩、骟马城、上柏杨、下柏杨、拱北墓、红泉、榆树泉、三条沟、火烧沟和古墩儿、头墩山、三墩山、五墩山三处烽火墩台、二里半墩、大沙河墩、上腰墩、柳树墩、张家墩、陶家墩、小坝沟墩、中所沟墩、边山墩、断山口墩、野麻湾后墩、十营庄子北墩、梧桐墩、沙岗墩、泛沙泉墩、大墩(高3.5米)、大火烧沟墩、小青羊墩、卯来泉堡墩、界牌墩、卯来河墩、文殊山口墩、塔儿湾墩、河口墩、龟盖山墩
F建筑与设施	FA综合人文旅游地	FAA教学科研实验场所	丝路长城研究院
		FAB康体游乐休闲度假地	方特欢乐世界、四季滑雪场、黑山峡谷探险旅游区、乾圆山庄、酒钢水上乐园、中华龙林园
		FAC宗教与祭祀活动场所	嘉峪关清真寺、基督教堂、护国寺、关帝庙、二分沟庙、善家沟庙、龙王庙、
		FAD园林游憩区域	酒钢职工游乐园、酒钢森林公园、迎宾湖旅游园区、东湖生态旅游景区
		FAE文化活动场所	08奥运火炬传递地、嘉峪关市群众艺术馆
		FAF建设工程与生产地	酒钢集团工业旅游示范点(生产指挥控制中心、一高线、中板厂3个酒钢厂区内景点)
		FAG社会与商贸活动场所	观礼古镇、嘉华商业步行街、镜铁路市场、富强市场、人民商城、雄关商厦、大唐美食街、东方百盛、建设路市场等

续表

主类	亚类	基本类型	组成
F建筑与设施	FA综合人文旅游地	FAH动物与植物展示地	紫轩万亩葡萄基地、中华孔雀苑
		FAI军事观光地	坦克团旧址
		FAK景物观赏点	第一墩观景台、西部明珠气象塔
	FB单体活动场馆	FBA聚会接待厅堂（室）	河西走廊游客集散中心
		FBB祭拜场馆	关帝庙、护国寺、嘉峪关清真寺
		FBC展示演示场馆	酒钢展览馆、长城博物馆、城市博物馆、敦煌美术馆、观礼古镇民间博物馆群落
		FBD体育健身馆场	嘉峪关体育馆
		FBE歌舞游乐场馆	嘉峪关大剧院
	FC景观建筑与附属型建筑	FCC楼阁	嘉峪关城楼、角楼
		FCE长城段落	嘉峪关汉、明关城段落
		FCF城（堡）	嘉峪关关城
		FCG摩崖字画	黑山摩崖刻画、石关峡峡口岩画
		FCH碑碣（林）	李陵碑、断山口碑、雄关碑、关城内的诸多碑
		FCI广场	雄关广场、诚信广场、铁路广场、404英雄广场
		FCK建筑小品	市内雕塑（腾飞、钢城—开路先锋、雄关之光、驿使、飞天等）、黑山石雕群
	FD居住地与社区	FDA传统与乡土建筑	传统民居、地窝子
		FDB特色街巷	嘉华商业步行街、大唐路美食街、双泉农家乐一条街、安远沟农家乐一条街
		FDC特色社区	黄草营民俗村、观礼古镇、纪录片小镇、峪泉特色小镇
		FDD名人故居与历史纪念建筑	游击将军府、旧酒泉机场
		FDG特色店铺	三禾奇石城、丹浓矿产品、石艺馆、嘉峪关关城奇石一条街
	FE归葬地	FEB墓（群）	鄂本笃墓、东汉墓、魏晋壁画墓群、李陵碑
	FF交通建筑	FFB车站	嘉峪关火车站、汽车站、嘉峪关南站
	FG水工建筑	FGA水库观光游憩区段	黑山湖水库、东湖水库、双泉湖水库
		FGB水井	官井

续表

主类	亚类	基本类型	组成
G旅游商品	GA地方旅游商品	GAA菜品饮食	灌猪肠、嘉峪关烤肉串（小党烤肉、眼镜烤肉）、烧壳子、锁阳油饼、麻腐饺子、面筋、油饼卷糕、雨鸣洲涮羊肉、鲍福记羊肉粉汤、手擀面、九碗席、丝路驼掌、清真牛肉面、搓鱼面
		GAB农林畜产品与制品	嘉峪关洋葱、嘉峪关泥沟胡萝卜、嘉峪关野麻湾西瓜、驼绒、鹿肉、苹果、梨、桃子、杏子、葡萄、红枣、孜然、沙葱、沙蒿籽、芨芨草、雪山松菇、花棒、孔雀蛋、紫轩葡萄酒、新城醋、嘉峪关炒面片、酿皮、杏皮水
		GAD中草药材及制品	麻黄、木贼、茵陈蒿、金银花、车前子、苍术、大黄、牛膀子、苍耳、蒺藜、蒲公英、防风、芦根、曼陀罗、锁阳、苍耳子、地骨皮、野党参、枸杞、大青叶、板蓝根、瞿麦、急性子、菟丝子、苁蓉、甘草
		GAE传统手工产品与工艺品	驼绒画、嘉峪石砚、玉料酒器、魏晋墓壁画临摹画、汉唐铺地砖拓片、竹丝画笔、石雕和挂毡、戈壁石画、夜光杯、隔壁奇石风雨雕、祁连玉雕、关城模型、芨芨草编扎工艺品、新城五粮酿酒、剪纸、泥塑、大轱辘车制作技艺、祁连山墨玉
		GAF日用工业品	不锈钢餐具、不锈钢厨具
H人文活动	HA人事记录	HAA人物	张骞、霍去病、林则徐、李陵、冯胜、左宗棠、班超、易开占、李端澄、翟銮、杨博、李涵、陈卿、王崇古、王显忠、李应魁、祁秉忠、柴国栋、李廷臣等
		HAB事件	张骞出使西域、骠骑将军霍去病击破匈奴右地、玄奘西行、明代修筑关城（冰道运砖、定城砖等）、种植左公柳、兴建酒钢等
	HB艺术	HBA文艺团体	酒钢综合文工团、酒钢乐队、野麻湾村地蹦子表演队、团结村文化宣传队、黄草营村居民自乐班
	HC民间习俗	HCA地方风俗与民间礼仪	嘉峪关地蹦子、嘉峪关宝卷、嘉峪关霸王鞭、楹联风俗、文殊镇婚嫁风俗
		HCC民间演艺	灯会、秧歌、社火、民间小调
		HCF庙会与民间集会	仿古出关仪式、护国寺庙会
		HCZ演出表演	方特《天下雄关》情景剧

续表

主类	亚类	基本类型	组成
H人文活动	HD现代节庆	HDA旅游节	奇石文化旅游节、敦煌行·丝绸之路国际旅游节及各项分项活动（嘉峪关城市音乐摇滚帐篷节、丝绸之路国际旅游博览会、美食节、推介会等）、全国吉普牧马人"马帮俱乐部"旅游推介、丝绸之路国际房车博览会、"全域旅游+互联网"高峰论坛、"2016巴黎-北京-伊斯坦布尔法国房车丝绸之路百日行"发车仪式
	HD现代节庆	HDB文化节	丝路长城（国际）音乐文化节、嘉峪关国际短片电影展、新丝路·新梦想——甘肃高铁时代与嘉峪关旅游发展高峰对话会、象棋大赛
		HDC商贸农事节	新城西瓜节、野麻湾油桃采摘节
		HDD体育节	国际铁人三项戈壁挑战赛、烽火连城·黑山夜跑、热气球嘉年华、省运会、市运会、国际滑翔节、民族运动会、甘肃省2016传统武术锦标赛暨全国武术大赛选拔赛
数量统计			
8主类	26亚类	76基本类型	

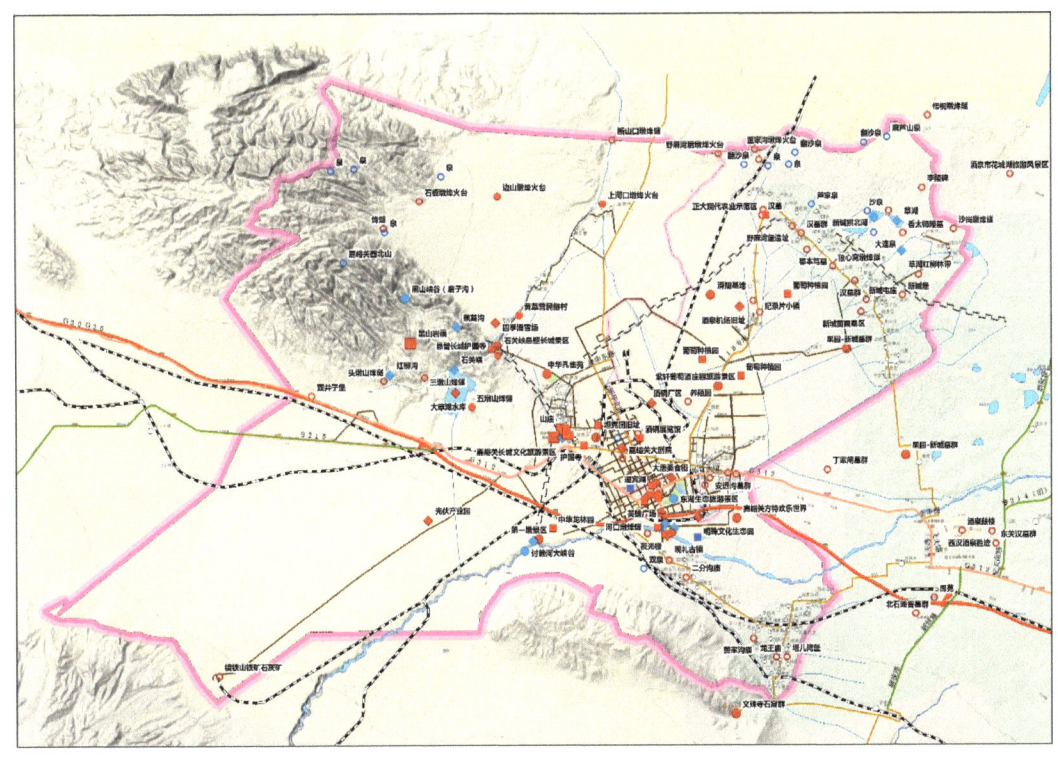

图1　嘉峪关市旅游资源分布图

3. 旅游资源评价

（1）资源分布呈现全域空间格局

旅游资源呈现"大分散、小集中"的布局，从全域来看，布局较分散，能够有效支撑全域旅游发展。而在重点景区周边，资源分布集中，形成了系列资源组团，为景区开发奠定坚实基础。

（2）资源游览具备全季、全天候的潜力

嘉峪关市以人文旅游资源为主，自然旅游自然为辅，人文类旅游资源对季节的依赖性比自然资源较低。受时区分布影响，嘉峪关市日落时间较晚，为"夜间"旅游活动的开展奠定坚实基础。

（3）资源景观美学质量高，具有国际品质

资源整体上呈现出：苍凉、壮美、雄奇、厚重的资源特征，展现出有别于我国中东部、东北部的景观风貌，呈现出别样的"苍凉美"。万里长城嘉峪关、丝绸之路等世界文化遗产奠定了嘉峪关市全域旅游资源的国际品质。

（4）资源价值复合度高，开发潜力大

无论是观赏价值、科学价值还是文化价值，在嘉峪关市全域旅游资源上均有体现。资源转化为产品的潜力较大。

4. 资源特征与开发引导

（1）惊世绝伦的世界文化遗产

（关城、第一墩、悬壁、丝绸之路）——嘉峪关全域旅游的龙头引擎，嘉峪关世界品牌的核心支撑。

（2）充满传奇的沙漠绿洲

（草湖、孔雀苑、魏晋墓、黑山岩画、讨赖河、野麻湾西瓜）——嘉峪关城市发展、旅游格局的重要方向，未来新型旅游产品开发的重要载体。

（3）融合共生的丝路风情

（紫轩酒庄、魏晋墓、丝绸之路博览园、美食）——全域旅游营销的重要抓手，获取国家政策扶持的重要途径。

（4）时尚现代的第四代主题乐园

（方特）——带动周边旅游市场的核心力量，嘉峪关旅游产品的重要补充。

（5）艰苦奋斗、勇为人先的城市品格

（酒钢、嘉峪关市）——嘉峪关城市的核心魅力，是城市休闲、工业旅游的重点依托。

（六）全域旅游市场分析

1. 旅游市场现状分析

（1）旅游接待情况

近年来，嘉峪关市旅游发展迅速，游客接待人数和旅游收入两项旅游指标增长率均保持在 20% 以上。其中，2016 全年接待旅游人数 702 万人次，同比增长 23.2%，实现旅游收入 45.3 亿元，同比增长 25.90%。但入境旅游人数增长近年来出现停滞，入境游客人数占比较低，且呈现出逐年下滑趋势，2016 年，入境旅游者仅占全部游客的千分之一。

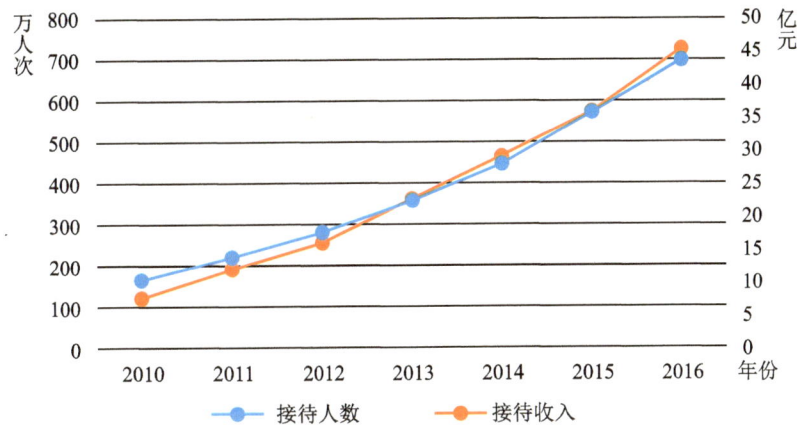

图2　2010—2016 年嘉峪关市旅游接待情况

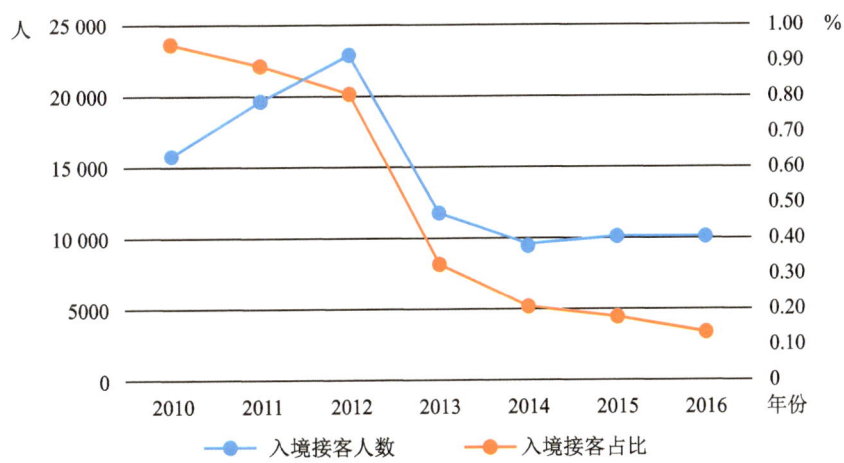

图3　2010—2016 年嘉峪关市入境游客接待情况

（2）游客市场特征（游客画像）

①文献研究分析

据郑芳、王乃昂等 2007 年所著《嘉峪关市旅游人口特征研究》，嘉峪关市游客主要分布在甘肃省内的兰州、酒泉、张掖、嘉峪关等地，共占 35%，省外游客主要分布在北京、浙江、陕西、山西、江苏、河南等地，共计 28.6%，再次为山东、广东、福建、云南、新疆、湖北、台湾等地，共计 16%。游客年龄主要集中在 26~60 岁，其中，26~45 岁主要是单位组织出游，46~60 岁离退休人员比例较大。游客参团游览比例较大。

据《嘉峪关市旅游业发展规划》（2015—2030）中的相关研究，近年来，嘉峪关市游客特征已发生明显变化。国内游客中，外省游客为主要客源市场。陕西、青海、四川、河北、宁夏、河南、江苏、山西、北京、新疆等地的游客占国内游客总数的 90%。游客多以男性游客和青壮年游客（25~44 岁）为主，旅游目的中，休闲观光游览度假为游客主要出游目的；商务游客有所下降；探亲访友游客与上年持平；会议、科技/文化/体育交流、宗教/朝拜的游客比例较低。二是游客旅游方式发生变化。自行选择交通工具，以团体自行组织或自助旅游成为主要出游方式，这些游客对旅游公共服务设施和服务水平有更高要求；自驾车出游与上年基本持平，表明自驾游市场空间很大。

在入境市场中，嘉峪关市入境旅游市场主要集中在日本、韩国、英、美、德国、法国等地和中国港澳台地区。前来嘉峪关市观光、游览的海外游客市场多集中在中国港澳台，日本、韩国、德国等地区和国家，这部分游客占海外游客总数的 80% 左右，这些地区和国家经济发展水平普遍较高，旅游客源稳定并呈增长趋势。

②在线旅游数据分析

经过对携程网关于嘉峪关关城景区的 1196 条旅游点评数据综合分析，能了解习惯通过互联网预订、购票的游客行为特征。这些游客代表了新一代的旅游者，他们年轻、时尚，对新生事物充满好奇，也代表了未来中国游客的核心力量。他们在旅游点评网站上的评价内容，对嘉峪关市旅游形象的塑造和品牌口碑具有重要影响。

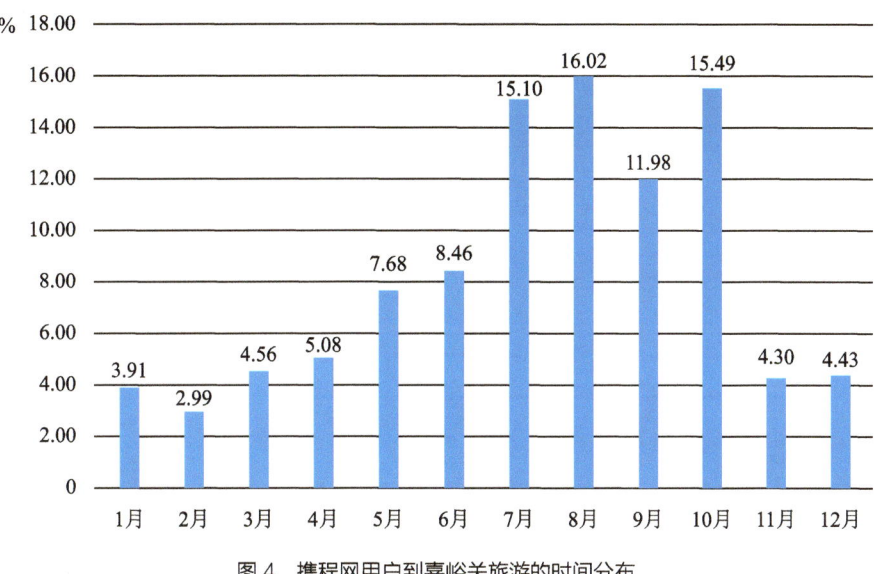

图4 携程网用户到嘉峪关旅游的时间分布

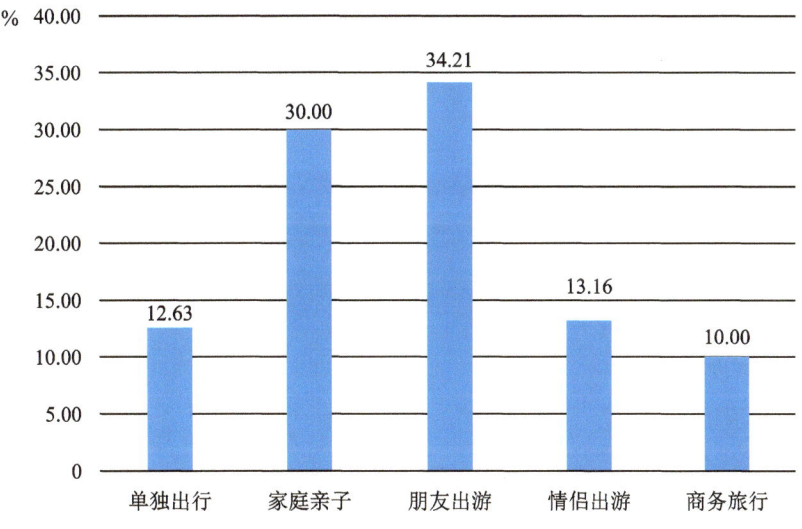

图5 携程网用户到嘉峪关旅行的出游方式

携程网用户游览嘉峪关的时间，集中分布在7—10月，5—6月仅比淡季稍旺。而出游方式上，多以朋友出游和家庭亲子出游为主，故暑假期间和十一黄金周期间成为旅游的最旺季。从游客地域分布来看，游客主要来自北上广、东部沿海地区及甘肃省本地，此外，四川、陕西、湖北等省份因距离嘉峪关市较近，游客比其他省份稍多。

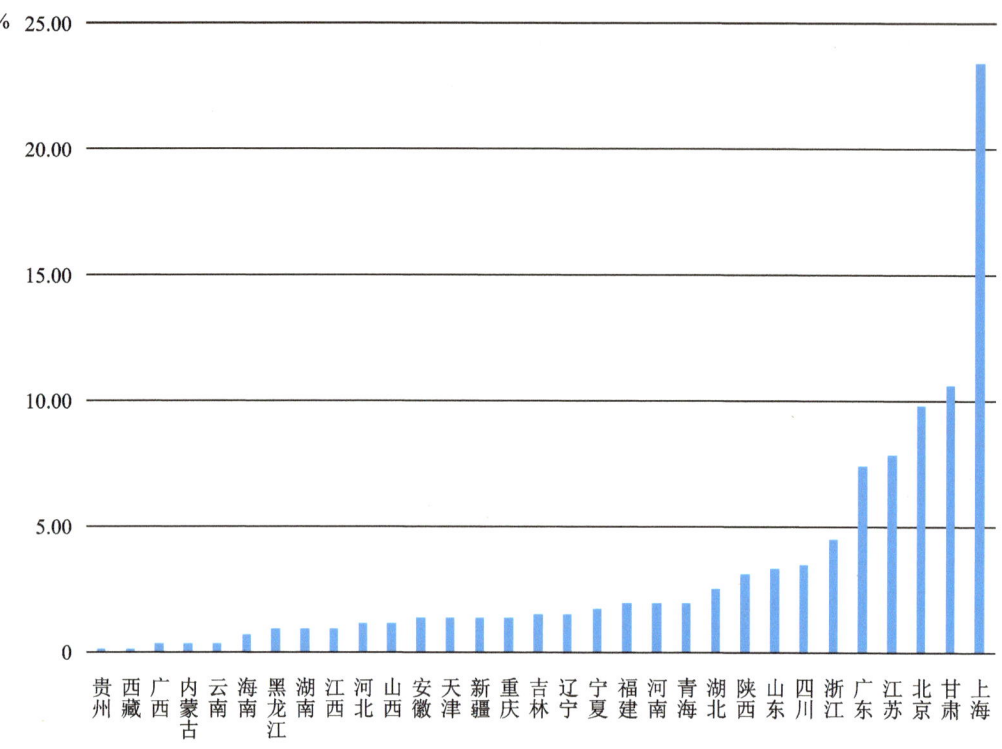

图 6 到嘉峪关旅游的携程网用户地域分布情况

（3）潜在专项旅游市场分析

①研学科普旅游市场

②体育运动旅游市场

③自驾旅游市场

④高端探险旅游市场

2. 周边区域旅游发展竞合分析

目前，与嘉峪关紧密相关的核心旅游线路有两条，一是甘肃省主导的丝绸之路黄金旅游带：平凉、天水、定西、兰州、临夏、武威、金昌、张掖、酒泉、嘉峪关、敦煌。展示大漠戈壁、丹霞砂林、冰川雪峰、森林草原、民族风情等多彩魅力。二是久经市场考验的环祁连山经典旅游环线：西宁—张掖—嘉峪关—敦煌—德令哈—青海湖，展现的是冰火两重天，可感受生态文明与历史文化的饕餮盛宴。

图7 环祁连山经典旅游环线示意

甘肃省内与嘉峪关市联系较为紧密的城市为敦煌、张掖，张掖资源以生态环境为主，敦煌以历史文化为主，都是丝绸之路上的重要节点城市。此外，从百度搜索相关指数分析，敦煌市整体知名度和关注度高于嘉峪关，敦煌行·丝绸之路国际旅游节已成功举办七届，是甘肃省最为重要的旅游节事之一，形成了规模和影响力。

表2 酒泉、嘉峪关、张掖旅游发展情况对比

城市	高铁站	机场	高速公路	5A+4A景区数	核心特色	游客人数/万人次	旅游收入/亿元	人均收入/元	地均旅游人数/人次	全域旅游示范区
嘉峪关市	嘉峪关南站	嘉峪关机场	连霍高速	1+4	天下第一雄关	702	45.3	645	2392	是
酒泉市	无	与嘉峪关机场公用	连霍高速	1+7	酒泉、航天城	2144.4	190.7	889	112	否
其中：敦煌市	无	敦煌机场	柳格高速	1+2	敦煌石窟、敦煌壁画	801.52	78.36	978	257	是

续表

城市	高铁站	机场	高速公路	5A+4A景区数	核心特色	游客人数/万人次	旅游收入/亿元	人均收入/元	地均旅游人数/人次	全域旅游示范区
张掖市	张掖西站	张掖军民合用机场	连霍高速	0+16	塞上江南	2030.46	114.16	562	497	是

3. 游客规模预测

2016年嘉峪关市全年游客人数达702万人次，同比增长23.2%。以此为基数进行预测估算，2020年游客规模将达到1600万人次。

三、全域旅游发展研判

基于背景分析和嘉峪关市域旅游发展基础条件分析，结合相关标准要求，我们对嘉峪关市发展全域旅游业做出初步的研判，并深入分析了各个领域的优势和不足。同时结合创建全域旅游示范区的相关验收标准，我们进行了对标分析，将全域旅游发展中的重点和难点一一列出，并对嘉峪关相关领域的发展进行了初步预判评分，为嘉峪关评审全域旅游示范区做出指导性发展意见。

（一）全域旅游发展现状分析

1. 旅游改革创新发展分析

牢牢把握成功入选第二批国家全域旅游示范区试点单位的有利契机，加快改革创新，推动文化旅游融合发展，着力推进文物系统管办分离、事企分开改革，研究制订了大景区管理体制改革方案并获省政府批准，组建了成立了丝路（长城）文化研究院和大景区管理委员会。嘉峪关市"十三五"旅游发展规划、关城大景区建设性详规、全域旅游发展规划、新城魏晋墓群保护总体规划等工作开局良好，有序推进。

2. 旅游扶持政策分析

2017年3月发布了《嘉峪关市推动全域旅游发展扶持奖励办法（试行）》，明确了组团入嘉、品牌提升、旅游商品扶持、市场推广、会议、节会、赛事、会展等旅游活动的补贴范围和标准。将旅游补贴纳入市年度财政预算。办法的出台体现了嘉峪关市发展全域旅游的政府意志，也为促进嘉峪关市旅游供给侧结构性改革，提升旅游品牌形象，激发旅游内生活力，增强旅游发展动力，培育旅游客源市场，充分调动全市各方面创建国家全域旅游示范区的积极性，加快建设丝绸之路沿线重要国际旅游目的地城市和休闲消费型城市发挥了重要作用。

3. 旅游业对国民经济的贡献程度分析

2016年全年接待旅游人数达到702万人次，同比增长23.2%，实现旅游收入45.3亿元，同比增长26%，带动三产比重逐年攀升，2014年为27.8%，2015年为40.7%，2016年更是达到57%，占到了经济总量的"半壁江山"，旅游已成为嘉峪关市继工业之后的最大引擎和首位产业。

4. 旅游产品开发评价

嘉峪关市近年来旅游产品开发取得了系列成效。目前已拥有嘉峪关关城、方特欢乐世界、紫轩葡萄酒庄园、东湖生态旅游景区、中华孔雀苑、新城草湖国家湿地公园、戈壁大峡谷国家地质公园、讨赖河生态景区等众多人文、历史、自然景观和丰富的体验区，初步形成了以"五大项目"为核心的关城大景区片区，以草湖湿地公园、魏晋墓群为代表的东北片区和以方特欢乐世界、南湖文化生态园为代表的东南片区三大文化旅游片区。并不断推动丝绸之路文化博览园、世界文化遗产公园（花卉博览园）、文化旅游产业创意园、峪泉古镇古街、景区联接旅游公路等项目建设。长城本体保护工程全部竣工，玉龙湾文化生态园、游客集散服务中心、智慧旅游建设、房车露营地、航空博物馆、文化遗产历史"再现工程"等重点项目稳步推进，丝绸之路彩绘艺术大观重大项目正式启动。

但整体来看，嘉峪关市旅游产品开发，仍存在一系列的问题：

（1）资源等级与产品等级不匹配

嘉峪关市拥有世界级文化旅游资源，但并未开发出与之相匹配的世界级影响力旅游产品。对以嘉峪关关城为代表的历史文化资源的开发不够深入，目前仅停留在初级阶段，游客的参与性、体验性不高，不仅不利于文化遗产的保护，也不利于旅游品牌的塑造和宣传。

（2）以核心景区为主，对全域的带动不强

景区主要分布在城市周边，基本上集中在长城沿线和讨赖河两岸，目前仍然是点状辐射，初步形成了旅游线路，但仍不成熟。

（3）核心吸引力不足，过境游客多，缺乏深度游

嘉峪关市地处丝绸之路黄金旅游带上，但游客在嘉峪关市停留时间较短，基本为1天左右的时间，目前是旅游过境地，朝旅游集散地方向发展，离旅游目的地的要求仍有差距。

（4）淡旺季明显，冬季旅游产品开发不足

冬季旅游产品开发不足，冬季旅游产品仅有一家滑雪场，且规模较小。

5.基础设施和旅游设施开发分析

（1）厕所建设情况

嘉峪关市坚持"以人为本、数量充足、方便就近、便利如厕"，从城市建设的全局出发，把公厕建设和管理列入议事日程。目前共有各类公厕125座，其中：水冲厕所116座、生态厕所7座、移动厕所2座，分布位于城市主次干道两侧、旅游景区、公共场所、市场以及居民住宅区等。4A级以上旅游景区内的部分旅游厕所，配套服务设施与管理水平达到国内较高水准，涌现出一批精品旅游厕所。但旅游厕所数量整体偏低，按照一座公厕服务半径500m计算，125座厕所服务范围共计是98.13平方公里，不考虑村镇和景区情况，仅嘉峪关市建成区面积为115平方公里，故厕所数量仍略显不足。且星级厕所仅有20家，厕所的整体服务质量还有待提升。

（2）集散服务体系建设情况

嘉峪关丝绸之路河西走廊游客集散服务中心等项目建设有序推进。服务于全市域的中小型旅游咨询服务中心仍有待建设完善。

（3）引导系统建设情况

为持续深入推进全国旅游标准化示范城市创建，进一步健全和完善城市旅游道路交通标识系统，围绕兰新高铁的开通和保障方特欢乐世界开园前的城市旅游道路交通引导，嘉峪关市旅游局会同市公安局交警支队制作和安装完成了首批53块纯旅游道路标志牌。首批制作的53款旅游标识牌主要分布在机场路、新华路、方特大道、嘉酒快速通道等城市主干道和出入口，与最新的交通路网相匹配，为来嘉峪关游客，特别是自驾游旅游者提供了更加清晰、便利的交通引导服务。

（4）智慧旅游建设情况

智慧旅游全面开展。修改完善了《嘉峪关智慧旅游可行性分析报告》和《嘉峪关智慧旅游系统解决方案》；在机场、火车南站、景区、星级饭店等人员密集场所设立LED屏免费查询系统30部；与去哪儿网、携程网、途家网、途牛网、甘肃省广播电视网络股份有限公司、甘肃陇上行文化旅游开发有限公司等签订战略合作协议，协调景区与燕京旅游达成合作意愿，推动所有星级酒店实现了免费无线网络全覆盖。

（5）旅游安全设施建设情况

建立了旅游综合执法机制。制订了《嘉峪关市旅游联合执法实施方案》，并联合市公安局、工商局、质监局、食药局、文物局、运管局等 7 家单位对全市旅游经营单位进行联合执法检查，形成旅游执法长效机制；尤其在元旦、清明、五一、端午、中秋等小长假期间加大监督检查力度，消除了安全隐患，确保旅游市场安全稳定。

2016 年强化对全市旅游景区的规范检查，定期核定 A 级景区最大游客承载量和票价优惠政策。国庆期间，方特欢乐世界因流量管控得力、旅游秩序平稳、服务管理规范，荣获国家旅游局发布的旅游安全保障最佳景区称号。

6. 旅游要素及旅游+新业态开发分析

（1）旅游住宿

截止目前，嘉峪关市共有各类宾馆（酒店）233 家，客房总数 7649 间，床位总数 14 892 张。其中，星级饭店共有 17 家（四星级饭店 3 家，三星级饭店 10 家，二星级饭店 4 家），客房总数 1874 间，床位总数 3528 张；社会宾馆 186 家，客房总数 5565 间，床位总数 10 881 张；乡村家庭旅馆 30 家，客房总数 210 间，床位总数 420 张。

（2）旅行社

目前，嘉峪关市共有旅行社 17 家，旅行社分社 10 家、服务网点 14 家。其中，主营入境游、国内游旅行社 16 家，主营入境游、国内游、出境游国际旅行社 2 家。

（3）旅游交通

近几年，嘉峪关市先后开通了通往北京、上海、广州、西安、成都、乌鲁木齐、重庆、昆明、兰州等 12 个城市的航线，冠名开通了兰州至嘉峪关和兰州经停嘉峪关至乌鲁木齐的"嘉峪关方特号"品牌列车，开通了嘉峪关至敦煌城际旅游列车。2015 年，全市公路运输业实现客运量 6950.66 万人次，铁路客运量 214.84 万人次（其中高铁客运量 44.77 万人次），民用航空完成旅客吞吐量 35.49 万人次。

持续加大对已开通航线的培育力度，文博会期间协调加密了兰州—嘉峪关—敦煌航线；在旅游旺季，相继开通了嘉峪关至敦煌、嘉峪关至七一冰川的冰川号旅游列车，进一步提升了交通运力。

（4）旅游商品

具有嘉峪关市地方特色的旅游商品主要有：关城模型、关城浮雕、驿使图、关照、腰牌、令牌、戈壁石画、风雨雕石艺画、驼绒画、夜光杯、嘉峪石砚、文物复制品、绒绣、蜡染、丝巾、锁阳、苁蓉、祁连墨玉、戈壁奇石、紫轩葡萄酒、锁阳咖啡、不锈钢餐具等。

（5）特色饮食

主要有嘉峪关烤肉、烧壳子、东方百盛小吃城、大唐路美食街、富强路啤酒夜市、镜铁路小吃城等。

（6）乡村旅游

目前，全市共有 61 户农家乐，其中星级农家乐 43 户；星级乡村家庭旅馆 30 家，其中，金星 3 家、银星 3 家、铜星 24 家。

（7）旅游线路

嘉峪关市旅行社推出的精品旅游线路主要有 6 条。一是嘉峪关—敦煌—哈密—吐鲁番—乌鲁木齐丝绸之路精品旅游文化长廊之旅（3~5 日游）。二是嘉峪关—张掖—武威—兰州丝绸之路河西走廊东线（3~5 日游）。三是嘉峪关—卫星发射基地—额济纳旗（2~3 日游）。四是嘉峪关—敦煌（3 日游）。五是嘉峪关—七一冰川（2 日游）。六是嘉峪关市内（2 日游）。

（8）其他旅游 + 新业态

①文旅发展

近年来，嘉峪关一直致力于挖掘丝路文化资源，将资源优势转化为文化优势及产业优势。目前已经启动了唐卡长卷《丝绸之路彩绘艺术大观》、23 册的《嘉峪关文化丛书》、6 集大型纪录片《河西走廊之嘉峪关》等"三大文化项目"。

②工旅发展

工业基础雄厚，但是工旅融合发展不足，工业旅游项目建设缓慢。拥有全国首批工业旅游示范点——酒泉钢铁（集团）公司，但是开发程度较低，旅游体验性项目较少，对游客吸引力不足，尚未形成较有影响力的市场品牌。

③农旅发展

农业观光、生态采摘、休闲服务等新产业、新业态不断发展，以紫轩葡萄酒庄园景区、中华孔雀苑旅游景区为代表的农旅龙头企业发展势头良好；地理标志农产品品牌建设快速推进，形成了野麻湾西瓜、泥沟胡萝卜等特色产品，并在野麻湾成功举办了三届西瓜节，将特色农业、休闲农业发展的理念灌输到每个种植户；以文殊镇、新城镇为主的农业休闲旅游功能区建设初见成效。特色产品品牌影响力仅限于甘肃省内，农业旅游项目发展尚处于初级阶段。

7. 旅游行业管理发展分析

大力开展"旅游服务提升年"行动，全面实施旅游培训教育工作，持续推广旅游标准化，强化行业管理。

一是强化旅游行业培训，组织星级饭店、家庭旅馆105人参加了客房、服务技能鉴定考试，组织星级饭店举办了全市餐饮厨艺大赛，组织旅游家庭旅馆36人赴临夏永靖县、兰州玉泉山庄等地学习考察，全年累计培训旅游企业管理人员和服务人员700余人。

二是强化对旅行社业务的规范管理，督促填报"全国旅游团队服务管理系统"，积极推荐全国文明旅游先进单位，君和国际旅行社荣获"全国文明旅游先进单位"，导游员谢奇荣获"中国好导游"称号。

三是强化对全市旅游景区的规范检查，定期核定A级景区最大游客承载量和票价优惠政策。国庆期间，方特欢乐世界因流量管控得力、旅游秩序平稳、服务管理规范，荣获国家旅游局发布的旅游安全保障最佳景区称号；在2017年全省旅游工作会上，方特欢乐世界荣获娱乐项目创新奖。

四是采取先行先试，指导协会举办了第一届携百业旅游宣传大会、餐饮大赛等活动，组织协会赴西宁、乌鲁木齐、阿拉善盟等主要目的地参加旅游推介活动，建立健全协会组织，壮大协会队伍，强化行业自律。

市场监管持续有力。深入宣传贯彻实施《旅游法》《旅游行政处罚办法》等相关法律法规，畅通旅游投诉监督渠道，全面强化市场监管，及时受理投诉处理。全年累计开展各类市场检查150余次，检查旅游团队800余个，导游900余人次，查处导游违规55起。受理旅游投诉40起，结案40起，结案率100%。在省旅发委组织开展的2016年度甘肃省游客满意度调查活动中，嘉峪关市游客满意度综合指数排名全省第二。

8.旅游资源与生态环境保护分析

验收共计分8方面内容。共计1000分，初步预判如下。

序号	验收要求	分数	点评
1	推进全域旅游改革创新的力度与效果	130	初见成效
2	对全域旅游创建和旅游发展的重视程度	130	比较重视
3	旅游业对国民经济社会发展的综合贡献	120	贡献较大
4	旅游产品的特色吸引力和市场影响力	120	略显不足
5	旅游基础设施与公共服务体系完善程度	130	仍待提升
6	旅游服务要素配套及旅游+新业态水平	130	有待提高
7	旅游安全、文明、有序和游客满意状况	120	发展较好
8	旅游资源与生态环境保护和整治	120	仍需加强

四、全域旅游规划思路方法

基于对全域旅游发展背景的深入分析和嘉峪关市旅游资源的全面分析，我们梳理出嘉峪关市发展全域旅游的优势和问题。嘉峪关市地处丝绸之路河西走廊核心地带，是区域交通枢纽，区域优势显著，但限于市域面积小，城市规模小，旅游资源相对周边地区少的现状，区域旅游发展竞争激烈，需要突出交通枢纽的优势，从旅游集散中心功能服务区重点突破；另外结合资源优势和目前旅游发展的主要短板针对性的规划旅游产业发展方向，拟定发展以文化体验和夏季休闲度假为主的旅游服务性产业；通过优劣势比较分析，确定规划整体定位、目标；基于旅游资源的分布特征，确定合理的全域旅游发展空间布局。结合嘉峪关发展现状以及全域旅游示范区评价标准指出了嘉峪关发展全域旅游的发展路径。

（一）全域旅游发展定位

1. 指导思想

紧抓"一带一路""华夏文明传承创新区"等建设战略机遇，坚持"创新、协调、绿色、开放、共享"发展理念，深入贯彻全国旅游业"515"战略和全域旅游发展战略，全面融入甘肃省"11361"旅游布局，大力发展全域旅游，全力推进旅游业供给侧结构性改革，着力优化产业基础、改革体制机制、壮大市场主体、丰富产品供给、提升服务质量、拓宽投融资渠道，着力把旅游业打造为支柱产业和富民产业。

2. 发展定位

（1）总体定位

丝绸之路上以文化深度体验和互联生态圈服务为特征的国际旅居慢城。

（2）形象定位

嘉游中国　丝路雄关

（3）市场定位

①区域市场定位

核心市场：甘肃、陕西、新疆等地，京津冀、长三角、珠三角城市群。

重点拓展市场：东部沿海地区、华中地区。

机会市场：东北地区、华南地区。

入境市场：中国港澳台、东亚及东南亚、欧美。

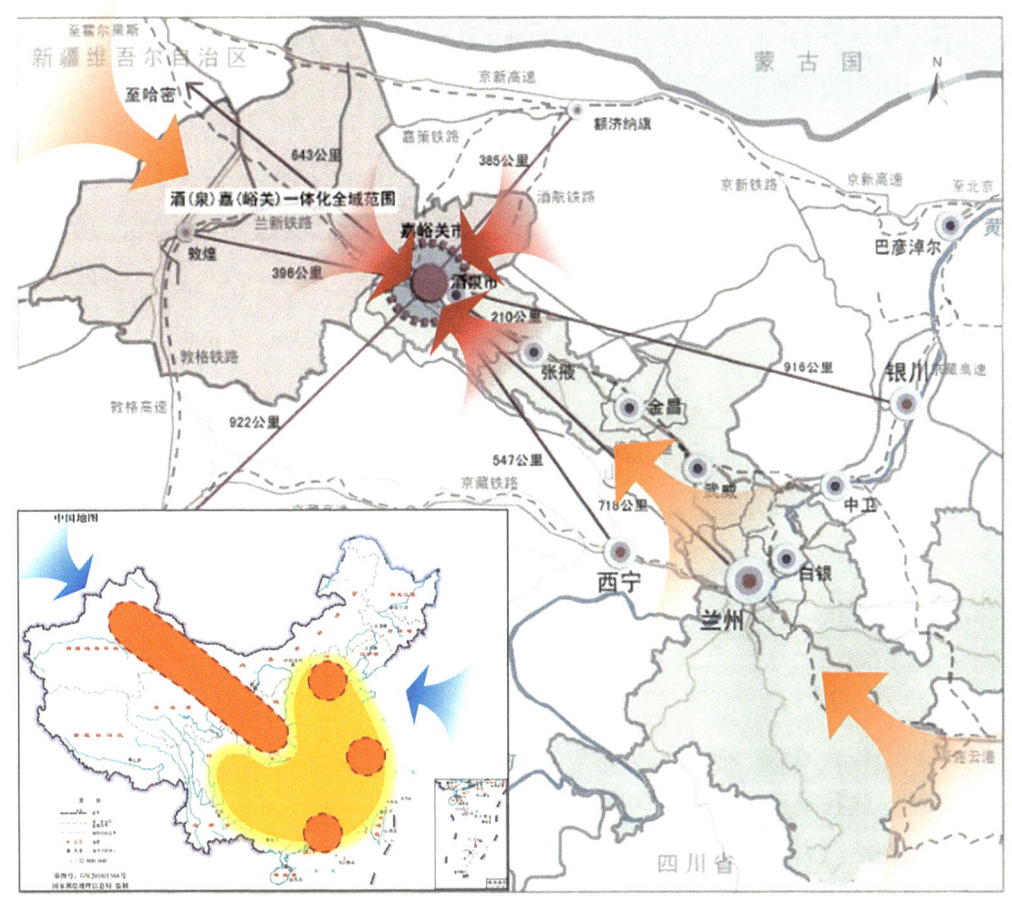

图8 嘉峪关市全域旅游区域市场定位分布图

②专项市场定位

继续巩固：银发市场、文化旅游市场、自驾旅游市场。

重点开发：研学科考旅游市场、体育运动旅游市场、亲子休闲市场。

择机开发：探险旅游市场、健康度假市场。

（4）产业定位

实施旅游产业+，将旅游业打造为嘉峪关市产业转型发展过程中的龙头产业，促进新型城镇化和美丽乡村建设的美丽产业和惠民产业，国民经济和社会发展的战略支柱产业。

3.发展目标

到2018年，完成全域旅游示范区验收，到2020年，把旅游业发展成为嘉峪关市国民经济的战略性支柱产业，把嘉峪关市打造成为中西部重要的旅游集散服务节点城市，丝绸之路沿线重要国际旅游目的地和休闲消费型城市。到2025年，实现旅游发展精品化，打造成为国际精品文化体验型旅游目的地。

（1）有效提升产业发展水平

年度	旅游人数	旅游收入	收入增长	带动就业	旅游投资
2020	1600万人	114亿	251%	10万人	256亿元
2025	3980万人	285亿	626%	24万人	760亿元

（2）培育壮大旅游行业规模

年度	旅游精品线路	5A级景区	4A级景区	3A级景区	各类宾馆	星级饭店
2020	15条	3	8	9	300家	30家
2025	22条	5	9	12	560家	70家

（3）全力完善旅游设施服务

所有景区实现Wi-Fi全覆盖，全面建成智慧旅游服务系统。

所有乡村达到国家美丽乡村建设标准。

旅游厕所等级、数量与景区级别相匹配。

……

4. 全域旅游发展战略

（1）"全时"繁荣战略，突破淡季瓶颈

尽可能延长游客停留时间，延长旺季时间，延长夜间休闲消费时间。

（2）"全民"参与战略，实现共建共享

尽可能带动全市居民参与共建共享，全域旅游不仅服务游客，更能为本地居民服务。尽可能提高旅游业对富民增收的带动作用。

（3）"全业"融合战略，实现经济带动

实现旅游业与其他产业的融合发展创新。

（4）"全景"构建战略，打造优美环境

加强城乡综合环境整治，尤其在主要交通道路沿线和重点村落，应处处营造优美的旅游景观环境。

5. 规划目标

（1）实现三个强力转变

旅游城市　旅居城市；旅游过境地　旅游目的地；旅游人数增长　旅游重复消费。

（2）打造一个区域综合集散服务核心

近期重点打造河西走廊游客集散服务中心；形成服务丝绸之路黄金旅游带和环祁连山旅游环线的重要集散服务枢纽，成为嘉峪关智慧旅游服务的综合平台，成为嘉峪关市全域旅游的重要支撑节点。

（3）实现三个重要复兴

文化复兴：重现河西走廊世界文化之窗的核心内涵。

生态复兴：重现历史上水草丰美的生态绿洲。

产业复兴：从艰苦创业到全面创新，从工业独大到工业+旅游+其他产业。

（4）营造五种"关"情，构建旅游强IP

结合嘉峪关市城市logo和萌娃设计，梳理雄关豪情、大漠激情、丝路风情、绿洲柔情、创业热情五种"关"情，并延伸为系列产品。与其他丝路旅游城市、长城旅游城市结成战略联盟，实现捆绑营销。

（5）推动智慧服务，引领旅游创新改革

以智慧厕所为抓手，推动厕所革命；

以旅游一卡通为纽带，推动服务全面改革升级；

以旅游要素服务接口平台为手段，整合国内优秀旅游服务企业。

（二）全域旅游发展战略布局

1. 空间布局：1134N

以龙头景区为首，以综合服务城为体，以嘉峪关长城文化廊道、城乡绿色休闲廊道、讨赖河生态文化廊道为骨架，以四大特色板块为羽翼，构建嘉峪关市全域旅游空间发展格局。

（1）做强一个核心吸引极：嘉峪关大景区；

（2）配套一座综合服务城：嘉峪关市中心区；

（3）打通三条旅游风情廊道：讨赖河生态文化廊道、嘉峪关长城文化廊道、城乡绿色休闲廊道；

（4）构建四大特色板块支撑：工业体验板块、历史文化板块、城市休闲板块、生态田园板块；

（5）促进百点融合：美丽乡村、特色旅游点、特色营地等。

旅游嬗变
——全域旅游概念 设计 政策

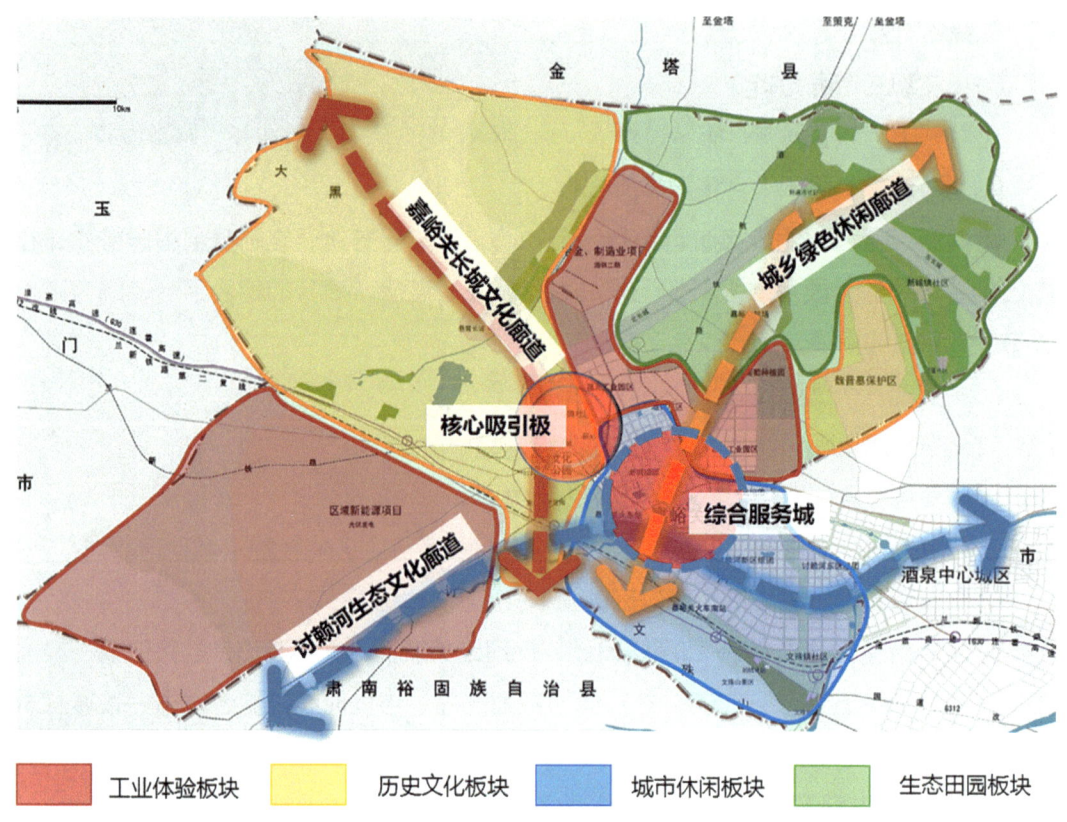

图 9 嘉峪关市全域旅游空间布局图

2. 旅游产品体系规划

（1）雄关豪情体验游

以嘉峪关大景区为核心。

· 边关风情体验游

从关声、关色、关味、关物、关诗等层面增强游客的五感体验，在游客心中还原一幅戍关生活的历史长卷。

· 边贸小镇休闲游

以丝路贸易、文化交流、国际交往、边塞生活等层面，为关城及其他景区形成服务配套。

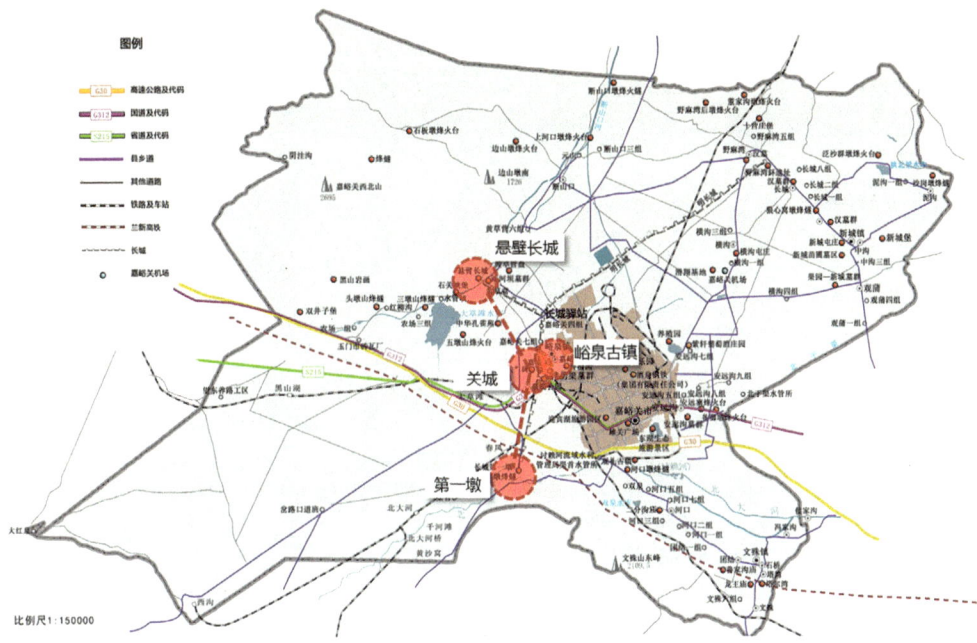

图 10 雄关豪情体验游项目分布图

（2）大漠激情探险游

·低空飞行体验游

航空城、滑翔基地、热气球嘉年华。

·户外运动狂欢游

峡谷速降、极限越野、自驾营地、长城滑雪、戈壁围猎。

·峡谷探险科普游

峡谷穿越、地质科普、生态观光、岩画博览、高山平湖。

·戈壁休闲体验游

宝石猎奇、励志拓展、无人区体验。

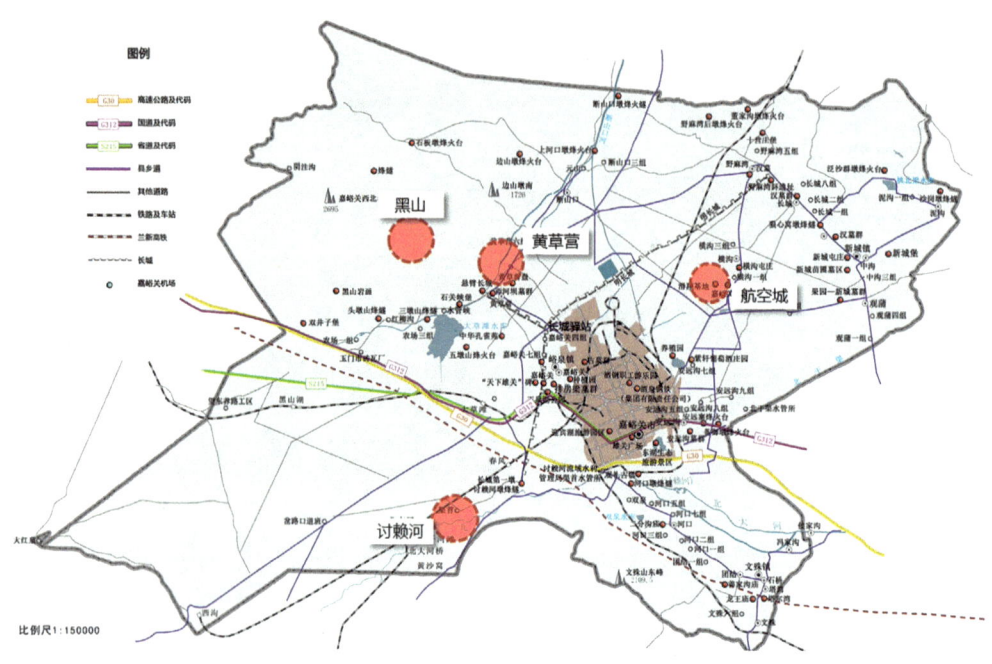

图 11　大漠激情探险游项目分布图

（3）丝路风情狂欢游

· 主题乐园欢乐游

方特、首嘉、丝博园、花博园。

· 丝路城市休闲游

观礼古镇、美食街、滨水休闲、博物馆、艺术馆、奇石城、特色商铺。

· 丝路风情演艺游

实景演出、特色演艺、灯光秀场等。

· 魏晋文化体验游

依托魏晋墓，还原砖壁画场景，供游客体验。

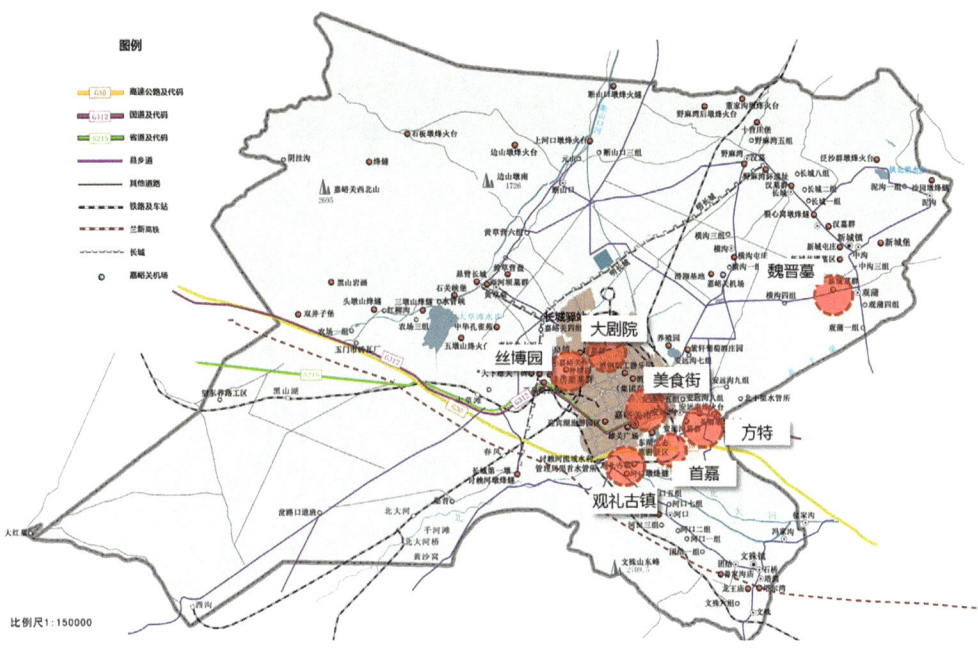

图 12　丝路风情狂欢游项目分布图

（4）绿洲柔情休闲游

·戈壁田园休闲游

景观农业、创意农业、有机农产品采摘、休闲、特色农业节事活动。

·特色庄园度假游

葡萄园、孔雀苑。

·美丽乡村休闲游

农家乐、美食、采摘、娱乐。

·戈壁绿洲生态游

草湖湿地。

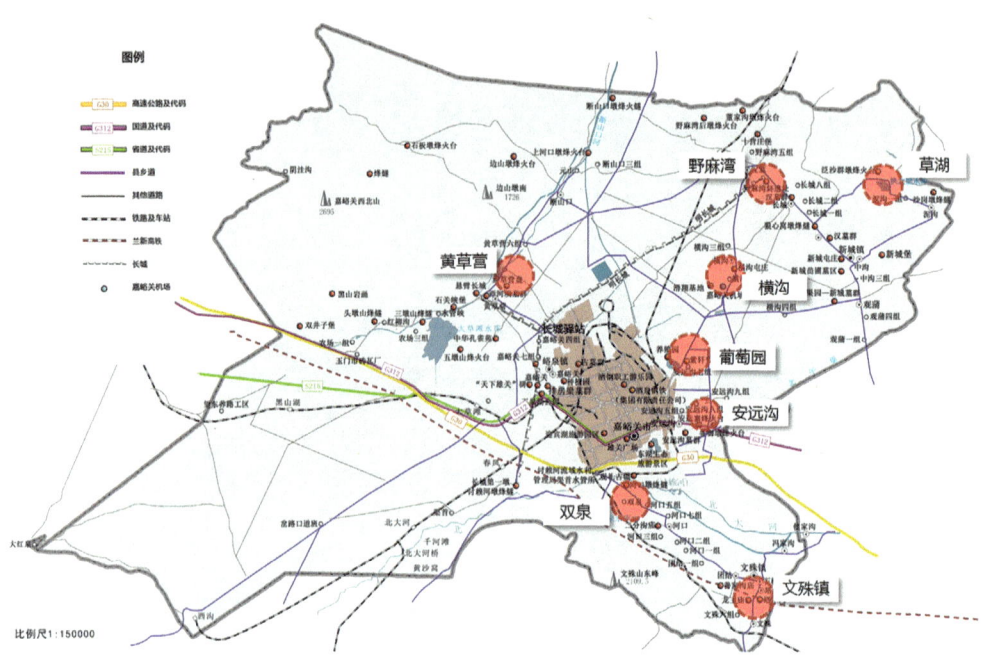

图 13　绿洲柔情休闲游项目分布图

（5）创业热情感悟游

· 酒钢精神感悟游

旧厂区的利用和新工艺的展示；爱国主义教育；城市精神教育；怀旧体验。

· 工业文创体验游

废钢创意展示，废旧厂区的创意改造。

· 光伏科普观光游

大同熊猫光伏。

· 美酒庄园度假游

紫轩酒庄。

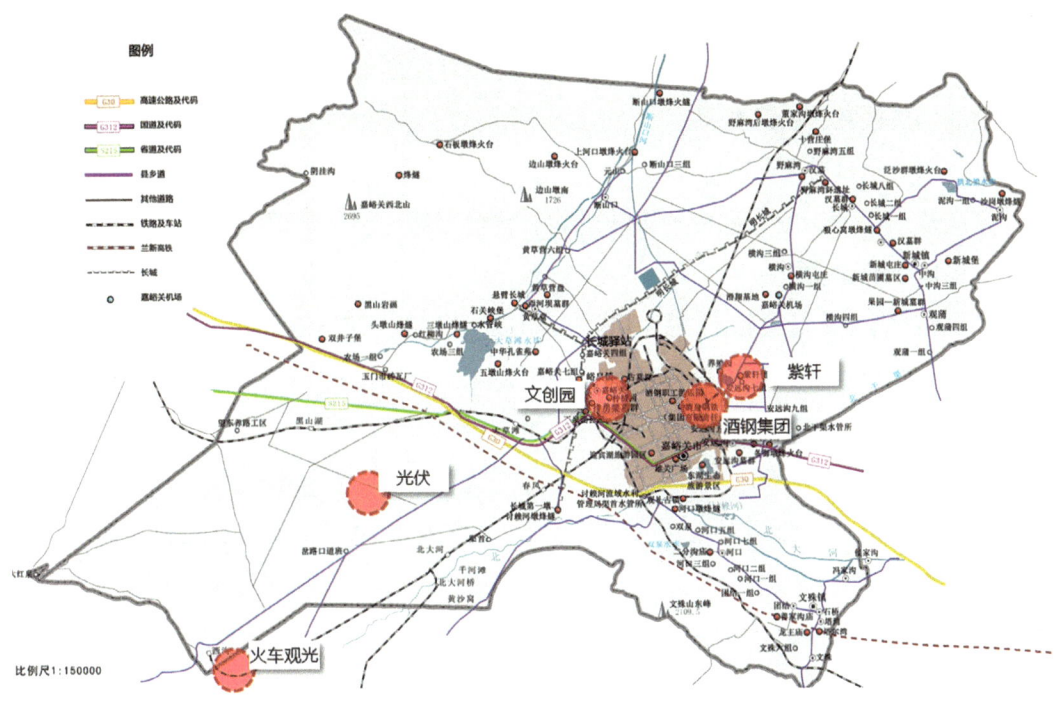

图 14 创业热情感悟游项目分布图

3. 区域联动产品规划

（1）内部主题旅游线路

（2）外部旅游线路

（二）亮点工程

嘉峪关市作为全国性综合交通枢纽，是河西走廊重要的旅游集散地，其交通可辐射张掖、敦煌、额济纳等区域重要旅游目的地，但是嘉峪关市缺少综合型的旅游集散服务中心和相应服务设施以及服务规划，交通枢纽功能开发不足。基于此，我们重点设计了河西走廊游客集散服务中心，将其打造成辐射周边地区的综合型智慧型游客服务基地，并以此为核心拓展嘉峪关的旅游服务功能，发展服务型经济。嘉峪关市钢铁工业发达，但是工业旅游发展缓慢，我们结合酒钢的工业旅游资源优势，设计西北地区最大的工业旅游项目，探索工业城市转型发展的新方向。

针对西北地区旅游季节性强，旅游旺季时间短的问题，我们拓展夜间旅游项目和对气候条件要求较低的文化体验类项目，延长旅游时长，增加旅游消费收入。在旅游服务设施建设方面，积极响应国家旅游局"公厕革命"的指示，以满足旅游服务需求为目标，增加公共厕所数量，拓展公共厕所功能，创新公厕运营模式，发展以"以商养厕"为特色的智慧型厕所。在旅游的功能多样化方面，结合新型城镇化，重点发展城乡一体的旅游工程，让旅游发展带动城乡的整体发展。以一系列重点工程建设为龙头，带动相关领域的快速发展。

1. 河西走廊游客集散服务中心

打造辐射河西走廊、融合、集散功能、智慧服务功能、数据采集功能的游客集散中心。包含以下功能平台：

· 服务丝绸之路黄金旅游线路、环祁连山旅游带的大数据信息平台
· 甘肃省旅游服务的金融平台的创新示范样板
· 服务"张酒嘉敦"四地的交通服务平台
· 区域旅游的新兴节点

首嘉文化旅游产业园（西北特产体验馆、西域疆里民宿、萌娃衍生园、Malt花情谷、智慧嘉峪关等）

· 旅游社群的交友、互动平台

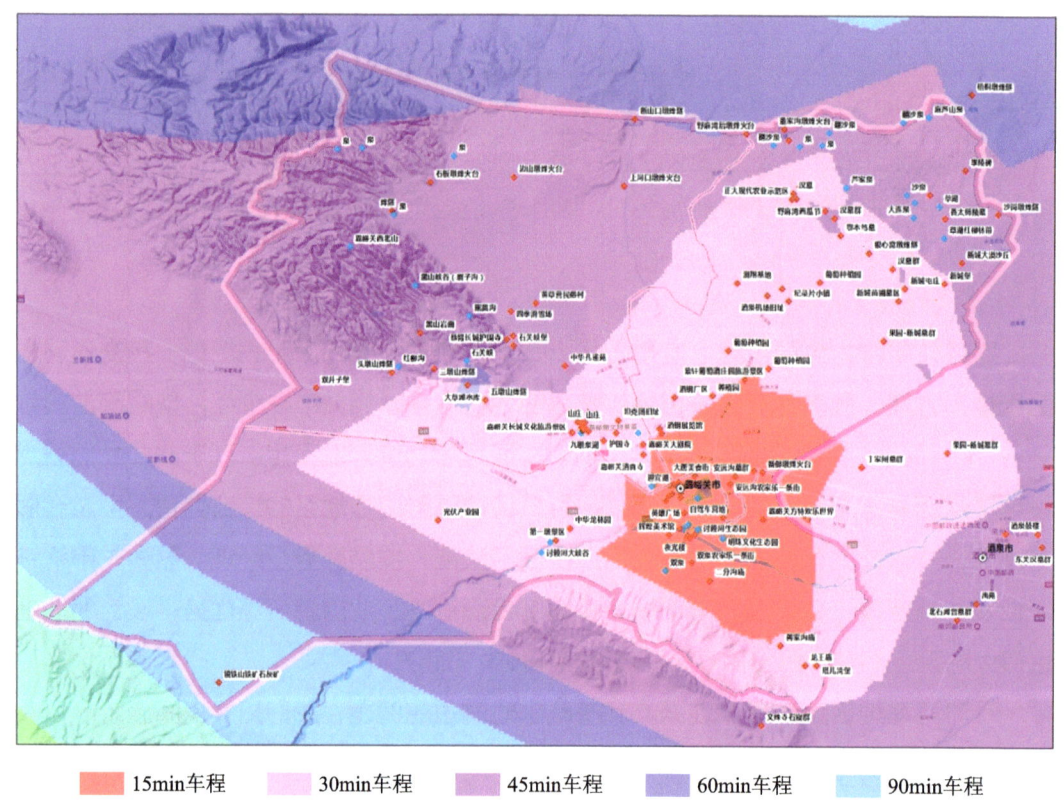

图 13　基于河西走廊游客集散服务中心的交通等时线分析（域内）

基于等时线分析，以河西走廊旅游集散中心核心辐射域内主要旅游景区，30min车程内基本可覆盖全市所有已开发景区。45min车程内基本可覆盖全市所有旅游资源。

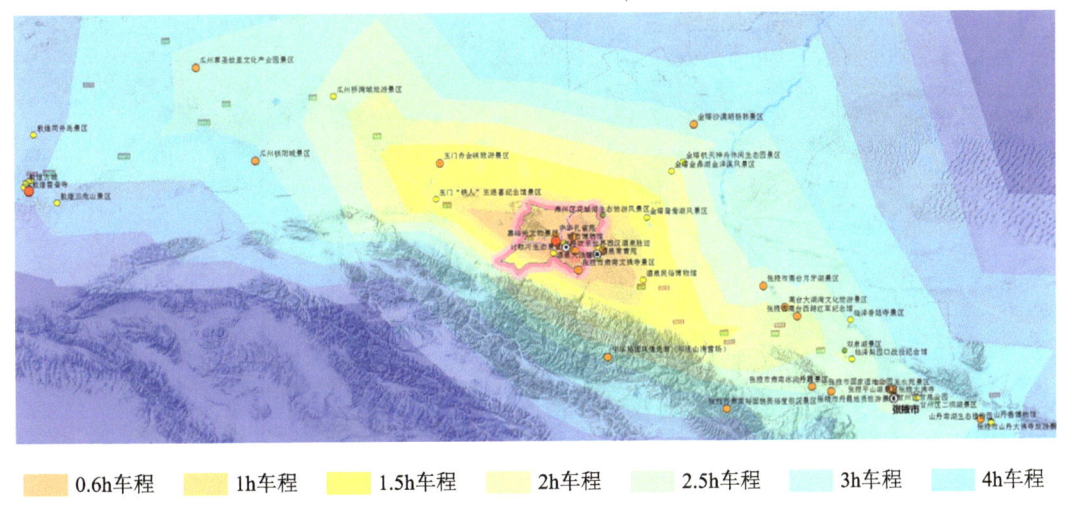

图14 基于河西走廊游客集散服务中心的交通等时线分析（区域协同）

基于等时线分析，以河西走廊旅游集散中心核心辐射周边协同区域主要旅游景区，2h车程内可达玉门赤金峡、玉门铁人王进喜纪念馆、金塔鸳鸯湖、酒泉民俗博物馆等景区。3h车程内可覆盖的4A景区有瓜州草圣故里文化产业园、瓜州锁阳城、金塔沙漠胡杨林、中华裕固风情走廊、张掖高台月牙湖、张掖高台大湖湾、张掖高台西路红军纪念馆、张掖市南冰沟丹霞、张掖市丹霞地质旅游景区、张掖玉水苑、张掖市国家湿地公园、张掖平山湖、张掖大佛寺、张掖山丹大佛寺、民乐扁都口。

2. 全国厕所革命样板——智慧服务驿站工程"以商养厕"示范

提升嘉峪关市旅游厕所等级和服务质量，在"以商养厕"模式基础上，注入智慧旅游服务和旅游咨询服务等功能，将嘉峪关市的旅游厕所打造成为集厕所休息、商业服务、智慧服务三大功能于一体的综合性智慧服务驿站。

3. 嘉峪夜游工程

打造方特夜场（儿童）、黑山夜跑（专业级）、城市夜色（大众）、关城夜景（大众）……

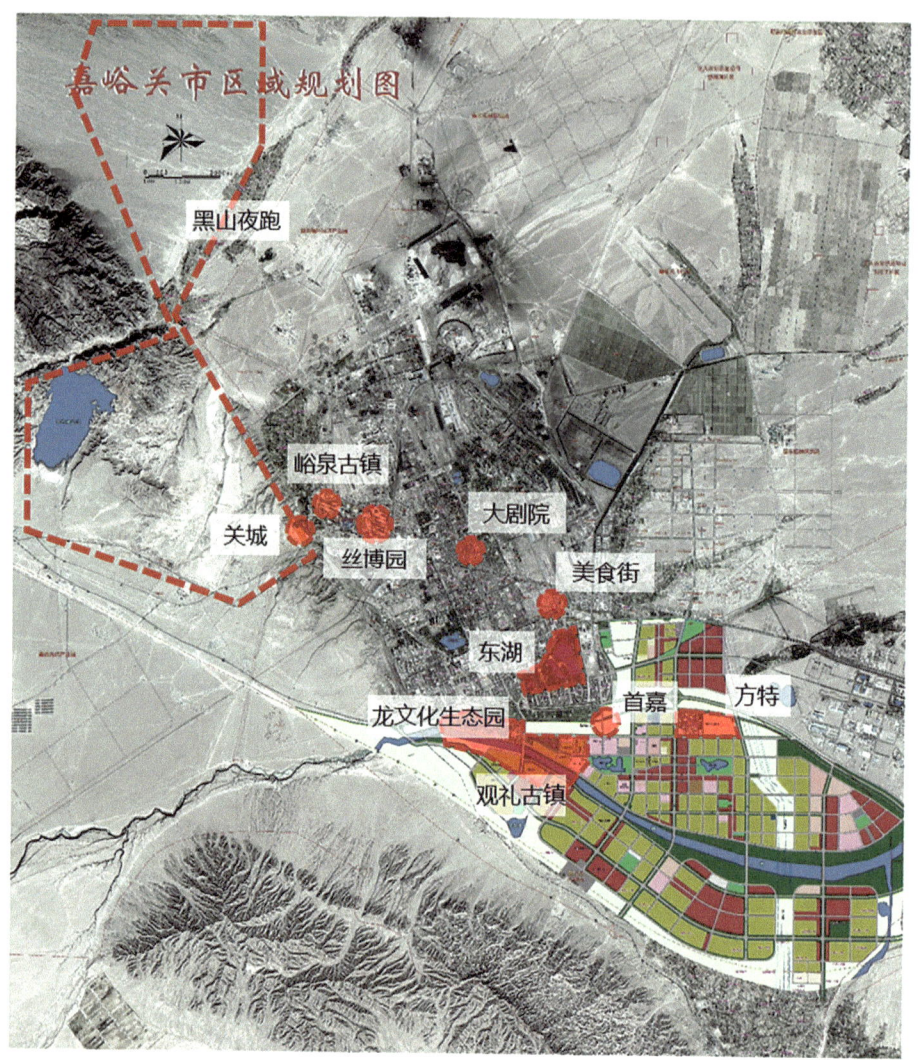

图 15　夜游工程项目分布图

4. 旅游城镇化融合发展工程

通过城市发展带动三个乡镇的城镇化发展进程，形成"三星捧月"的旅游城乡发展格局。

·峪泉镇

国家特色小镇，展现边关商贸、使馆驿馆的特色丝路风情小镇。

·新城镇

以丝路风情农特产品（葡萄、胡萝卜、西瓜、洋葱等）为核心的田园综合体。

·文殊镇

服务于酒嘉一体化发展和文殊山石窟的农禅休闲服务基地。

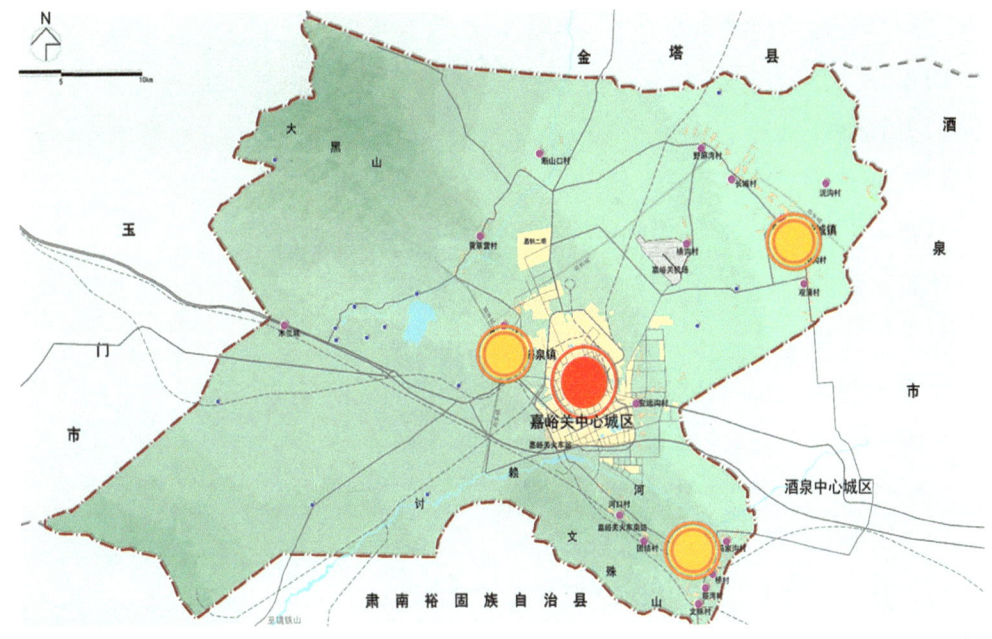

图 16 旅游城镇区位图

5. 工旅融合发展工程

以酒钢工业旅游为基础，打造钢铁文化体验基地，利用废旧钢厂、材料打造钢铁创意产品、蒸汽机车体验游、地窝子体验、知青怀旧体验等项目。

6. 旅游综合交通服务工程

· 完善集散咨询服务系统

· 规范完善旅游引导标识系统

· 配套自驾旅游服务系统

7. 文化活化工程

策划实景演出、军屯文化体验、篝火晚会等项目。

（三）发展路径

嘉峪关市全域旅游发展路径以其旅游资源现状为基础，深入开发工旅、农旅等产业融合领域项目，加快基础设施和服务设施建设拓展河西走廊旅游集散中心的功能，实现区域旅游服务中心的功能定位；以市场需求为导向，制定品牌营销发展战略，以系统、形象的品牌设计为根本，通过多种渠道全面整体推广嘉峪关旅游品牌；结合全域旅游发展要求，制定生态人文环境保护规划、旅游富民规划，提升旅游的社会、生态效益。基于8大路径稳步发展，最终实现旅游供给侧的提质增效。

1. "全域旅游+"产业融合发展体系规划

（1）旅游+农业

（2）旅游+工业

（3）旅游+服务业

·旅游+文化

·旅游+会展

·旅游+体育

·旅游+商贸

·旅游+健康

2. 全域旅游品牌营销体系规划

（1）制定全域旅游整体营销规划和方案；

（2）实施品牌营销战略，建立多方参与营销机制；

（3）加强与其他目的地的联合互动，推动节事营销；

（4）把握时代热点，创新全域旅游营销方式；

（5）加强推介招商，拓展营销内容。

3. 全域旅游核心服务要素体系规划

（1）旅游餐饮体系

（2）旅游住宿体系

（3）旅游综合交通体系

（4）旅行服务体系

（5）旅游娱乐体系

（6）新业态新要素规划

4. 全域旅游设施体系规划

（1）创新"以商养厕"推动"厕所革命"发展

（2）完善集散咨询服务系统

（3）规范完善旅游引导标识系统

（4）自驾旅游服务系统

5. 全域旅游智慧服务体系规划

（1）推动智慧旅游发展

（2）健全和完善旅游标准体系

（3）努力提升旅游服务质量

（4）完善旅游志愿服务体系

（5）强化旅游安全保障

6. 旅游新型城镇化与旅游富民

（1）旅游城镇体系空间格局：1+3

（2）旅游特色小镇建设

（3）美丽乡村建设

（4）旅游富民工程

7. 生态人文环境保护提升规划

（1）生态环境保护规划

（2）历史文化保护规划

（3）推进全域环境整治

（4）营造旅游发展良好社会环境

（5）加强旅游文明建设

8. 全域旅游规划保障

（1）投融资体系

①项目开发结构

②PPP投融资模式

③旅游投融资平台

（2）综合改革治理体系

①体制机制创新

②综合执法改革

③旅游统计改革

（3）政策支撑体系

①加强全域旅游组织保障

②推进旅游资金保障措施

③加大全域旅游政策扶持力度

（4）人才培训体系

①旅游行政管理人才队伍

②旅游企业经营管理人才队伍

③旅游专业技术人才队伍

④旅游服务技能人才队伍

⑤导游人才队伍

（5）规划实施体系

①完善规划保障

②促进多规融合

③健全数字工作平台

第四章

全域旅游政策助推发展

第一节 全域旅游从陌生到熟悉

2008年,浙江绍兴市委市政府提出"全城旅游"发展战略,启动全城旅游区总体规划招标。2009年,江苏《昆山市旅游发展总体规划修编》提出"全域旅游,全景昆山"。2010年,四川大邑县发展全域旅游的高端形态,启动全域旅游休闲度假战略规划。2011年,在《杭州市"十二五"旅游休闲业发展规划》中,创新性地提出了旅游全域化战略;浙江桐庐提出全域旅游的全新理念;四川甘孜州提出了全域旅游概念。2012年,四川甘孜州委明确提出,实施全域旅游发展战略;山东一些县域将"全域旅游"确立为发展方向,山东沂水县确立"建设全景沂水发展全域旅游"发展战略;湖南资兴市推进旅游业由"区域旅游"向"全域旅游"转变。

2013年,宁夏明确提出要"发展全域旅游,创建全域旅游示范区(省),把全区

▼ 行知探索体验游

作为一个旅游目的地打造"；桐庐成为浙江省全域旅游专项改革试点县，诸城市列为山东省全域旅游试点市；重庆渝中区启动《全域旅游规划》。2014年，五莲县、临沂市、莱芜市、滕州市、沂水县成为山东省全域化旅游改革试点；河南郑州市人民政府关于发布《关于加快全域旅游发展的意见》。

2015年，国家旅游局下发了《关于开展"国家全域旅游示范区"创建工作的通知》，同时李金早局长提出："在2000多个县中，每年以10%的规模来创建。今年要推进200个县实现全域旅游，3年600个县实现全域旅游。"

2016年1月29日，全国旅游工作会议在海南省海口市召开。会议总结2015年全国旅游工作，分析当时国内外旅游发展形势，谋划"十三五"旅游发展思路，安排2016年旅游工作。国家旅游局局长李金早以《从景点旅游走向全域旅游，努力开创我国"十三五"旅游发展新局面》为题，做工作报告。

李金早指出，从景点旅游模式转向全域旅游模式，要实现几个转变：如从单一景点景区建设管理到综合目的地统筹发展转变，破除景点景区内外的体制壁垒和管理围墙，实现多规合一，实行公共服务一体化，旅游监管全覆盖；从门票经济向产业经济转变；从导游必须由旅行社委派的封闭式管理体制，向导游自由有序流动的开放式管理转变；从粗放低效旅游向精细高效旅游转变；从封闭的旅游自循环向开放的"旅游+"融合发展方式转变；从旅游企业单打独享到社会共建共享转变等，最终实现从小旅游格局向大旅游格局转变。

2016年2月5日，国家旅游局公布，262个市县成为首批国家国家全域旅游示范区创建单位。3月4日，李金早在人民日报发表文章，全面阐述全域旅游价值和途径。

2017年1月12日，李金早在全国旅游工作会议上明确指出，2017年要围绕"加快由粗放型旅游大国向比较集约型旅游大国转变"这一中心任务，大力推进全域旅游，实施15项重点行动。包括：①着力推进落实《"十三五"旅游业发展规划》，切实发挥《规划》纲领性作用；②推进全域旅游发展，深化旅游综合体制改革；③推进"旅游+"，深化供给侧结构性改革；④深化厕所革命，促进完善公共服务体系；⑤拓展乡村旅游，充分释放旅游扶贫、旅游富民效能；⑥拓展旅游投资和消费，培育壮大旅游发展新动能；⑦着力推进整治旅游市场秩序和不文明行为，不断优化旅游消费环境；⑧深化导游体制、旅行社体制等专项改革，增强发展动力；⑨拓展旅游外交与旅游推广，塑造"美丽中国"旅游形象；⑩深化内地与港澳、大陆与台湾旅游合作；⑪拓展红色旅游，提升红色旅游效益和品质；⑫着力加强旅游数据中心建设，提升旅游信息化水平；⑬拓展理论研究，努力提升旅游人才队伍素质；⑭着力加强新闻宣传，做好舆论引导；⑮着力加强党的领导，牢固树立"四个意识"。

2017年3月5日，第十二届全国人民代表大会第五次会议在北京人民大会堂开幕。国务院总理李克强在2017年政府工作报告中明确提出，要"完善旅游设施和服务，大力发展乡村、休闲、全域旅游。"这是"全域旅游"首次写入政府工作报告，中国政府网将"全域旅游"列为2017年政府工作报告的12个新词之一。

2017年政府工作报告中多处提到旅游及相关内容：2016年工作回顾部分"人民生活继续改善"段落中提到，"国内旅游快速增长，出境旅游超过1.2亿人次，城乡居民生活水平有新的提高"。2017年重点工作任务部分，第二项"深化重要领域和关键环节改革"中提出，要"深化生态文明体制改革。完善主体功能区制度和生态补偿机制，建立资源环境监测预警机制，开展健全国家自然资源资产管理体制试点，出台国家公园体制总体方案，为生态文明建设提供有力制度保障"。第三项"进一步释放国内需求潜力"中提出，要"促进消费稳定增长。适应消费需求变化，完善政策措施，改善消费环境。要加快发展服务消费。开展新一轮服务业综合改革试点，支持社会力量提供教育、养老、医疗等服务。推动服务业模式创新和跨界融合，发展医养结合、文化创意等新兴消费。完善旅游设施和服务，大力发展乡村、休闲、全域旅游"。第六项"积极主动扩大对外开放"中提出，要"扎实推进'一带一路'建设。坚持共商共建共

▼ 七一冰川

享，加快陆上经济走廊和海上合作支点建设，构建沿线大通关合作机制。加强教育、文化、旅游等领域交流合作"。

全域旅游从一个陌生的名词到被大家熟悉。是国家旅游局贯彻落实中央决策部署、推动旅游业供给侧改革、促进旅游业转型升级的新理念新实践，也必将引领和推动旅游业以全新面貌，迎接大众化旅游的新时代。

那什么是全域旅游，我们之前已经做过概念界定。全域旅游是指在一定区域内，以旅游业为优势产业，通过对区域内经济社会资源尤其是旅游资源、相关产业、生态环境、公共服务、体制机制、政策法规、文明素质等进行全方位、系统化的优化提升，实现区域资源有机整合、产业融合发展、社会共建共享，以旅游业带动和促进经济社会协调发展的一种新的区域协调发展理念和模式。

不难预测的是，"全域旅游"有望成为未来几年旅游业发展的最大红利。近几年中全国各地将掀起一场轰轰烈烈的"旅游交通、景区设施等的建设浪潮"，众多旅游企业也纷纷瞄准"全域旅游"建设，加码布局，以期能多分一块蛋糕。那么，从国家的政策层面，究竟对于全域旅游的建设有哪些重要的指导意见，会给全域旅游的相关主体哪些优质的政策引导，我们仍然按照"1+N"的层次给大家做分别解读。其中的"1"是指旅游产业、全域旅游中的"域"，政策主要包括《"十三五"旅游业发展规划》《全域旅游示范区创建工作导则》。"N"是指在这个域上旅游所能实现的多种功能，主要政策涉及休闲农业、特色小镇以及全域旅游在旅游功能实现上的相关政策。

第二节　全域旅游相关政策解读

一、旅游业"十三五"发展之《"十三五"旅游业发展规划》解读

《"十三五"旅游业发展规划》，对我国"十三五"时期旅游业发展的总体思路、基本目标、主要任务和保障措施做出了进一步部署。这是未来五年，我国旅游业发展的行动纲领和基本遵循。从《规划》被首次纳入国家重点专项规划、从行业规划变成国家规划本身来看，旅游产业的发展地位就已被提高。在《"十三五"旅游业发展规划》出台前后，国家旅游局就已联合其他相关部门，先后联合发布了《关于大力发展体育旅游的指导意见》《关于实施旅游休闲重大工程的通知》《关于组织开展国家现代农业庄园创建工作的通知》等指导文件。

在特色旅游方面，国家旅游局还联合其他相关部门发布了《山地户外运动产业发展规划》《水上运动产业发展规划》《航空运动产业发展规划》等具有针对性的规划文件。然而，我们这里所提到的《"十三五"旅游业发展规划》，则是作为未来五年我国旅游业发展的纲领性文件，从宏观层面对旅游业的发展进行总体部署。

具体来说，《"十三五"旅游业发展规划》共分为八章36节，指出在"十三五"期间我国旅游业将呈现消费大众化、需求品质化、竞争国际化、发展全域化和产业现代化的五大发展趋势，并实现旅游经济稳步增长、综合效益显著提升、人民群众更加满意、国际影响力大幅提升的四大目标。

北京联合大学旅游学院教授李柏文曾表示，此次《规划》以转型升级、提质增效为主题，以推动全域旅游发展为主线，主要有五大亮点。

一是《规划》被国务院列入全国重点专项规划中，从行业规划变成国家规划，规划层级、地位变高，是制度层面的亮点；

二是把十八届五中全会中"五大发展理念"作为整个规划谋权布局的框架，与五大发展理念高度契合；

三是首次把全域旅游作为《规划》的重要理念、重要发展模式、十三五旅游发展重点内容；

四是从规划的目标讲，《规划》与"四化"、现代服务业、城市群战略、"一带一路"充分对接，服务国家战略发展，服务小康社会的建设，与国家大战略对接；

五是首次提出旅游功能区的概念，跟现代城市群规划配套，服务城市群的旅游休闲需求和生态绿色发展需求，同时对于主体功能区一些非限制性的绿色利用。那么，如何全面系统地认识本规划？以其重点内容为基础，我们做以下解读：

1. 以"五大发展理念"为基础进行规划布局

旅游业作为反映五大发展理念的典型产业，《"十三五"旅游业发展规划》要求，要全面落实旅游业创新驱动、协调推进、绿色发展、开放合作、共享共建等方面任务。以此基础进行规划布局，将五大发展理念全面贯彻落实到旅游业发展的各个方面和各个环节。

全面落实五大发展理念具体落实到各个章节当中包括：第三章 创新驱动 增强旅游业发展新动能；第四章 协调推进 提升旅游业发展质量；第五章 绿色发展 提升旅游生态文明价值；第六章 开放合作 构建旅游开放新格局；第七章 共建共享 提高人民群众满意度。

▼胡杨林

（1）突出创新、产品创新、业态创新、技术创新和市场主体创新，推动精品景区建设、加快休闲度假产品开发、大力发展乡村旅游、提升红色旅游发展水平、加快发展自驾车旅居车旅游、大力发展海洋及滨水旅游、积极发展冰雪旅游、加快培育低空旅游。

（2）优化旅游业空间布局，做强5大跨区域旅游城市群、培育20个跨区域特色旅游功能区、打造10条国家精品旅游带、培育25条国家旅游风景道、推进8大类特色旅游目的地建设。

（3）加强交通基础设施建设，完善信息咨询、"厕所革命"等旅游公共服务体系，推动旅游各产业要素更新换代。

（4）从消费端倡导绿色旅游消费，从供给端强调绿色开发与节能减排。

（5）构建旅游开放新格局，实施积极的旅游外交战略，大力提振入境旅游，深化内地与港澳、大陆与台湾旅游合作，有序发展出境旅游，提高旅游业开放发展的深度和广度，提升旅游业发展内外联动性。

（6）大力实施乡村旅游扶贫工程，推进旅游业创业就业，规范旅游市场秩序，大力推进文明旅游，构筑旅游安全保障网，实施旅游服务质量提升计划，创造文明、安全、便捷、舒适、高效的旅游环境。

▼雅丹魔鬼城

2. 明确"十三五"旅游业的发展趋势

国家旅游局规划财务司司长彭德成表示,综合国际国内旅游发展情况,我国旅游业在"十三五"期间,将呈现出以下5大发展趋势:

一是消费大众化。随着全面建成小康社会推进,旅游已经成为人民群众日常生活的重要组成部分。自助游、自驾游成为主要的出游方式。

二是需求品质化。人民群众休闲度假需求快速增长,对基础设施、公共服务、生态环境的要求越来越高,对个性化、特色化旅游产品和服务的要求越来越高,旅游需求的品质化和中高端化趋势日益明显。

三是发展全域化。以抓点为特征的"景点旅游"发展模式向区域资源整合、产业融合、共建共享的"全域旅游"发展模式加速转变,旅游业与农业、林业、水利、工业、科技、文化、体育、健康医疗等产业深入融合。

四是产业现代化。科学技术、文化创意、经营管理和高端人才对推动旅游业发展的作用将日益增大。云计算、物联网、大数据等现代信息技术在旅游业的应用更加广泛。产业体系的现代化将成为旅游业发展的必然趋势。

五是竞争国际化。各国和地区普遍把旅游业作为参与国际市场分工、提升国际竞争力的重要手段,纷纷出台促进旅游业发展的政策措施,推动旅游市场全球化、旅游

竞争国际化，竞争领域从争夺客源市场拓展到旅游产业发展的各个方面。

3. 制定"十三五"旅游发展目标

"十三五"依旧是旅游业快速发展的黄金期，规划中制定的主要目标：一是城乡居民出游人数年均增长 10% 左右；二是旅游总收入年均增长 11% 以上；三是旅游直接投资年均增长 14% 以上；四是旅游业对国民经济的综合贡献度达到 12%；五是在线旅游消费支出占旅游消费支出 20% 以上。通过两位数增长，实现旅游收入翻番、旅游投资翻番，到 2020 年，旅游市场总规模达到 67 亿人次，旅游投资总额 2 万亿元，旅游业总收入达到 7 万亿元。

4. 形成旅游发展新业态

随着全域旅游的发展，旅游业作为第三产业的重要组成部分，也逐渐向第一和第二产业渗透融合从而形成新的旅游业态。仅 2016 年，国家旅游局联合多部委发布的产业政策中，至少 2 次涉及第一产业，并专门召开全国工业旅游创新大会、加快编制《全国工业旅游发展纲要（2016—2020）》以助推工业旅游创新发展。

在《"十三五"旅游业发展规划》发布的数据显示，到 2020 年我国旅游投资规模将达到 2 万亿元，年均增速达到 14.65%。此外，在 2016 年中国旅游产业投融资促进大会上发布的《2015 年全国旅游业投资报告》中提到，乡村旅游、工业旅游、海洋旅游、低空旅游、体育旅游等新兴旅游业态在 2015 年的投资增长迅速，增幅均超过 50%。其中，邮轮游艇和森林旅游的增幅最大，较 2014 年同期分别增长 142.7% 和 103.6%。

《2015 年全国旅游业投资报告》显示，目前体育旅游正以年均 14% 的增速成为全球旅游市场中增长率最快的旅游业态。为了抓住体育旅游的快速增长期，就在《"十三五"旅游业发展规划》正式发布的前一个星期，国家旅游局联合国家体育总局共同印发《关于大力发展体育旅游的指导意见》，提出到 2020 年，在全国建成 100 个具有重要影响力的体育旅游目的地，建成 100 家国家级体育旅游示范基地，打造 100 条体育旅游精品线路等"5 个 100"的目标。这也将进一步激发资本市场进军"体育旅游"这一新兴业态的活力。

这些政策指引都清楚地显示了旅游业态向第一和第二产业延伸的良好态势。对于旅游投资企业而言，除了显示出旅游投资在三大产业结构的全覆盖，基于延伸而产生的旅游新业态也逐渐成为旅游投资企业的关注与发展方向。

国家发改委联合国家旅游局在去年 12 月初发布的《关于实施旅游休闲重大工程的通知》中明确显示，在未来 5 年，重点引导企业开展的项目建设划分为 8 个领域，在重点引导企业开展的 8 个重点领域项目建设中，除自驾车房车旅游、邮轮游艇旅游、温泉旅游、滑雪旅游、体育旅游、森林旅游、海洋旅游、研学旅行、健康旅游、旅游小城镇、城镇特色旅游街区、旅游演艺、国际特色旅游目的地、环城游憩带等休闲度假产品配套设施建设项目外，还提出了重点景区建设工程、旅游公共服务保障工程等一系列政策措施，引导企业对与旅游行业的存量市场加以优化和改良。

5. 突出供给侧结构性改革

"十三五"旅游发展处于黄金发展期，也处于结构调整期和矛盾凸显期，规划以供给侧结构性改革为主线进行改革。既包括我们之前提到的产品创新改革，还包括旅游体制机制的创新改革。国家旅游局自从开始全域旅游示范区的创建工作以来，就要求各个地方适应现代旅游综合产业、综合执法要求，加快旅游业管理体制和执法机制改革创新，鼓励有条件的创建单位率先设立综合性旅游管理机构和旅游警察、旅游法庭、旅游工商分局等"1+3"模式。核心在于"1"，而所谓的"1"，就是指综合协调性强的旅游管理机构。要建立好这样的旅游管理机构，最好的办法就是从过去的省（市）政府直属机构（旅游局）向省（市）政府组成部门（旅游委）的转变。

除此之外，在供给侧结构性改革中，还要加强基础设施建设，提升公共服务水平；大力推进"厕所革命"，加强旅游交通建设，实现从机场、车站、客运码头到主要景区交通无缝衔接，加强旅游集散体系建设，形成便捷、舒适、高效的集散中心体系；提升旅游要素，促进产业结构升级。提升餐饮业发展品质，构建新型住宿业，优化旅行社业，鼓励在线旅游企业进行全产业链运营，实施旅游商品品牌提升工程，推动娱乐业健康发展。

6. 实现乡村旅游扶贫

随着我国旅游业正逐渐从观光体验游向休闲度假游转变，在此基础上，乡村旅游不仅成为休闲度假旅游中的一大新兴业态，同时也成为旅游扶贫的一个重要抓手。在去年 8 月召开的第二届全国乡村旅游与旅游扶贫工作推进大会上，首批 280 个全国旅游扶贫示范项目正式公布。国家旅游局局长李金早表示，首批 280 个旅游扶贫项目共带动 5244 家建档立卡贫困户通过参与乡村旅游实现脱贫。在这一过程中，"景区带村""能人带户""公司（合作社）+ 农户"等成为旅游扶贫新模式。

《"十三五"旅游业发展规划》中对于乡村旅游扶贫工程着墨颇多。除提出到 2020 年，完成 50 万户贫困户"改厨、改厕、改客房、整理院落"的"三整一改"工程外，实施旅游扶贫电商行动、开展万企万村帮扶行动、实施金融支持旅游扶贫行动等相关措施也将配套实施。这也说明，国家旅游局不仅要借助乡村旅游实现精准扶贫，还要让贫困地区的居民有尊严地享受政策红利。

7. 规范市场秩序、推进文明旅游

在规范旅游市场秩序方面，着力解决执法难、执法软问题，建立重点地区旅游市场监管机制，完善旅游纠纷调解机制，健全互联网旅游企业监管体系。建立健全旅游从业者、经营者和消费者的信用体系。增强旅游者合同意识和契约精神，引导理性消费、依法维权。在推进文明旅游进程中。要建立文明旅游法规体系，落实旅游文明行为公约和行动指南。完善旅游不文明行为记录制度，建立信息通报机制，加大惩戒力度。加强旅游志愿者队伍建设，完善旅游志愿者管理激励制度。构筑旅游安全保障网。完善旅游安全管理制度，强化有关部门安全监管责任，建立健全旅游安全预警机制，深化旅游保险合作机制，扩大保险覆盖范围。

8. 构建旅游空间新载体

国家发改委和国家旅游局在《"十三五"旅游业发展规划》之前联合发布《全国生态旅游发展规划（2016—2025年）》。在此基础上之，《"十三五"旅游业发展规划》进一步提出要做强跨区域旅游城市群，优化空间布局，构筑新型旅游功能区。这就意味着，未来5年，我国将基本形成包括京津冀旅游城市群、长三角旅游城市群在内的5大跨区域旅游城市群；以香格里拉民族文化旅游区、太行山生态文化旅游区为代表的20个特色功能旅游区；10条国家精品旅游带、25条国家生态风景道、8个特色旅游目的地。这样一种旅游空间分布格局将使得各地的旅游业发展将打破行政区域的壁垒，整合各地的优势资源，形成区域旅游发展合力。

9. 推进旅游国际化发展

一是开展"一带一路"国际旅游合作，推动建立"一带一路"沿线国家和地区旅游部长会议机制，建立丝绸之路经济带城市旅游合作机制，推动"一带一路"沿线国家签证便利化，推动航权开放、证照互认、车辆救援、旅游保险等合作，加强与沿线国家旅游投资互惠合作，推动海上丝绸之路邮轮旅游合作。

二是大力提升入境旅游。实施中国旅游国际竞争力提升计划，统筹优化入境旅游政策，推进入境旅游签证、通关便利化，研究制定外国人来华邮轮旅游、自驾游便利化政策。

三是深化与港澳台旅游合作。创新粤港澳区域旅游合作协调机制，推进便利化建设和一体化发展，支持粤港澳大湾区旅游合作，开发一程多站旅游线路。

四是有序发展出境旅游。推动出境旅游目的地国家和地区简化签证手续、缩短签证申办时间，扩大短期免签证、口岸签证范围。

▲ 大理洱海

五是提升旅游业国际影响力。将旅游业"走出去"发展纳入国家"走出去"战略，制订旅游业"走出去"战略规划。完善支持旅游企业"走出去"政策服务平台，支持有条件的旅游企业统筹利用国际国内两个市场，建立面向中国公民的海外旅游接待体系。

10. 落实相关旅游扶持政策

具体来说，包括落实职工带薪休假制度。将落实职工带薪休假制度纳入各地政府议事日程，制定带薪休假制度实施细则或实施计划，加强监督检查；加大旅游基础设施和公共服务设施建设投入力度。编制旅游基础设施和公共服务设施建设规划；完善土地供给政策，在土地利用总体规划和城乡规划中统筹考虑旅游产业发展需求，年度土地供应中合理安排旅游业发展用地。优先保障纳入重点旅游项目用地和旅游扶贫用地；完善旅游财税政策，乡村旅游经营户可以按规定享受小微企业增值税优惠政策。

二、全域旅游示范区实现之《全域旅游示范区创建工作导则》解读

2016 年 2 月，国家旅游局公布首批创建"国家全域旅游示范区"的名单。在该通知中提出："发展全域旅游，是贯彻落实新的发展理念、适应旅游业发展新形势、遵循旅游业发展内在规律的客观需要，是转变旅游发展方式、实现由门票经济向产业经济转变的内在要求，是优化旅游空间配置、开辟旅游业发展新空间的有效途径。开展国

家全域旅游示范区创建工作，通过试点示范和引领带动，有利于各地因地制宜、突出特色、塑造品牌，形成各具特色、开放包容、共建共享的旅游发展新生态；有利于充分调动各方力量、整合资源、优化配置，开创大旅游发展新格局。

开展全域旅游示范区创建工作，要适应大众化旅游发展需要，切实加强旅游基础设施和公共服务体系建设，实现区域内旅游交通便捷、服务便利，旅游厕所数量充足、质量达标，旅游标识完备、公共信息完善；要满足多样化旅游发展要求，因地制宜、突出特色，大力推进旅游产品建设，构建多层次、特色化、中高端旅游产品体系；要坚持以人为本，促进开放共享，着力加强旅游环境秩序建设，实现全域景观化、景区内外环境一体化、市场秩序规范化、旅游服务精细化；要适应现代旅游综合产业、综合执法要求，加快旅游业管理体制和执法机制改革创新，鼓励有条件的创建单位率先推广设立综合性旅游管理机构和旅游警察、旅游法庭、旅游工商分局等"1+3"模式。

凡列入国家全域旅游示范区名录的，将优先纳入中央和地方预算内投资支持对象，优先支持旅游基础设施建设，优先纳入旅游投资优选项目名录，优先安排旅游外交、宣传推广重点活动，纳入国家旅游宣传推广重点支持范围，优先纳入国家旅游改革创新试点示范领域，优先支持 A 级景区等国家重点旅游品牌创建，优先安排旅游人才培训，优先列入国家旅游局重点联系区域。

经过地方人民政府自愿申报、省级旅游部门推荐、国家旅游局组织专家审核，海南省和北京市昌平区等 262 个市县成为首批国家全域旅游示范区创建单位。

那究竟什么是"国家全域旅游示范区"，该示范区其实就是以地方行政区为单位，以"全域旅游"理念打造的旅游产业拉动效应明显旅游目的地典范。在具体的全域旅游创建工作中，评价指标体系是验收检查全域旅游示范区创建工作的基本依据。国家旅游局局长李金早在《全域旅游大有可为》文章中提出的四项基本标准、五个鲜明特征、五个认识误区、六项重点工作，九大转变为考核评价指标体系提出了原则要求和核心指标，同时，国家旅游局创建示范区文件中也提出了要达到的主要指标。

1. 四项基本标准

旅游对当地经济和就业的综合贡献达到一定水平；建立旅游综合管理和执法体系；厕所革命及其他公共服务建设成效明显；建成旅游数据中心。国家旅游局创建文件中提出，率先实施"1+3"旅游综合管理和综合执法模式，旅游厕所建设率先达标，旅游数据中心率先建成的创建单位，国家旅游局将优先组织验收。通过验收的，正式列入"国家全域旅游示范区"名录。

这四项标准是创建旅游示范区的基本准则、也是创建的方向、任务和重点内容。

但是，各个地方应该因地制宜的各有侧重，不能千篇一律、更不能人云亦云。尤其在推进旅游综合管理和综合执法的改革过程中，内容、方式以及实现的路径也可以多种多样。

另外，需要注意的是，创建文件中要求对旅游业对当地经济和就业贡献的具体指标。这里讲的贡献是综合贡献，不是简单的旅游增加值占GDP的比重（直接贡献），综合贡献包括直接贡献和间接贡献。比如，在关于新增就业中，旅游业就业贡献率的数值衡量，就包括了直接就业、间接就业，而且旅游业就业增长高于其他产业。

2. 五个鲜明特征

在全域优化配置经济社会发展资源，充分发挥旅游带动作用；全域按景区标准统筹规划建设；构建全域大旅游综合协调管理体制；全域发挥"旅游 "功能，使旅游与其他相关产业深度融合、相融相盛，形成新的生产力和竞争力；全民共建共享全域旅游。这实际上是全面系统地提出了创建全域旅游示范区需要系统推进的各方面工作要求。

除了上述基本要求，在评价全域旅游示范区时，需要增加游客、当地居民及相关方等对全域旅游示范区的评价。在评价标准参考时，可以参考中国优秀旅游城市、旅游强县、最佳旅游城市等标准，进行简化和改造，对全域旅游示范区的旅游服务品质、

▼冰雪世界

安全、特色吸引力等各方面进行综合评价。

3. 五个认识误区

关于推进全域要注意的事项，李金早局长在文章提出，应避免陷入一些认识误区：其一，推进全域旅游并不是到处建景点景区、到处建宾馆酒店。相反，全域旅游更加关注景点景区、宾馆酒店等建设的系统性和规划布局的合理性。其二，推进全域旅游并不是到处进行旅游开发。全域旅游是一种积极有效的开发性保护模式。其三，不是所有地区都有条件在近期实行全域旅游，全域旅游要分步推进，切不能搞运动，不能刮风。其四，推进全域旅游要因地制宜，突出特色，不可简单复制、粗暴克隆。其五，全域旅游不可无序而为，一哄而起。

这些误区告诉我们，推进全域旅游需要处理好六个关系：一是处理好景区点与全域面的关系。除了进行核心吸引物的培育之外，还要全域统筹，旅游带动。二是处理好政府与市场的关系。既要发挥政府的统筹推动作用，更要符合市场规律、符合旅游消费需求。三是处理好开发与保护的关系。既要注重旅游产品的建设完善，更要注重保护与可持续发展。四是处理好硬件和软件的关系。既要重视基础设施、公共服务的建设，也要重视社会环境、服务品质的提升。五是处理好改革创新与系统提升的关系。全域旅游既是一个改革创新工程，也是一个系统优化工程。

4. 六项重点工作

李金早局长系统、全面地对推进全域旅游工作在国家层面进行了总体部署。他指出，实施全域旅游是一项复杂系统工程，需要系统改革创新，从六个方面提出了重点工作：创新发展战略，改革管理体制；创新经济社会发展规划和旅游规划；改革评价体系；创新投融资体制机制；创新旅游业态；试点先行、示范引领。

5. 九大转变

推进全域旅游是我国新阶段旅游发展战略的再定位，是一场具有深远意义的变革。从景点旅游模式走向全域旅游模式，具体要实现九大转变：

一是从单一景点景区建设和管理到综合目的地统筹发展转变。破除景点景区内外的体制壁垒和管理围墙，实行多规合一，实行公共服务一体化，旅游监管全覆盖，实现产品营销与目的地推广的有效结合。旅游基础设施和公共服务建设从景点景区拓展到全域。例如，要从景点景区和城市的旅游厕所革命拓展为景点景区内外、城乡一体推进的全面厕所革命。

二是从门票经济向产业经济转变。实行分类改革，公益性景区要实行低价或免费开放，市场性投资开发的景点景区门票价格也要限高，遏制景点景区门票价格上涨过快势头，打击乱涨价和价格欺诈行为，从旅游过度依赖门票收入的阶段走出来。

三是从导游必须由旅行社委派的封闭式管理体制向导游依法自由有序流动的开放式管理转变。实现导游执业的法制化和市场化。

四是从粗放低效旅游向精细高效旅游转变。加大供给侧结构性改革，增加有效供给，引导旅游需求，实现旅游供求的积极平衡。

五是从封闭的旅游自循环向开放的"旅游+"融合发展方式转变。加大旅游与农业、林业、工业、商贸、金融、文化、体育、医药等产业的融合力度，形成综合新产能。

六是从旅游企业单打独享到社会共建共享转变。充分调动各方发展旅游的积极性，以旅游为导向整合资源，强化企业社会责任，推动建立旅游发展共建共享机制。

七是从景点景区围墙内的"民团式"治安管理、社会管理向全域旅游依法治理转变。旅游、公安、工商、物价、交通等部门各司其职。

八是从部门行为向党政统筹推进转变。形成综合产业综合抓的局面。

九是从仅是景点景区接待国际游客和狭窄的国际合作向全域接待国际游客、全方位、多层次国际交流合作转变。最终实现从小旅游格局向大旅游格局转变。

这是区域发展走向成熟的标志，是旅游业提质增效和可持续发展的客观要求，也是世界旅游发展的共同规律和大趋势，代表着现代旅游发展的新方向。

自2016年2月，国家旅游局正式启动全域旅游示范区创建工作以来，通过示范区

▼ 戈12户外活动

的创建，探索发展全域旅游的好经验好模式，通过示范区的先行先试和示范带动作用，引导全域旅游健康持续发展。

2017年6月12日，国家旅游局在系统研究总结各地发展经验的基础上，编制了《全域旅游示范区创建工作导则》。

（1）《导则》指出，为深入贯彻习近平总书记系列重要讲话精神和治国理政新理念、新思想、新战略，认真落实党中央、国务院关于全域旅游的决策部署，按照"五位一体"总体布局、"四个全面"战略布局和创新、协调、绿色、开放、共享发展理念，推动旅游业转型升级、提质增效、科学发展、全面发展，持续增加旅游有效供给，切实满足人民群众不断增长的旅游需求，指导和规范全域旅游示范区（以下简称示范区）创建工作，特制定本导则。并且示范区创建工作坚持"注重实效、突出示范，宽进严选、统一认定，有进有出、动态管理"的方针，成熟一批、命名一批，并建立相应的管理和退出机制。创建单位要经过不断改革创新和完善升级，最终达到相应条件和标准并能发挥示范作用才能成为示范区。

截至目前，已有500个全域旅游示范区创建单位，包括海南、宁夏两省（区），91个市（州），407个县（市），覆盖全国31个省区市和新疆生产建设兵团。在《导则》发布会上，有记者提出，"现在有些人认为500个创建单位太多了，对此如何看待？"国家旅游局相关负责人回应道，这500家仅仅是创建单位，从创建单位到示范区还要经过一个不断改革创新和完善升级的过程，只有达到相应条件和标准并能发挥示范作用才能成为示范区。同时，创建工作坚持"注重实效、突出示范、宽进严选、统一认定，有进有出、动态管理"的方针，成熟一批、命名一批，并建立相应的管理和退出机制。将来即使成为示范区，也不是终身制。

对于500家示范区创建单位，国家旅游局也是按照有基础、有潜力、有积极性的原则分两批确定的，目的是鼓励各地参加全域旅游示范区创建的积极性，体现全域旅游发展的示范导向，形成促进全域旅游发展的良好社会氛围。希望创建单位要立足创建，强化"过程"意识，通过创建发现问题，解决问题，边干边出成效、出经验。

根据《导则》，示范区创建工作应由本地区党委、政府统筹负责，研究制订全域旅游示范区创建工作方案，建立全域旅游示范区创建工作目标责任考核体系。各级旅游行政管理部门具体负责创建考核工作，确保各项工作务实高效推进。其中，省（自治区和直辖市）示范区创建工作由国家旅游局负责年度评估监测。市（地州盟）和县（市区旗）示范区创建工作由省级旅游行政管理部门负责年度评估监测，并向国家旅游局提交评估报告。

（2）《导则》提到，创建工作要实现"五个目标"，并起到相应的示范引领作用。一是实现旅游治理规范化，成为体制机制改革创新的典范；二是实现旅游发展全域化，成为目的地建设的典范；三是实现旅游供给品质化，成为满足大众旅游消费需求的典范；四是实现旅游参与全民化，成为全民参与共建共享的典范；五是实现旅游效应最大化，成为旅游业惠民生、稳增长、调结构、促协调、扩开放的典范。

北京联合大学旅游学院教授李柏文认为，"五大目标"的设定使得全域旅游示范区创建工作更具有方向性，"五大目标"既有对旅游业本身治理与品质提升的要求，也有对参与主体"全民化"的要求，更有对旅游发展全域化和效应最大化的要求，兼顾了景点旅游与全域旅游的辩证关系，描绘了全域旅游的发展蓝图。

从旅游效应最大化来看，近年来，我国旅游业发展迅猛，产业规模持续扩大，产品体系日益完善，市场秩序不断优化，2016年中国旅游业对国民经济综合贡献达11%，中国旅游业对社会就业综合贡献超过10.26%，与世界平均水平持平。所以，对于五大目标中的"发挥旅游业最大效应"是由旅游业的特点决定的，旅游业关联产业多、带动作用强、社会影响大。应当积极发展全域旅游的带动效应，这种带动效应不

▼ 特色村落

仅表现在门票上，而是指对于整个社会的综合贡献。通过旅游业与其他产业的融合发展，形成合力，推动社会经济协调发展。从硬件和软件两个方面全面提升全域旅游发展水平。

从旅游治理规范化，成为体制机制改革创新典范来看，《导则》对于全域旅游的定义中强调，要促进旅游业从单一景点景区建设管理向综合目的地服务转变，从围墙内民团式治安管理向全面依法治理转变，从部门行为向党政统筹推进转变。以前旅游管理模式依靠的是部门管理，而构建现代旅游治理体系则是发挥社会主体作用，强调部门间的联动作用和综合治理机制，从管理到治理，虽是一字之差，却显得非常必要。这是旅游业发展的规律，也是全域旅游发展的必要前提。

从实现旅游发展全域化来看，强调创建单位一定要树立全域旅游发展观，把全域旅游定义为该区域的重要工程，统筹布局，综合发展；另外，创建单位的相关部门也要有全域旅游的工作理念，旅游部门综合化，综合部门旅游化。联合其他部门做好协同发展。培养"旅游+"的思考模式。

从实现旅游参与全民化来看，景点旅游向全域旅游转变必然要求部门联动和全社会参与，《导则》中也明确提出的"建立各部门联动、全社会参与的旅游综合推进机制，只有形成这种新型的综合推进机制，才能保证社会的参与力量，保证产业融合发展，形成全域旅游发展格局"。全域旅游的"域"的实现，不仅是空间，更强调全社会的积极参与。只有当地居民与游客共建共享，相互配合，才能共同推动全域旅游目的地的建设。

（3）《导则》强调，创建工作要突出"六项原则"。一是突出改革创新，始终将改革创新作为创建工作的主线，构建全域旅游发展新局面；二是突出党政统筹，充分发挥地方党委、政府的领导作用，形成推动全域旅游发展新合力；三是突出融合共享，大力推进"旅游+"，形成全域旅游共建共享新格局；四是突出创建特色，形成各具特色、差异化推进的全域旅游发展新方式；五是突出绿色发展，实现经济、社会、生态效益共同提升，开辟全域旅游发展新境界；六是突出示范导向，强化创建单位的示范引领作用，树立全域旅游发展新标杆。

"六大原则"在导则中起到了导向的作用，提供了基本方向，让争创单位明白了全域旅游的发展趋向。并且可以根据导则，根据原则，进行大胆探索、特色发展，因地制宜。在创新的基础之上为示范区的创建摸索出更多行之有效的经验。因地制宜、大胆探索，这既是全域旅游示范区创建的优质条件，也是重点难点。每个创建单位的条件不一样，要结合自身特点和基础，在机制体制、产品发展、项目建设方面进行改革创新。此外，任何创建单位都要树立是示范导向的观念，全域旅游示范区要成为其他地方学习的榜样，就要提供可资借鉴的经验模式、发展理念，不断总结值得推广的经验。

对"六大原则"的指导意义，李柏文也做了具体分析。他说，改革创新是全域旅游发展的动力和活力，要求各地树立全域旅游发展观，改革体制机制，创新产品业态，培养创新型企业与人才；党政统筹是全域旅游发展第一推力和保障力，要求党政主导、党政领导、党政推动、党政监督全程保障护航；融合共享是全域旅游发展的合力，要求构建部门合力、资源合力、产业合力、社会合力、区域合力；突出特色是全域旅游发展的生命力；绿色发展是全域旅游的可持续发展能力，要求领导干部要有绿色发展意识，绿色决策能力，部门要有绿色管理与服务能力，企业有绿色开发与生产能力，民众有绿色参与能力，注重旅游绿色技术、绿色产品、绿色酒店、绿色食品、绿色交通等开发，形成全产业链绿色化发展格局；示范导向是全域旅游的引领能力，要求示范区在做好规定动作的基础上，设计自创动作，在某一方面取得突破性进展，对区域乃至全国产生示范价值。

（4）《导则》要求，创建单位要按照李金早局长关于"九个转变、十个突破、八个防止"总要求，落实好"八方面任务"。

一是创新体制机制，全面构建现代旅游治理体系，促进部门行为向党政统筹推进转变。

二是加强规划工作，全面做好全域旅游顶层设计，促进分头规划向区域内"多规合一"转变。

三是加强旅游设施建设，全面创造和谐旅游环境。

四是提升旅游服务，全面推进服务人性化品质化，促进粗放低效旅游服务向精细高效旅游服务转变。

五是丰富旅游产品，坚持融合发展、创新发展，全面丰富旅游产品有效供给。

六是实施整体营销，促进传统的旅游产品营销向全域整体营销转变，全面凸显区域旅游品牌形象。

七是加强旅游监管，全面强化以法治旅，保障游客权益。

八是优化城乡环境，全面营造旅游发展良好社会环境，促进单一景点景区建设管理向综合目的地服务转变。

最终努力实现旅游业现代化、集约化、品质化、国际化，最大限度满足大众旅游时代人民群众消费需求。

▲ 普姆雍措

全域旅游是我国旅游产业发展的重大战略导向，是一个全新的概念。根据《导则》中八项任务的相关规定，要进行体制机制的创新，形成发展合力。在旅游发展规划中，也不是单独的某一个部门做各自的旅游规划，而是要进行全域旅游规划，强调各个部门之间的融合。

在示范区的创建过程中，更强调要加强规划工作。立足于规划在旅游业中具有的纲领性和指导作用，帮助明确示范区未来的发展方向和具体行动内容，协调各部门的利益，落实各主体的责任关系，合理配置旅游相关资源，保障示范区可持续发展。强化部门协同。

那么，完整的旅游规划体系包括什么？如何进一步完善旅游规划体系？

钟林生这样解释，旅游规划包括示范区总体规划、景区总体规划与详细规划、景观与设计规划。为此，他提出三点建议：一是要以全域资源要素配置作为规划主体，重视旅游公共服务设施规划、旅游产业要素规划、旅游产业融合规划；二是需进一步修订《旅游规划通则》等相关标准，或出台全域旅游规划技术规范；三是提高旅游规划在"多规合一"中的地位，借鉴"系统工程"理念，用全域旅游统筹示范区各部门规划，在规划中充分反映全域旅游的发展需求。

另外，导则中提出，"在实施'多规合一'中充分体现旅游主体功能区建设的要求"，"将旅游发展作为重要内容纳入经济社会发展、城乡建设、土地利用、基础设施建设和生态环境保护等相关规划中"。这其实在强调，在全域旅游示范区创建过程中，旅游主体功能区的规划和建设是重点内容，这是创建单位是否可以创建成功的关键所在。

总的来说，《导则》的出台，既体现了发展理念的创新，将贯彻五大发展理念作为推进全域旅游发展的指导思想，在全域旅游示范区创建中全面落实五大理念。也体现了发展模式的创新，突破原来景点旅游发展的局限，从综合目的地建设的角度来谋划推进旅游业发展。还对于全域旅游示范区的体制机制进行重新衡量。把旅游业从旅游单一部门管理的小平台，提升转变为党委、政府和全社会齐抓共管的大平台。最后，《导则》的创新之处还体现在，《导则》的根本目标不是要打造出一批同质化的示范区，而是在一个平等的旅游平台上，各个创建单位紧密结合当地实际，扬长避短，做出特色。构建出一个个各具特色、异彩纷呈的旅游目的地。

同时，在旅游产品方面，《导则》提出，要突破传统的景点景区产品体系，强化融合发展，以"旅游+"为手段，催生新业态产品，有效丰富旅游供给。在公共服务方面，要将景点景区内的旅游服务扩大到区域内的便捷化公共服务，推动"厕所革命"覆盖城乡全域，构建畅达便捷交通网络，完善集散咨询服务体系，规范完善旅游引导标识系统，合理配套建设旅游停车场。在营销推广方面，要由传统的旅游产品推介转变为对目的地的整体营销，把营销工作纳入全域旅游发展大局，创新全域旅游营销方式。在市场监管方面，要改变原有的景点景区围墙内"民团式"治安管理、社会管理，转变为全域旅游依法治理。

值得关注的是，《导则》提出的系列要求专门面向全域旅游示范区创建单位，是指导性的意见，并不是面向全国的普遍要求。对于全域旅游示范区创建单位而言，这些要求是可行的。对其他地区来说，只是一种参考与方向的指引。并且，国家旅游局相关负责人表示，国家旅游局将根据《导则》制定《全域旅游示范区考核命名和管理办法》，对符合条件并能够发挥示范作用的予以命名。同时，将建立全域旅游示范区创建工作管理系统，加强对各创建单位的指导和评估，以确保示范区创建能够有序、有效开展。

三、全域旅游之休闲农业相关政策解读

2016年，中央"一号文件"是由中共中央、国务院印发的《关于落实发展新理念加快农业现代化实现全面小康目标的若干意见》。一般来说，中央一号文件是中共中央每年发布的第一份文件，一号文件中聚焦的主题往往是国家当前需要重点关注和亟须解决的问题，在全年工作中具有纲领性和指导性的地位，因此历年的文件都会受到各界的高度关注。

该《意见》全文约 15 000 字，共分 6 个部分 30 条，包括：持续夯实现代农业基础，提高农业质量效益和竞争力；加强资源保护和生态修复，推动农业绿色发展；推进农村产业融合，促进农民收入持续较快增长；推动城乡协调发展，提高新农村建设水平；深入推进农村改革，增强农村发展内生动力；加强和改善党对"三农"工作指导。

文件认为，在经济发展新常态、资源环境约束趋紧的大背景下，如何促进农民收入稳定较快增长并确保如期实现全面小康，如何加快转变农业发展方式以确保粮食等重要农产品实现有效供给，如何提升我国农业竞争力赢得参与国际市场竞争的主动权，已成为我国农业农村发展必须完成和破解的历史任务和现实难题。文件指出，把坚持农民主体地位、增进农民福祉作为农村一切工作的出发点和落脚点，用发展新理念破解"三农"新难题，厚植农业农村发展优势，加大创新驱动力度，推进农业供给侧结构性改革，加快转变农业发展方式，保持农业稳定发展和农民持续增收，走产出高效、产品安全资源节约、环境友好的农业现代化道路，推动新型城镇化与新农村建设双轮驱动、互促共进，让广大农民平等参与现代化进程、共同分享现代化成果。

中央 2016 年 1 号文件首次明确提出"大力发展休闲农业和乡村旅游"，意义十分重大。

（一）标志"大力发展休闲农业与乡村旅游"已经上升到国家战略

历次中央 1 号文件的重要性已经不言而喻，2016 年 1 号文件首次明确提出"大力发展休闲农业和乡村旅游"，这标志着"大力发展休闲农业和乡村旅游"已经上升到国家战略。

1 号文件要求用发展新理念破解"三农"新难题。大力推进农业现代化，必须着力构建现代农业产业体系、生产体系、经营体系，推动粮经饲统筹、农林牧渔结合、种养加一体、一二三产业融合发展，让农业成为充满希望的朝阳产业。

而"大力发展休闲农业和乡村旅游"，则是中央"用发展新理念破解三农新难题"的新举措。因为发展休闲农业，推进农村一二三产业融合发展，是在资源环境硬约束背景下加快转变农业发展方式、推进生态文明建设的战略要求；是在经济增速放缓背景下拓宽农民增收渠道、全面建设小康社会的战略选择；是在城镇化深入发展背景下打造农村经济"升级版"、培育国内消费新增长点、实现城乡经济社会一体化发展的战略举措；是在扶贫开发工作进入攻坚拔寨冲刺期背景下引入扶贫新兴业态、促进贫困地区贫困群众脱贫致富、确保 2020 年如期实现全面脱贫目标的战略措施。所以中央要求，"大力发展休闲农业和乡村旅游"，"使之成为繁荣农村、富裕农民的新兴支柱产业"。

（二）农村一二三产业融合发展必然催生"休闲农业和乡村旅游"的快速发展

2016年1号文件提出，完善农业产业链与农民的利益联结机制。促进农村一二三产业深度融合，推进农业产业链整合和价值链提升，让农民共享产业融合发展的增值收益，培育农民增收新模式。而农村一二三产业融合发展，必然推进农业供给侧结构性改革，自然催生休闲农业和乡村旅游的快速发展。休闲农业和乡村旅游作为农村一二三产业发展的融合体，近年来发展迅猛，已成为一种新型产业形态和消费业态，在促进农业提质增效、带动农民就业增收、传承中华农耕文明、建设美丽乡村、推动城乡一体化发展方面发挥了重要作用，为国民经济持续健康发展和全面建成小康社会提供重要支撑。

（三）发展休闲农业和乡村旅游的重大意义

大力发展休闲农业和乡村旅游意义重大，因为发展休闲农业是提高农业效益、增加农民收入的有效途径；是增加就业容量、促进社会和谐的有效渠道；是传承农耕文明、弘扬传统文化的重要举措；是保护生态环境、建设美丽乡村的有效手段。因此，国家农业部要求各地充分认识休闲农业在助推农业强起来、农民富起来、农村美起来、建设美丽中国和美丽乡村中的重大作用，进一步提高思想认识，完善政策措施，加大工作力度，切实推动休闲农业的发展。

（四）发展休闲农业和乡村旅游的总体要求

要深入贯彻党中央、国务院的有关部署要求，紧紧围绕促进农业提质增效、农民就业增收、居民休闲消费的目标任务，以农耕文化为魂，以美丽田园为韵，以生态农

▼浦江嵩溪古村

业为基，以创新创造为径，以古朴村落为形，将休闲农业发展与现代农业、美丽乡村、生态文明、文化创意产业建设、农民创业创新融为一体，注重规范管理、内涵提升、公共服务、文化发掘和氛围营造，推动农村一二三产业的融合发展。

发展休闲农业要始终坚持以下原则：

一是以农为本、促进增收；二是多方融合、相互促进；三是因地制宜、突出特色；四是规范管理、强化服务；五是政府引导、多方参与；六是保护环境、持续发展。

（五）发展休闲农业和乡村旅游的主要任务

发展休闲农业和乡村旅游的主要任务体现在六大提升：

（1）围绕优化布局，着力在丰富类型和融合集聚上实现重大提升。

（2）围绕丰富内涵，着力在文化传承和创意设计上实现重大提升。

（3）围绕增收脱贫，着力在产业升级和利益共享上实现重大提升。

（4）围绕提档升级，着力在人员素质和设施改善上实现重大提升。

（5）围绕有序发展，着力在规范管理和生态保护上实现重大提升。

（6）围绕品牌培育，着力在典型示范和氛围营造上实现重大提升。

2017年，"中央一号"文件题为《中共中央 国务院关于深入推进农业供给侧结构性改革加快培育农业农村发展新动能的若干意见》。这份文件全文约13 000字，共分6个部分33条，包括：优化产品产业结构，着力推进农业提质增效；推行绿色生产方式，增强农业可持续发展能力；壮大新产业新业态，拓展农业产业链价值链；强化科技创新驱动，引领现代农业加快发展；补齐农业农村短板，夯实农村共享发展基础；加大农村改革力度，激活农业农村内生发展动力。这已经是国家连续14年一号文件涉农，可见对农业的重视程度。文件中与休闲农业、乡村旅游的相关政策也涉及很多，我们继续做相关解读。

1. 大力发展乡村休闲旅游产业

充分发挥乡村各类物质与非物质资源富集的独特优势，利用"旅游+""生态+"等模式，推进农业、林业与旅游、教育、文化、康养等产业深度融合。丰富乡村旅游业态和产品，打造各类主题乡村旅游目的地和精品线路，发展富有乡村特色的民宿和养生养老基地。鼓励农村集体经济组织创办乡村旅游合作社，或与社会资本联办乡村旅游企业。多渠道筹集建设资金，大力改善休闲农业、乡村旅游、森林康养公共服务设施条件，在重点村优先实现宽带全覆盖。完善休闲农业、乡村旅游行业标准，建立健全食品安全、消防安全、环境保护等监管规范。支持传统村落保护，维护少数民族特色村寨整体风貌，有条件的地区实行连片保护和适度开发。

支持有条件的乡村建设以农民合作社为主要载体，让农民充分参与和受益，集循环农业、创意农业、农事体验于一体的田园综合体，通过农业综合开发，农村综合改革转移支付等渠道开展试点示范。深入实施农村产业融合发展试点示范工程，支持建设一批农村产业融合发展示范园。未来农业的发展方向已经不单单是做一项产业，建一个农庄这么简单，最好的发展方式是综合，最受支持方向是带动，庄主们不要只建设一个农庄，最好是带动本地农民发展农业产业，集中循环，创意，农事体验的方向建设农庄。只有这样才能更好更长远的发展，还能更好地获得政府的支持。农业综合开发资金，农村改革和乡村建设资金都会向这个方向倾斜。

2. 培育宜居宜业特色村镇

围绕有基础、有特色、有潜力的产业，建设一批农业文化旅游"三位一体"、生产生活生态同步改善、第一、第二、第三产业深度融合的特色村镇。支持各地加强特色村镇产业支撑、基础设施、公共服务、环境风貌等建设。打造"一村一品"升级版，发展各具特色的专业村。支持有条件的乡村建设以农民合作社为主要载体、让农民充分参与和受益，集循环农业、创意农业、农事体验于一体的田园综合体，通过农业综合开发、农村综合改革转移支付等渠道开展试点示范。深入实施农村产业融合发展试点示范工程，支持建设一批农村产业融合发展示范园。

3. 探索建立农业农村发展用地保障机制

优化城乡建设用地布局，合理安排农业农村各业用地。完善新增建设用地保障机制，将年度新增建设用地计划指标确定一定比例用于支持农村新产业新业态发展。加快编制村级土地利用规划。在控制农村建设用地总量、不占用永久基本农田前提下，加大盘活农村存量建设用地力度。允许通过村庄整治、宅基地整理等节约的建设用地采取入股、联营等方式，重点支持乡村休闲旅游养老等产业和农村三产融合发展，严禁违法违规开发房地产或建私人庄园会所。完善农业用地政策，积极支持农产品冷链、初加工、休闲采摘、仓储等设施建设。改进耕地占补平衡管理办法，严格落实耕地占补平衡责任，探索对资源匮乏省份补充耕地实行国家统筹。

4. 深入实施农村产业融合发展试点示范工程，支持建设一批农村产业融合发展示范园

产业融合示范工程已经实施了三年，从2015年开始国家提出农村一二三产业融合发展，并且每年都会出台多项支持政策和项目资金支持产业融合的发展。对于产业融合来讲：第一产业是基础，重点发展绿色循环农业，优质农产品生产。农产品加工业是提升产业融合发展带动能力。休闲农业和乡村旅游是拓宽产业融合的发展途径。所以一再强调休闲农业一定不能脱离农业搞成单纯的旅游和娱乐,要想长远发展离不开第一产业和第二产业的支撑。

5. 加大农村改革原力度,激活农业农村内发展动力

这一部分内容主要是今年对三农领域国家的支持力度,从农业补贴,财政投入,金融创新,农村产权制度改革,用地,机制体制等各方面给三农领域给予相关的支持。农村集体建设用地,村庄整治和宅基地整理节约建设用地都可用来发展乡村休闲旅游养老等产业三产融合发展。对于农民工返乡创业,各类科技人才,高校毕业生等回乡创业都将在市场准入,财政税收,金融服务,用地用电,创业培训,社会保障等方面获得相关的优惠政策。

除此之外,2015年、2016年,国务院还就休闲农业、乡村旅游的发展出台了一些文件。包括《关于推进农村一二三产业融合发展的指导意见》《关于进一步促进农产品加工业发展的意见》等。农业部会同发改委、财政部等14部门联合印发了《关于大力发展休闲农业的指导意见》,目的也是在于提升休闲农业服务质量、推动产业健康发展。《指导意见》指出:

(1)要因地制宜科学编制发展规划,调整产业结构,优化发展布局,补农村短板,扬农村长处,注意乡土味道,保留乡村风貌,留住田园乡愁,形成串点成线、连片成带、集群成圈的发展格局。要挖掘农业文明,注重参与体验,突出文化特色,加大资

▼大坪村田园民宿

源整合力度，形成集农业生产、农耕体验、文化娱乐、教育展示、水族观赏、休闲垂钓、产品加工销售于一体的休闲农业点（村、园），打造生产标准化、经营集约化、服务规范化、功能多样化的休闲农业产业带和产业群。

（2）鼓励各地依托农村绿水青山、田园风光、乡土文化等资源，有规划地开发休闲农庄、乡村酒店、特色民宿、自驾车房车营地、户外运动等乡村休闲度假产品，大力发展休闲度假、旅游观光、养生养老、创意农业、农耕体验、乡村手工艺等，促进休闲农业的多样化、个性化发展。支持农民发展农（林、牧、渔）家乐，积极扶持农民发展休闲农业合作社，鼓励发展以休闲农业为核心的一二三产业融合发展聚集村；加强乡村生态环境和文化遗存保护，发展具有历史记忆、地域特点、民族风情的特色小镇，建设一村一品、一村一景、一村一韵的美丽村庄和宜游宜养的森林景区。鼓励各地探索农业主题公园、农业嘉年华、教育农园、摄影基地、特色小镇、渔人码头、运动垂钓示范基地等，提高产业融合的综合效益。

（3）引导和支持社会资本开发农民参与度高、受益面广的休闲旅游项目。休闲农业具有巨大的投资潜力。近年来，休闲农业渐渐成了民间资本投资的"香饽饽"。为此，政府部门应该进一步加大扶持力度，吸引民间资本投资休闲农业。

（4）弘扬优秀农耕文化。要合理开发农业文化遗产，大力推进优秀农耕文化教育进校园，加强大中小学生的国情乡情教育，统筹利用现有资源建设农业教育、社会实践和研学旅游示范基地，实施中国传统工艺振兴计划，支持发展妇女手工艺特色产业项目。

（5）不断加强传统村落、传统民居的保护力度。注重农村文化资源挖掘，提升休闲农业的文化软实力。发展主客共享的美丽休闲乡村，加快乡土民俗文化的推广、保护和延续。

（6）实施休闲农业和乡村旅游提升工程，扶持建设一批功能完备、特色突出、服务优良的休闲农业聚集村、休闲农业园、休闲农业合作社，着力改善开展休闲农业村庄的道路、供水设施、宽带、停车场、厕所、垃圾污水处理、游客综合服务中心、餐饮住宿的洗涤消毒设施、农事景观观光道路、休闲辅助设施、乡村民俗展览馆和演艺场所等基础服务设施，改善休闲农业基地的种养条件，实现特色农业加速发展、村容环境净化美化和休闲服务能力同步提升。

（7）培育知名品牌。重点打造点线面结合的休闲农业品牌体系。鼓励各地培育地方品牌。

（8）目标。到2020年，产业规模进一步扩大，接待人次达33亿人次，营业收入超过 7000 亿元；布局优化、类型丰富、功能完善、特色明显的格局基本形成；社会效益明显提高，从事休闲农业的农民收入较快增长；发展质量明显提高，服务水平较大提升，可持续发展能力进一步增强，成为拓展农业、繁荣农村、富裕农民的新兴支柱产业。

习近平总书记指出，农耕文化是我国农业的宝贵财富，是中华文化的重要组成部分，不仅不能丢，而且要不断发扬光大，强调要让文化遗产活起来。大力发展休闲农业是扶贫攻坚的一个重要策略，不仅有利于推动农业和旅游供给侧结构性改革，促进农村一二三产业融合发展，还将带动农民就业增收和产业脱贫，可以推进全域化旅游和促进城乡一体化发展。

伴随党中央、国务院和相关部门的文件和意见的相继出台，标志着全国休闲农业和乡村旅游政策体系框架的形成，主要包括六大方面。

1. 在用地政策上

要落实城乡建设用地增减挂钩试点，农村集体经济建设用地自办、入股等方式经营休闲农业的政策。要积极向当地政府汇报，争取将休闲农业和乡村旅游项目建设用地纳入土地利用总体规划和年度计划合理安排。要支持有条件的地方通过盘活农村闲置房屋、集体建设用地、"四荒地"、可用林场和水面等资产资源发展休闲农业和乡村旅游。

2. 在财政政策上

要鼓励各地整合财政资金，将中央有关乡村建设资金向休闲农业集聚区倾斜。要探索采取以奖代补、先建后补、财政贴息、设立产业投资基金等方式加大财政扶持力度。要创新融资模式，鼓励利用 PPP 模式、众筹模式、互联网+模式、发行私募债券等方式，引导社会各类资本投资休闲农业和乡村旅游。

3. 在金融政策上

要创新担保方式，搭建银企对接平台，鼓励担保机构加大对休闲农业和乡村旅游的支持力度，帮助经营主体解决融资难题。要推动银行业金融机构拓宽抵押担保物范围，扩大信贷额度，加大对休闲农业的信贷支持，带动更多的社会资本投资休闲农业和乡村旅游。

4. 在公共服务上

要从规划引导入手，积极推进"多规合一"，将休闲农业和乡村旅游开发纳入城乡发展大系统中，打造产业带和产业群。要加大行业标准的制定和宣贯力度，建立健全食品安全、消防安全、环境保护等监管规范。要积极构建完善的休闲农业和乡村旅游监测统计制度。要鼓励高等院校、职业学校开设专业和课程，培养一批规划设计、创意策划和市场营销专门人才。要加强从业技能培训，培养一批服务接待、教育解说实用人才，提升服务质量。

5. 在品牌创建上

要按照"3+1+X"的品牌培育体系，在面上继续创建全国休闲农业和乡村旅游示范县（市、区），在点上继续推介中国美丽休闲乡村，在线上重点开展休闲农业和乡村旅游精品景点线路推介，吸引城乡居民到乡村休闲消费。要继续加大中国重要农业文化遗产的发掘保护传承工作，推动遗产地经济社会可持续发展。要指导各地积极探索农业嘉年华、休闲农业特色村镇、星级户等地方品牌创建。

6. 在宣传推介上

要按照"统筹谋划、上下联动、均衡有序"的思路，加大宣传推介，创新推介方式，在节假日和重要农事节庆节点，有组织、有计划地开展休闲农业和乡村旅游精品景点宣传推介，扩大产业的影响力。要指导各地举办特色鲜明、影响力大、公益性强的农事节庆活动。

四、全域旅游之文旅小镇相关政策解读

作为未来城镇旅游发展中的重要平台，特色小镇近年来受到了从中央各大部委到各省市地方政府的高度重视，特色小镇也开始进入井喷态势。特色小镇的快速发展得益于中央政府的力推，地方的配合，这些政策也都是未来特色小镇发展的纲领文件。这些文件主要包括：

1.《住房城乡建设部 国家发展改革委 财政部关于开展特色小镇培育工作的通知》建村〔2016〕147号

该通知指出，到2020年，培育1000个左右各具特色、富有活力的休闲旅游、商贸物流、现代制造、教育科技、传统文化、美丽宜居等特色小镇，引领带动全国小城镇建设，不断提高建设水平和发展质量。

另外，该通知在组织领导和支持政策中提出两条支持渠道：一是国家发展改革委等有关部门支持符合条件的特色小镇建设项目申请专项建设基金；二是中央财政对工作开展较好的特色小镇给予适当奖励。应当说这是中央财政资金第一次比较系统地对小城镇建设给予支持，具有十分强烈的导向意义，说明中央相关部门确实把特色小镇放到了新型城镇化工作的重要地位上。

2. 住建部《关于做好 2016 年特色小镇推荐工作的通知》建村建函〔2016〕71 号

该通知确定了 2016 年全国 32 个省市自治区特色小镇的推荐数量，合计共 159 个名额，报名截至 2016 年 8 月 30 日。其中，浙江省分配到的数量最多，为 10 个，江苏、广东、四川三省分配到的数量均为 8 个。通知指出，候选特色小镇近 5 年应无重大安全生产事故、重大环境污染、重大生态破坏、重大群体性社会事件、历史文化遗存破坏现象。

3. 住房城乡建设部《中国农业发展银行关于推进政策性金融支持小城镇建设的通知》建村〔2016〕220 号

农业发展银行对于特色小镇响应最早，2015 年底就推出了特色小城镇建设专项信贷产品。中长期政策性贷款主要包括集聚城镇资源的基础设施建设和特色产业发展配套设施建设两个方面。

▼ 纸街

该通知指出小城镇是新型城镇化的重要载体，是促进城乡协调发展最直接最有效的途径。各地要充分认识培育特色小镇和推动小城镇建设工作的重要意义，发挥政策性信贷资金对小城镇建设发展的重要作用，做好中长期政策性贷款的申请和使用，不断加大小城镇建设的信贷支持力度，切实利用政策性金融支持，全面推动小城镇建设发展。进一步明确了农业发展银行对于特色小镇的融资支持办法。

支持范围包括：支持以转移农业人口、提

升小城镇公共服务水平和提高承载能力为目的的基础设施和公共服务设施建设。如土地住房、基础设施、环境设施、文教卫设施、商业设施、其他设施；为促进小城镇特色产业发展提供平台支撑的配套设施建设（生产、展示、服务）。优先支持贫困地区，以贫困地区小城镇建设作为优先支持对象，统筹调配信贷规模，保障融资需求。

建立贷款项目库：申请政策性金融支持的小城镇需要编制小城镇近期建设规划和建设项目实施方案，经县级人民政府批准后，向中国农业发展银行相应分支机构提出建设项目和资金需求。各省级住房城乡建设部门、中国农业发展银行省级分行应编制本省（区、市）本年度已支持情况和下一年度申请报告（包括项目清单），并于每年12月底前提交住房城乡建设部、中国农业发展银行总行，同时将相关信息录入小城镇建设贷款项目库。

4. 国家发展改革委《关于加快美丽特色小（城）镇建设的指导意见》发改规划〔2016〕2125号

该意见指出：建设特色小镇应建立在以产业为依托的基础上，要把加快建设美丽特色小（城）镇作为落实新型城镇化战略部署和推进供给侧结构性改革的重要抓手，旨在促进大中小城市和小城镇协调发展，充分发挥城镇化对新农村建设的辐射带动作用。并明确表示将加强统筹协调，加大项目、资金、政策等的支持力度。

5. 国家发展改革委《关于开发性金融支持特色小（城）镇建设促进脱贫攻坚的意见》发改规划〔2017〕102号

该意见指出，将发挥资本市场在脱贫攻坚中的积极作用，盘活贫困地区特色资产资源，为特色小（城）镇建设提供多元化金融支持。特别是通过多种类型的PPP模式，引入大型企业参与投资，引导社会资本广泛参与。

根据文件内容，各级发展改革部门和开发银行各分行还将共同推动地方政府完善担保体系，建立风险补偿机制，改善当地金融生态环境。

发展特色产业是推进特色小镇建设的一个重点。依据地方资源禀赋和产业优势，探索符合当地实际的农村产业融合发展道路。同时，开发银行推动建立风险分担和补偿机制，以批发的方式融资支持龙头企业、中小微企业、农民合作组织以及返乡农民工等各类创业者，发展特色优势产业，带动周边广大农户，特别是贫困户全面融入产业发展。

特色小镇建设，一定要从本地实际出发，因地制宜、挖掘本地特色产业，打造出具有持续竞争力和可持续发展特征的独特产业生态。同时，在建设过程中也要积极推动开展土地、资金等多种形式的股份合作，在有条件的地区，探索将农村集体资金、资产和资源、承包土地经营权、农民住房财产权和集体收益分配权资本化,建立和完善利益联结机制,保障贫困人口在产业发展中获得合理、稳定的收益。

6. 住房和城乡建设部办公厅《关于做好第二批全国特色小镇推荐工作的通知》建办村函〔2017〕357号

这是目前为止,特色小镇相关政策中离我们最近的一个。2017年5月26日,由

▼西北戈壁自然地貌

住房和城乡建设部办公厅下发，要求第二批300个国家级特色小镇在6月30日前申报完成。值得重点关注的是，通知明确要求对以房地产为单一产业、以特色小镇名义搞地产开发的特色小镇一票否决，同时对旅游文化产业为主导的特色小镇推荐比例不得超过1/3。从这些规定中可以看出，国家支持特色小镇的发展方向更偏向于生产型的产业特色小镇。

五、全域旅游之旅游功能相关政策解读

全域旅游的发展实质，是旅游业与其他产业的跨界与融合，是旅游产业的延伸，以旅游产业为优势产业带动该地区的经济社会发展。这就要求旅游业要从封闭的旅游自循环向开放的"旅游+"融合发展方式转变，"旅游+"要与其他产业进行融合与组合，不断产生出新产品、新业态。那么，为了迎合全域旅游的发展趋势，国家旅游局及各地旅游部门顺应产业融合发展趋势，不断改革管理体制机制、出台配套政策，为产业融合和为"旅游+"搭建了平台。

比如，仅2016年，推动"旅游+"的政策文件频繁出台，如国家旅游局、国家体育总局联合发布《关于大力发展体育旅游的指导意见》；旅游局、农业部联合发布《关于组织开展国家现代农业庄园创建工作的通知》等。

各个地方也努力实施"旅游+"的跨界融合计划。比如，2017年，福建充分发挥省旅游产业发展工作联席会议的作用，实施"旅游+"跨界融合计划，提出建设5个休闲集镇和50个乡村旅游特色村，创建一批观光工厂，打造5家以上康养旅游休闲基地和体育旅游休闲基地。

广西全面实施《自治区人民政府办公厅关于促进旅游与相关产业融合发展的意见》，深挖"旅游+"功能，加强与农业、林业、海洋、体育等部门深度融合。

湖南则积极实施大企业、大资本、大项目推动旅游产业创新发展，创建一批红色旅游、生态旅游、工业旅游、自驾车房车营地、研学旅游、低空飞行旅游、中医药旅游、康养旅游、体育旅游等示范基地。

具体来说，2016年、2017年国务院、国家旅游局以及相关各部门在发挥旅游带动功能的政策文件主要包括以下内容：

（1）关于促进自驾车旅居车旅游发展的若干意见　旅发〔2016〕148号

（2）国家旅游局　国家中医药管理局关于开展国家中医药健康旅游示范区（基地、项目）创建工作的通知　旅发〔2016〕87号

（3）国务院办公厅关于促进通用航空业发展的指导意见　国办发〔2016〕38号

（4）国务院办公厅转发文化部等部门关于推动文化文物单位文化创意产品开发若干意见的通知　国办发〔2016〕36号

（5）国务院关于深入推进新型城镇化建设的若干意见　国发〔2016〕8号

（6）国务院办公厅关于加快发展健身休闲产业的指导意见　国办发〔2016〕77号

（7）国家卫生计生委关于促进健康旅游发展的指导意见　国卫规划发〔2017〕30号

（8）交通运输部、国家旅游局、国家铁路局、中国民航局、中国铁路总公司、国家开发银行六部门联合印发《关于促进交通运输与旅游融合发展的若干意见》

（9）国家卫生计生委、国家发展改革委、财政部、国家旅游局、国家中医药局五部委联合印发《关于促进健康旅游发展的指导意见》

六、全域旅游之厕所革命相关政策解读

2017年2月4日，2017年全国厕所革命工作现场会在广州市召开。这也是自2015年以来，国家旅游局连续第三次在春节后第一个工作日召开全国厕所革命工作会议。

国家旅游局局长李金早出席会议并作重要讲话，李金早指出，厕所革命不仅关系到旅游环境的改善，也关系到广大人民群众工作、生活环境的改善，更关系到国民素质提升、社会文明进步。习近平总书记高度重视并十分关心厕所革命，指出抓厕所革命，从小处着眼、从实处入手，是提升旅游品质的务实之举。"515"战略实施两年来，全行业认真学习、深刻领会、全面贯彻习总书记关于厕所革命的重要批示精神，坚持按照习近平总书记的重要指示精神抓厕所革命，坚持按照全域旅游理念抓厕所革命，坚持按照补齐短板、推进供给侧结构性改革的要求抓厕所革命，坚持按照打造公共服务示范工程的标准来抓厕所革命，厕所数量明显增加，厕所质量明显提升，厕所布局更加优化，游客如厕投诉明显减少，满意度大幅提升，厕所革命取得了重要进展。

▼德国以商养厕

李金早指出，小厕所，大民生。习近平总书记在多个场合都强调厕所革命的重要性，这充分体现了党和国家对改善

民生的高度重视，也说明我们开展厕所革命是完全正确的。厕所革命永远在路上。我们要按照习总书记的要求，站在承前启后的节点，着眼旅游业长远发展，进一步深化对厕所革命重要性的认识，充分认识厕所革命对促进旅游业发展和全社会进步的重要意义，充分认识厕所革命对改善我国国际形象的重要意义，充分认识厕所革命对带动提升旅游公共服务整体建设水平的重要意义，充分认识厕所革命不仅是抓工作，也是抓作风、抓队伍、抓形象的重要意义，统一思想，凝聚共识，继续深化厕所革命。

李金早强调，2017年是我们推进建设旅游强国"三步走"战略的重要之年，也是推进厕所革命和旅游公共服务体系建设的关键之年。要深入推进厕所科技攻关及推广示范，全面提升厕所科技应用水平；全面探索推广"以商建厕、以商养厕"模式；深入开展公民如厕教育，进一步提高广大游客和公民的文明水平；推广运用厕所革命经验，加速旅游公共服务体系建设，攻坚克难，不断深化全国厕所革命，着力提升旅游公共服务水平，努力促进我国旅游业健康快速发展，以优异成绩迎接党的十九大胜利召开！

据了解，两年来，全国共完成建设旅游厕所50916座，其中新建35856座，改扩建15060座，占厕所革命三年计划（共5.7万座）的89.33%。2017年，全国将建设旅游厕所26197座，其中新建19512座，改扩建6685座。

李金早在此间召开的全国厕所革命工作现场会上表示，除数量增加外，厕所质量明显提升。各地紧紧围绕"数量充足、干净无味、管理有效、实用免费"的建设目标，严格落实旅游厕所国家标准，所有新建和改扩建的厕所均达到了A级以上标准。此外，厕所布局更加优化。中西部地区的厕所建设取得突破性进展，旅游公路沿线厕所建设力度加大，乡村厕所建设有了长足发展。总体看，游客如厕投诉明显减少，满意度大幅提升。

2017年5月26日，在浙江义乌召开的第四次全国厕所革命推进大会上，国家旅游局发布《厕所革命：管理与服务导则》（以下简称"导则"）。导则从总则、基本原则、主要内容、创新模式、监督考核等方面，规定了旅游厕所管理和服务的一般性要求，是各地深化厕所革命行动的指导性文本。

导则规定了厕所管理的基本原则，即应坚持统一规划、合理布局、方便适用、文明卫生、环保节能、属地管理、分级管理原则，坚持主体多元化、运营专业化、管服信息化、监督社会化。在主要内容上，对健全制度、明确标准、规范流程、人员培训、安全与应急、资金到位等方面进行了梳理和说明；在创新模式上，提出增加多元供给，推行以商管厕、以商养厕，推动购买服务，鼓励公益认养，建立志愿者队伍，拓展延伸服务；在监督考核上，对理顺体制机制、加强监督考核提出了相应规范。

另外，为深入推进厕所革命，督促旅游景区提升旅游服务和环境质量，今年4月以来，全国旅资委以厕所质量、环境卫生等为重点，结合游客投诉、媒体报道，对全国部分5A级景区进行了检查复核。按照检查结果，根据《旅游景区质量等级管理办法》和《旅游景区质量等级的划分与评定》国家标准，给予2家5A级景区严重警告处理，限期6个月整改。为全面维护A级景区品牌质量，今年4月，国家旅游局印发通知，要求各省级旅游部门对辖区内的4A级景区开展集中检查，尤其是对厕所革命滞后、管理和服务水平下降、无法达到标准要求的景区予以处理。

第三节　问题提出

全域旅游，是随着后工业时代的到来进入"大旅游"时代，是以"体验"替代"观光"的休闲度假旅游。旅游业态丰富、旅游产品多样、旅游体验无穷、旅游产业无界。这是旅游理念的根本转向、也是旅游发展的根本超越。是我们第二章所提到的"旅居"式的把生活融入旅游、把旅游融入生活的旅游发展模式。

然而，随着我国法定节假日制度的推行，每逢法定节假日，尤其是"黄金周"，到处人满为患，看景变成看人，有的景区游客上不来、下不去，甚至出现大面积长时间拥堵状况，极大地影响了人们的出游热情。同时，不少地方存在旺季和淡季不均的矛盾，平时游客减少，造成资源闲置。这与大众旅游时代所形成的旅游需求增长、休闲体验要求丰富是不和谐的。导致的结果就是旅游供需矛盾突出，使旅游业在全产业链上很难得到新的发展，尤其在全域旅游的发展理念下，景区型产品逐渐被多样化的目的地产品所取代时，更需要旅游供需的总量和结构获得发展与提升。

▼西安夜市

为了缓解节假日安排不够合理，造成旅游扎堆现象。2015 年，国务院办公厅印发了《关于进一步促进旅游投资和消费的若干意见》，《意见》明确提到要进一步推动带薪休假制度的落实，以此缓解旅游资源供需不足的矛盾。《意见》的第一部分就提出，将优化休假安排，激发旅游消费需求。其中包括鼓励弹性作息、鼓励错峰休假、强化落实职工带薪休假制度等三项内容。提出鼓励有条件的地区实施错峰休假制度以及全面推动旅游消费的带薪休假督查制度。

国家旅游局在2017"五一"前印发《关于进一步做好2017年"五一"假日相关工作的通知》，要求全行业积极应对即将到来的出游高峰，进一步做好"五一"假日旅游相关工作，实现全域旅游时代假日旅游管理的新提升。"五一"假期期间也显示出来"景点旅游"向"全域旅游"转变的趋势，围旅游部门加强了市场综合监管，假日经济也呈现出来一系列的新特征。

然而，真正的全域旅游的实现，应该是在新业态满足游客多元需求，满足游客的全域深度旅游需求与体验。除了可以为游客提供个性化、非标准化的目的地系统与服务、开发众多旅游新产品与新业态之外。还应该是全时间、全空间、全行业、全产业的通过旅游供给侧改革，实现区域资源的有机整合、产业融合。全域旅游是该旅游地的系统旅游，是以旅游产业为中心的主体模式向多产业融合及泛旅游产业集群飞跃。

并且，旅游的监管，也应该以监管从单一化机构走向专业化与综合化、全面化。除了在节假日用多项新举措维护旅游市场秩序之外，还应当通过日常旅游治理的平行搭配去适应全域旅游的发展理念。

笔者认为，不是要以全域旅游之路来破解假日旅游经济与日常旅游经济发展之难题。而是要以各项符合全域旅游发展的政策为平台，真正实现区域资源的整合，全时间、全空间、全链条、全体验的全域模式。

纵然，《关于进一步促进旅游投资和消费的若干意见》，明确提到要进一步推动带薪休假制度的落实，以此缓解旅游资源供需不足的矛盾，优化休假安排，激发旅游消费需求。在各法定节假日到来之前，也出台相关文件以破解节假日旅游供需的矛盾，可是，正是因为矛盾的存在，才有破解的必要与办法。那么，能不能通过矛盾本身的改变，适应全域旅游时代的全面到来？

责任编辑：郭珍宏
图片由作者本人提供

图书在版编目（CIP）数据

旅游嬗变：全域旅游概念　设计　政策 / 张成源著
. -- 北京：旅游教育出版社，2017.10（2020.5重印）
ISBN 978-7-5637-3649-2

Ⅰ．①旅… Ⅱ．①张… Ⅲ．①区域旅游－研究－中国
Ⅳ．①F592.7

中国版本图书馆CIP数据核字(2017)第256292号

旅游嬗变——全域旅游概念　设计　政策
张成源　著

出版单位	旅游教育出版社
地　　址	北京市朝阳区定福庄南里1号
邮　　编	100024
发行电话	（010）65778403　65728372　65767462（传真）
本社网址	www.tepcb.com
E - mail	tepfx@163.com
排版单位	北京旅教文化传播有限公司
印刷单位	北京虎彩文化传播有限公司
经销单位	新华书店
开　　本	787毫米×1092毫米　1/16
印　　张	15.375
字　　数	234千字
版　　次	2017年10月第1版
印　　次	2020年 5月第2次印刷
定　　价	58.00元

（图书如有装订差错请与发行部联系）